商务部国际贸易经济合作研究院学术文丛

跨越鸿沟：
新时代全球发展议题
与合作路径研究

Bridging Divide：
Study on Global Development Issues
and Cooperation Paths in the New Era

陈小宁◎著

中国商务出版社

·北京·

图书在版编目（CIP）数据

跨越鸿沟：新时代全球发展议题与合作路径研究／
陈小宁著. —北京：中国商务出版社，2023.8（2024.5 重印）
ISBN 978-7-5103-4386-5

Ⅰ.①跨⋯　Ⅱ.①陈⋯　Ⅲ.①国际合作—研究—中国
Ⅳ.①F125.4

中国版本图书馆 CIP 数据核字（2022）第 153354 号

跨越鸿沟：新时代全球发展议题与合作路径研究

KUAYUE HONGGOU：XINSHIDAI QUANQIU FAZHAN YITI YU HEZUO LUJING YANJIU

陈小宁◎著

出　　　版：	中国商务出版社	
地　　　址：	北京市东城区安外东后巷 28 号	邮　　编：100710
责任部门：	融媒事业部（010-64515164）	
责任编辑：	云　天	
直销客服：	010-64515164	
总 发 行：	中国商务出版社发行部（010-64208388　64515150）	
网购零售：	中国商务出版社淘宝店（010-64286917）	
网　　　址：	http://www.cctpress.com	
网　　　店：	https://shop595663922.taobao.com	
邮　　　箱：	631229517@qq.com	
排　　　版：	北京天逸合文化有限公司	
印　　　刷：	北京明达祥瑞文化传媒有限责任公司	
开　　　本：	787 毫米×1092 毫米　1/16	
印　　　张：	16	字　　数：238 千字
版　　　次：	2023 年 8 月第 1 版	印　　次：2024 年 5 月第 2 次印刷
书　　　号：	ISBN 978-7-5103-4386-5	
定　　　价：	79.00 元	

凡所购本版图书如有印装质量问题，请与本社印制部联系（电话：010-64248236）

总　序

商务部国际贸易经济合作研究院（以下简称研究院）从 1948 年 8 月创建于中国香港的中国国际经济研究所肇始，历经多次机构整合，已经走过七十多年的辉煌岁月。七十多年来，研究院作为商务部（原外经贸部）直属研究机构，始终致力于中国国内贸易和国际贸易、对外投资和国内引资、全球经济治理和市场体系建设、多双边经贸关系和国际经济合作等商务领域的理论、政策和实务研究，并入选第一批国家高端智库建设试点单位，在商务研究领域有着良好的学术声誉和社会影响力。

商务事业是经济全球化背景下统筹国内、国际双循环的重要枢纽，在我国改革开放、经济社会发展和构建新发展格局中发挥着重要作用。新时期经济社会的蓬勃发展对商务事业及商务领域哲学社会科学事业的理论、政策和实务研究提出了更高的要求。近年来，研究院在商务部党组的正确领导下，聚焦商务中心工作，不断推进高端智库建设，打造了一支学有专攻、术有所长的科研团队，涌现出了一批学术精英，取得了一系列有重要影响力的政策和学术研究成果。

为了充分展示近年来研究院国家高端智库建设所取得的成就，鼓励广大研究人员多出成果、多出精品，经过精心策划，从 2021 年开始，研究院与中国商务出版社合作推出研究院"国家高端智库丛书"和"学术文丛"两个系列品牌出版项目，以支持研究院重大集体研究成果和个人学术研究成果的落地转化。

首批列入研究院"国家高端智库丛书"和"学术文丛"出版项目的作者，既有享受国务院政府特殊津贴的专家，也有在各自研究领域内勤奋钻研、颇具建树的中青年学者。将他们的研究成果及时出版，对创新中国特色社会主义商务理论、推动商务事业高质量发展、更好服务商务领域科学决策都有着积极意义。这两个出版项目体现了研究院科研人员的忠贞报国之心、格物致知之志，以及始终传承红色基因、勇立时代潮头的激情与责任担当。

我相信，未来一定还会有更多研究成果进入"国家高端智库丛书"和"学术文丛"。在大家的共同努力下，"国家高端智库丛书"和"学术文丛"将成为研究院高端智库建设重要的成果转化平台，为国家商务事业和商务领域哲学社会科学研究事业作出应有的贡献。

值此"国家高端智库丛书"和"学术文丛"出版之际，谨以此为序。

商务部国际贸易经济合作研究院

党委书记、院长

顾学明

2022 年 8 月

前　言

发展是解决一切问题的"总钥匙"，国际合作是跨越发展鸿沟、消弭全球发展赤字的关键途径。随着世界多极化、经济全球化、社会信息化、文化多样化深入发展，和平发展的大势日趋明显，变革创新的步伐持续向前。特别是 2000 年以来，联合国千年发展目标和联合国可持续发展目标相继通过，提出把"发展"置于国际议程中心位置，反映了整个国际社会对"发展"的意愿和共识。

但从现实维度看，全球发展遭遇百年变局和世纪疫情，经济全球化动力不足，各种传统和非传统安全威胁层出不穷，可持续发展目标成果遭受重挫。在此背景下，南北鸿沟、和平赤字、发展赤字、治理赤字仍然是世界发展面临的严峻挑战。特别是对于发展中国家而言，共同应对贫困、人道主义危机、气候变化、基础设施不足等发展问题的任务十分艰巨。

在新的大变革、大调整形势下，西方传统援助国陆续发起一系列规制改革。美国、日本、英国等经合组织发展委员会成员通过调整国际发展合作战略政策、改革管理机制体制和创新发展模式，扩大国际合作外溢效应等途径，力求主导国际发展合作理念、掌控国际发展合作主导权。

同时，随着新兴经济体群体性崛起，南南国家间的合作方兴未艾。以中国为代表的发展中国家正经历从"接受援助"向"发展合作"转型，为维护发展中国家共同利益，促进共同发展注入新动力。

在日趋复杂的国际环境背景下，发展中国家倚重中国国际化发展带来的新机遇，对中国参与国际合作更加期待。中国的综合国力不断增强，有能力将国内鲜活有效的发展经验转换成"中国方案"，创造性地用于发展中国家，帮助其他发展中国家改善民生，推进能力建设，促进自主发展。

本书从发展学视角研究新时代全球主要发展议题的演变趋势和国际合作路径。本书第一部分系统阐述新时期全球发展议题的趋势和特点，以数字发展、基础设施合作、气候变化、人道主义援助、儿童发展合作和促贸援助为视角，分析全球发展议题的走势，探究主要大国在推进发展议题方面的战略布局和实践做法。第二部分总结新形势下美国、日本等国家的国际合作政策演变和实施模式，剖析其在促进发展有效性方面的做法。本书最后探讨新发展格局下中国参与全球发展治理的优化路径，以期为跨越发展鸿沟贡献中国力量。

本书的编写基于国际发展合作从业者的点滴实践，汇聚了日常研究工作、国内外调研、交流访谈等过程中的见闻和感受。同时，本书借鉴吸收了发展领域前辈、专家学者、同业人士的真知灼见，在此一并致以衷心谢意。

作　者

2023 年 3 月

目　录

第一部分　全球发展议题的新趋势

第二部分　新形势下的全球发展合作路径

第三部分　推动全球发展的中国贡献

图目录

表目录

专栏目录

第一部分
全球发展议题的新趋势

在多重危机交织影响下，非洲、亚洲、拉美等地区极易面临经济下行冲击，脆弱人群处境更加困难，减贫和可持续发展事业面临重大挑战。有效应对全球性问题的挑战，首先需要深刻认识和把握当下面临的主要全球性问题及其发展趋势。鉴于此，本书的第一部分将系统探讨全球数字发展、基础设施建设、气候变化应对、人道援助、儿童权益保障、促贸援助等议题的变化趋势，通过大量实证还原主要大国在推进全球发展议题方面的战略布局和实践做法。

第一章　数字发展合作现状和趋势

数字发展是国际合作的重要组成部分。《中华人民共和国国民经济和社会发展第十四个五年规划和 2035 年远景目标纲要》提出拓展数字经济国际合作，这是中国把握世界科技革命和产业变革大趋势作出的重要战略部署。近年来，中国通过全球发展倡议、中非合作论坛第八届部长级会议、高层访问非洲等契机，相应提出创新驱动、数字创新工程、"数字非洲"等愿景，反映中国顺应全球数字经济发展潮流，愿同广大发展中国家开展数字援助、参与全球数字治理的决心。当前，受新冠肺炎疫情和传统安全危机叠加影响，发达国家经济增长放缓，发展中国家增长动能不足。在此背景下，数字经济持续高速发展，为缓解经济下行压力、带动产业发展和经济复苏发挥了引擎作用。此外，发展中国家产业发展仍多以劳动密集型为主，数字技术具有提高劳动生产率、培育新市场和产业新增长点等多重功能，长期内可为发展中国家减贫和可持续发展增添新动力。本章总结了当前国际数字合作①的实践效果、传统援助方开展数字合作的现状特点以及新时期开展数字合作具备的条件，在此基础上提出中国参与数字合作的政策建议。

第一节　数字发展合作的内涵

根据经济合作与发展组织（OECD）的定义，数字技术包括互联网、手机以及所有其他用数字方式收集、储存、分析、分享信息的工具。数字援助是

---

① 本章的"国际数字合作"泛指数字发展合作、数字援助。

指通过帮助发展中国家建立良好的数字生态系统，赋能政府、企业、社区和个人利用数字获得改善生活服务、社交沟通、国家治理和经济发展机会的一种国际合作方式。① OECD 在《知识经济和数字机会》（*The Knowledge Economy and Digital Opportunities*）报告中指出，数字是帮助实现减贫、教育、卫生、农业、环境、政府治理等发展目标的重要手段，在创造新的发展模式、改变援助事业方面的潜力巨大。数字援助在发展合作多个领域都具备提质增效的功能。具体来看，在人道主义、卫生、农业、水、能源等援助内容方面，可利用地理空间、地理测绘等数字技术进行数据采集，使对外援助需求更加明确、援助资源分配更加合理；在援助活动监督方面，通过搭建电子政务系统、移动应用平台等方式，监测援助活动动态数据，提高透明度；针对新冠肺炎疫情背景下的远程援助，数字技术支持远程连接、移动支付，能够提高援助可及性、简化流程、缩减成本。另外，通过数字培训、知识传播，有助于孵化就业机会，赋权青年、女性，促进经济增长。

同时，数字援助潜在的风险也引发国际社会的广泛关注。在人道主义援助领域，移动电话、社交媒体是开展危机响应的重要信息来源，移动支付比传统现金支付方式更快速、安全、透明。但数字手段在难民、流离失所等弱势群体的身份、隐私保护方面存在较大风险，例如，也门的人道主义机构利用"受援者身份识别"进行粮食援助活动监测，却因数据所有权归属分歧问题导致援助活动受阻。在国家安全合作方面，开放、可靠的互联网有助于言论自由，增进民主价值观在伙伴国间的传播，但网络安全漏洞给暴力极端分子留下制造恐怖活动的机会，特别是利用网络激化种族仇恨、招募恐怖活动人员、非法筹集资金、非法使用加密货币等。在国际贸易和商业合作方面，数字技术极大缩减了商业运作时间和成本，提升了国际商品流通效率，但许多政府采取保护主义的数字贸易政策，如强制性技术转让、强制性产业标准等，延缓了数字化贸易发展进程。在获取信息方面，数字技术为公众、政府、企业带来广泛的信息获取渠道，但虚假信息、负面舆论也给公众认知、政府公信力、社会稳定带来消极

---

① OECD, "Going Digital: Shaping Policies, Improving Lives," March 11, 2019, https://www.oecd.org/digital/going-digital-shaping-policies-improving-lives-9789264312012-en.htm. [2022-03-13].

影响。当下，如何利用好数字这把"双刃剑"，是国际社会推进数字援助的重要考虑因素。

第二节　数字发展合作的实践效果

在过去较长时间内，数字仅和电信、互联网、软件和信息技术服务等行业密切关联。随着经济部门交互发展，数字逐渐渗透、融合于广泛的实体产业中，大大提升了相关产业的产量和生产效率，成为经济发展的驱动力。现阶段，数字发挥的引擎效应已从经济层面逐渐延伸至更广泛的社会层面，覆盖减贫、粮食安全、公共卫生、气候变化等发展领域，成为推进联合国可持续发展目标的新动力。目前，数字在农业和粮食安全、贸易便利化、卫生健康方面的驱动效应尤为显著，是数字推进联合国可持续发展目标、落实全球发展倡议的示范领域。本节以数字农业和数字贸易为例，分析数字援助取得的阶段性成效。

一、数字援助优化农业价值链

农业在经济结构中发挥着重要作用，发展中国家多以劳动密集型农业经济为主。农业生产降本增效最棘手的难题就是标准化，从种植、采摘、仓储、分拣到加工、包装、运输、销售，每个环节都至关重要。数字具有提高劳动生产率、培育产业新增长点等特征，在促进农业发展方面具备提升农产品附加值、增加农业供给、提高农民收益等多重功能。具体来看，数字将遥感、地理信息系统、通信网络等科技手段与农业研发、生产、加工、销售等环节结合，以合理利用农业资源，降低生产成本，不断提高农产品质量和生产效益。

已有的援助实践表明，数字可作用于农业价值链的不同阶段。在投入阶段，农业机械自动化可减少对人工的需求，远程卫星数据和现场传感器可提高监测土壤、水质的精准度，降低资源投入成本。在种植阶段，数据分析有助于提供最优种植技术方案、跟踪作物生长状况、提高亩产量和品控水平。

在加工阶段，数据可以预判不同消费场景需要的农产品规格和数量，对农产品进行精准分类，帮助农民以销定产。在销售阶段，以互联网为基础的电商平台有助于拓宽销售渠道，特色农产品可实现跨区域流通和发展。在物流和农产品追溯技术方面，大数据可以全面记录农产品从源头产地到终端消费全过程，实现生产、采购、仓储、运输等全链条供应链的监控。

此外，数字的创新还体现在对以往粮食安全合作的效果优化上，例如，将数字运用于紧急粮食援助、农业减灾防灾等，有助于改善援助数据管理、提升透明度以及巩固援助效果。近年来，国际社会对数字在种业研究、粮食仓储、粮食产后减损、粮食系统管理等相对新兴领域的运用已进行了一定程度的探索，或将引领数字农业发展迈向新阶段。

二、数字援助赋能贸易便利化

作为数字贸易的典型形式之一，电子商务已成为推动全球贸易增长的新兴力量，对于推动全球包容性增长具有重要意义。2017 年，OECD 与世界贸易组织（WTO）对电子商务进行评估，认为电子商务是促进发展中国家减贫的重要渠道。[①] 第一，电子商务有助于将最不发达国家纳入全球价值链，电子商务具有低门槛、低成本、宽平台的优势，为最不发达国家的中小企业创造了机会。第二，电子商务有助于推动中小企业参与全球贸易，通过电商平台，中小企业可以直接与国内市场和海外市场进行高效高质对接，从而降低其参与全球贸易的难度。第三，电子商务有助于为妇女迈入全球市场减少阻碍，电子商务减少了面对面的交流概率，降低了针对女性从业者的性骚扰和性索贿风险，部分消除了制约妇女参与的消极因素。

在实践效果方面，发展中国家对电子商务的重视程度与日俱增，跨境电商迅速兴起。2019—2020 年，撒哈拉以南非洲地区的电商销售额同比增长

---

① OECD, WTO, "Aid for Trade at a Glance 2017: Promoting Trade, Inclusiveness and Connectivity for Sustainable Development," May 11, 2017, https://www.wto.org/english/res_e/booksp_e/aid4trade17_fore_e.pdf. [2022-05-01].

42%，跨境电商交易占撒南非洲全部电商交易量的一半以上。① 肯尼亚等非洲国家创建了线上平台，向中国出售茶叶、咖啡和坚果等农产品。新冠肺炎疫情形势下，受国际运输停滞、国际货运价格激增等因素制约，中非传统贸易模式受到一定影响，但蓬勃发展的电子商务为传统贸易转型提供突围机遇，为中非贸易持续增长发挥关键作用。2021 年，中非贸易逆势上扬，贸易总额达 2543 亿美元，同比增长 35.3%，其中非洲地区对中国出口达 1059 亿美元，同比增长 43.7%。② 新冠肺炎疫情期间，马来西亚榴莲交易额同比增长超200%、3000 斤卢旺达咖啡豆在直播间 1 秒售空，农民每包多赚 4 美元等现象③成为电子商务促进贸易融合、经济复苏的典范。据统计网站斯塔蒂斯塔（Statista）预测，2024 年非洲电子商务的市场规模将达 347 亿美元，年均增长率为 17.1%。④ 可以预见，跨境电商需求旺盛、潜力巨大，通过为受援国建设数字基础设施、孵化电商平台等援助将带来巨大发展红利。

第三节　传统援助方数字发展合作

在世界百年变局与新冠肺炎疫情交织叠加背景下，数字对冲疫情影响、助力经济复苏的作用得到世界认可。近年来，越来越多的传统援助国对数字发展合作开展顶层设计、理念引导和实践操作。联合国、非盟、欧盟等多边组织也陆续出台方案或计划，鼓励发展中国家抓住全球数字化发展机遇，并从数字基础设施、法律法规、技术研发、融资等方面提供援助。本节选取世界银行集团、OECD、美国和日本，分析国际主要援助方数字发展合作的趋势和特点。

---

① 汪平：《中非电商合作助力非洲经济复苏》，新浪网，2021 年 9 月 16 日，https://finance.sina.com.cn/jjxw/2021-09-16/doc-iktzqtyt6395973.shtml.［2022-03-02］.

② 中华人民共和国商务部网站：《中非贸易疫情下再创新高　凸显中非经贸合作韧性》，http://chinawto.mofcom.gov.cn/article/e/r/202203/20220303286677.shtml.［2022-04-12］.

③ 商务部国际贸易经济合作研究院：《中国经验贡献全球农业发展和农村减贫工作报告——以阿里巴巴"亩产一千美金"为例》，https://caidev.org.cn/news/1125.［2022-04-18］.

④ 吕强：《中非贸易共享电商发展红利》，《人民日报》2020 年 6 月 16 日，第 17 版。

一、世界银行集团：致力于数字发展融资、技术合作和理念传播

世界银行集团致力于数字发展融资、技术合作和理念传播。为确保受援国提升数字发展能力，近年来，世界银行集团就数字援助领域提供了广泛服务和解决方案。世界银行集团认为，包容性的数字发展需要从 5 个方面着手，一是数字基础设施，包括固定和移动宽带、光纤电缆等；二是数字金融服务和数字身份识别；三是数字创新和就业；四是数字平台，包括电子商务和电子政务；五是数字技能和能力建设。2020 年，世界银行集团的国际开发协会（IDA）和国际复兴开发银行（IBRD）共投资了 33 个数字发展项目，承诺总额达 18 亿美元。此外，在交通、教育、卫生、农业和公共部门管理等不同部门的项目中，也嵌入了越来越多的数字发展内容。国际金融公司（IFC）2020年承诺的电信、金融科技、风险投资三部分融资共 4.3 亿美元。[①] IFC 投资战略侧重于解决数字生态系统中存在的缺陷，目前致力于与世界银行在非洲、中亚和南亚地区联合开展数字发展行动。多边投资担保机构（MIGA）在过去 25 年为电信和其他数字部门提供的投资担保总计超过 20 亿美元，其中包括为撒哈拉以南非洲项目提供 8.6 亿美元担保。

除了援助和其他融资支持，世界银行集团致力于伙伴关系的建设，促进有关数字发展的全球知识交流。目前，世界银行集团打造了 3 个平台，一是数字发展伙伴关系（DDP），这是一个数字创新和发展融资平台，汇集了公共部门（Public Sector）和私营部门（Private Sector）合作伙伴，以促进数字发展战略的制定和实施；二是发展识别倡议（ID4D），通过分析、评估和融资，促进数字识别系统的建立，为 10 亿人解决没有官方身份的困境；三是数字登月计划（Digital Moonshot），支持非洲联盟促进非洲大陆数字转型，提高非洲国家互联网普及率。世界银行集团通过融资、技术合作、理念传播等方式，在数字援助领域走在国际前沿，相关援助效果起到示范性作用（见表 1-1）。

---

① World Bank, "Digital Development Overview," February 11, 2021, https://www.worldbank.org/en/topic/digitaldevelopment/overview.［2021-03-05］.

表 1-1　世界银行（IDA 和 IBRD）数字援助项目情况（部分）

受援方	项目名称	项目效果
西非	7 个西非国家接入非洲海岸—欧洲海底电缆（ACE）系统	互联网接入价格下降一半以上，更多的学校、家庭和中小企业连接到质量更好的互联网
孟加拉国	数据安全小组建设项目（1 亿美元）	促成孟建立第一个国家数据安全响应小组，孟在联合国电子政务发展指数中的全球排名从 150 位上升至 115 位。项目为年轻人提供了 3 万个就业机会，增加 2 亿美元产业收入
阿富汗	电信项目（2200 万美元）	吸引 12 亿美元私人投资，在 2002 年至 2010 年，电话用户从 5.7 万增加到 1340 万，成本从每分钟 2 美元降低到 0.1 美元
阿富汗	互联网接入项目（5000 万美元）	部署约 186 公里光纤电缆，培训约 600 名信息技术专业人员
科索沃	宽带服务项目（2500 万美元）	为全国 200 个村庄提供负担得起的宽带服务
科特迪瓦	电子农业项目（7000 万美元）	100 多万农村人口用上负担得起的宽带。促进实时作物价格等信息传播，提高小农生产力。更多年轻女性得到学习编码机会，促进本土数字内容和服务的发展
缅甸	IT 产业环境监管项目	2012 年，在缅甸买一张 SIM 卡需要 2500 美元，现只需 1.1 美元
肯尼亚	促进透明度的通信基础设施项目（KTCIP）	向政府推出综合财务管理信息系统，增加公共部门的透明度、问责制
肯尼亚	学校互联网项目	为超过 190 所高校和 150 所中小学校配备宽带互联网和 Wi-Fi 热点
肯尼亚	创业孵化（Nailab）项目	支持年轻创业者开发新的应用程序和服务
尼加拉瓜	宽带互联网接入和移动电话覆盖项目	帮助 101 个城市安装了 104 个新的宽带互联网接入点

资料来源：根据世界银行集团资料编制。

二、经合组织：致力于数字政策引导、能力建设和公私合作

OECD 致力于数字政策引导、能力建设和公私合作。OECD 于 2002 年发布的《数字机会倡议》是可追溯的较早的数字援助框架，倡议呼吁发展援助委员会（DAC）成员国将数字发展纳入援助政策和战略，并指出援助的宗旨是缩小数字鸿沟，目标是改善数字发展环境，提升私营和公共部门的能力，完善法律法规，增强信任。为推进数字发展愿景，OECD 汇集了来自 DAC 成员国、伙伴国政府、慈善部门、非政府组织（NGO）和其他国际组织的 43 个数字小组，共同组成"数字倡议工作组"，以协调和确定数字援助战略。工作组提出 5 个关键领域的具体目标和行动：第一，基础设施方面，建立通信网络基础设施，广泛提高网络连接率；第二，能力建设方面，培养大量核心技术人员，加强当地企业技术管理能力，培育终端用户使用能力；第三，政策方面，支持透明和包容的政策进程，加强政策实施和执行者的能力，促进公平公开竞争；第四，企业方面，实施合理税收政策，改善企业融资环境，推动企业融入当地和全球市场，引领企业高效运转，刺激当地数字需求；第五，数字内容和应用方面，积极提供符合当地需求和适用条件的数字服务。OECD 强调，投资 5 个领域的优先次序须与伙伴国实际需求紧密结合，如果 5 个领域间的干预措施得到有效协同，对当地经济社会可持续发展将产生强大动力。

从实践角度看，OECD 对发展中国家的数字援助进展比较缓慢，这与成员国自身数字发展平均水平以及传统援助优先次序息息相关。以通信领域为例，2019 年和 2020 年，DAC 成员国在通信领域的官方发展援助数额分别为 3.1 亿美元和 2.6 亿美元，约占官方发展援助总规模的 0.25% 和 0.21%。[①] 形式上，DAC 国家在通信领域主要以通信政策、规划、咨询为主，而诸如光纤骨干网、电话网接入、计算机设备等硬件援助较少，对促进发展中国家的数字基础设

---

① 根据 OECD 数据库计算得出，https://stats.oecd.org/viewhtml.aspx?datasetcode=CRS1&lang=en. [2022-05-10].

施发展作用相对有限。但需要看到，近年来，互联网运用范围迅速扩展、数字新引擎作用受到 OECD 成员国竞相追捧，特别是新冠肺炎疫情期间，数字在疫情防控、赋能社会治理方面发挥重要作用，这必然加速牵引世界各国对其进一步加以优化利用。

三、美国：抢先部署数字援助战略，塑造全球数字伙伴关系

美国致力于抢先部署数字援助战略，塑造全球数字伙伴关系。美国在数字援助议题上已有一定的理念沉淀和经验积累。在管理机制上，美国已搭建了以全球发展实验室（GDL）和美国国务院为主导，美国国际开发金融公司（DFC）、贸易发展署（USTDA）、千年挑战公司（MCC）等为辅的跨部门管理协调机制。在合作方式上，美国通过建设数字基础设施、优化营商环境、完善法律法规、提供配套金融服务等方式，在受援国开展了一定规模的数字援助。在塑造全球伙伴关系方面，美国与全球主要发展机构联合推出《数字发展原则》、成立"数字倡议工作组"、建立"数字互联互通与网络安全伙伴关系"，广泛塑造影响力。在顶层设计方面，美国国际发展署（USAID）于2020 年发布美国历史上第一份数字合作政策文件《美国数字发展合作战略（2020—2024）》，基于数字援助实践经验，提出两个战略目标：一是提升数字和援助融合度，促进发展效果可衡量性；二是帮助发展中国家实现开放、安全和包容的数字生态系统，提高发展中国家自主发展能力。在行动计划方面，USAID 计划在 2020—2024 年派出 30 个特派团，选取 50 个合作伙伴，执行 75项活动，并设立了受援国互联网普及率提升至 30%、增加 20% 私人部门数字投资、保障 60% 美国资助的私人部门获得后续资金的成果目标。总体来看，美国数字发展合作战略布局已从法律法规、国家数字战略等宏观层面纵向延伸至机构、领域、行动计划等微观层面，呈现出统筹兼顾、多举并重的特征。

美国强调加强对发展中国家的数字援助，出于多重利益考虑。一方面，虽然数字技术发展迭代更新加快、中美等国家数字经济迅猛发展，但全球数

字合作尚处于摸索阶段，总体进程缓慢。因此，美国亟待将数字优势融合于国际发展合作，推动成为塑造全球影响力的工具。另一方面，发展中国家数字发展需求旺盛，亟须跟上数字化潮流，然而受制于数字技术短板，数字发展的供给严重不足，亟须从外部获得资金和技术，以防与发达国家形成断崖式差距。美国同发展中国家开展数字合作，向发展中国家提供技术援助，不仅能够缓解发展中国家数字发展的供需矛盾，还有利于美国在全球数字合作中抢先渗透数字思维，布控有利局面。值得注意的是，美国是新冠肺炎疫情后首个制定数字发展合作战略的传统援助国，其数字发展理念、规划布局、伙伴关系等将对其他盟国产生影响。

四、日本：以东南亚为重点，兼顾数字基础设施建设和能力建设

日本致力于以东南亚为重点，兼顾数字基础设施建设和能力建设。日本已将数字用于行政、社会和经济领域的发展合作，比较突出的行业包括智能交通、智能城市、电子政务、互联网教育、电子商务和远程医疗服务。日本就通信领域的数字援助制定了发展战略，突出4个关键目标，包括提高决策能力、开发人力资源、发展通信基础设施和促进通信技术水平。过去几年，日本主要援助执行机构——日本国际协力机构（JICA）已将通信领域的数字战略转化为具体措施，包括派遣技术顾问、支持培训技术工程师、发展光纤网络以及提供网络安全援助。为促进2030年可持续发展议程，日本目前正在考虑以产业群集型、商业赋能型和孵化型的数字解决方案，进一步促进数字在发展中国家的应用。

日本将东南亚地区视为数字援助的重中之重，着力为东南亚地区数字基础设施提供融资，并构建多层次的合作协调机制。美国、日本共同发起"数字互联互通和网络安全伙伴关系"（Digital Connectivity and Cybersecurity Partnership, DCCP），日本承诺投入20亿美元，致力于4个方面的数字援助：一是促进数字贸易和数字经济创新，运用所谓"最佳实践"推动东盟国家城市的数字转型；二是推进5G网络和海底光缆等信息通信技术基础设施的投资和

建设，确保相关产品的供应链安全，在全球信息通信技术标准制定方面维护在该区域的主导权；三是加强与其他援助方在网络安全能力建设方面的合作，推进"网络安全卓越中心"建设，围绕网络安全问题共同举办研讨会，加大对相关国家官员和企业界人士的培训；四是提出利用数字互联互通促进人权，打击数字保护主义和敌对国家对数据的"非法"使用。由此也反映出，在全球开展数字合作的初期阶段，数字援助已成为西方大国塑造数字影响力的重要工具，已有的战略部署带有鲜明的意识形态色彩。

综上，国际数字发展合作领域初步呈现出若干特点。在理念上，数字作为可持续发展新动能、新载体的功能已基本成为全球共识，实现普惠数字红利、缩小数字鸿沟是开展国际数字援助的宗旨，但应注意的是，部分西方国家在顶层设计方面带有浓厚的地缘竞争思维，或将阻碍全球开放性的数字合作。在援助方式上，社会资本被认为是价值增值的驱动者，政府部门则更多发挥监管和催化作用，聚焦于改善商业运营环境，提供基础设施、政策、法律法规等公共产品，政府和社会资本合作已成为数字援助的典型模式。在援助领域上，虽然建设数字基础设施需求巨大，但国际社会同样重视数字使用能力、市场准入、营商环境、孵化创新、法律法规、金融服务配套等软性援助，以美、日等为代表的援助方更倾向投入后者。目前，数字援助总体规模较小，相关援助战略、政策、倡议等顶层设计在短期内尚未大规模涌现，但由于其具有与经济、社会、文化等各层面融合度高、提质增效快等特征，未来，数字或将与气候变化、公共卫生、农业发展等援助议题齐驱并进，跻身"主流"援助地位。

第四节　新时代中国数字发展合作

一、国内数字发展基础夯实、成就斐然

当前，数字经济已成为最具活力、最具创新力、辐射最广泛的经济形态，是推动中国国民经济增长的核心要素之一。2020年，中国数字经济延续蓬勃

发展态势，规模由 2005 年的 2.6 万亿元扩张到 39.2 万亿元，位居世界第二。[①] 数字发展为中国减贫事业、民生发展加码赋能。

改革开放以来，中国约 8 亿人口脱离了贫困，对全球减贫的贡献率超过 70%。[②] 数字推动技术、资本、劳动力、土地等传统生产要素深刻变革与优化重组，为民众的生产发挥放大、叠加、倍增效益的作用。以农业为例，过去，中国亿万小农经历了农产品难以对接大市场渠道的困境，农产品滞销一度成为常态。随着"互联网+"理念的引入，数字技术逐渐融入农产品种植、加工、流通、销售等环节，使原本分散的农产品价值链条各环节得以整合，实现了农业的高附加值和经济增长。

数字发展在中国取得的成就表明，数字带来的红利并非局限于高收入国家或大城市。只要条件合适，在发展中国家和农村，数字带来的减贫效果也大为可期。当然，应当看到，数字发展在中国获得的成功实践得益于一系列因素和条件，包括中国巨大的市场需求、日益完善的交通和数字基础设施、良好的营商环境、数字发展政策利好以及各方的积极行动。未来在提供数字援助时，应研判受援国的实际情况和援助需求，因地制宜转化数字发展经验。

二、国际数字合作领域拓展、不断完善

近年来，中国已通过多种方式在广大发展中国家推进数字领域的援助，包括改善数字发展合作国际环境、援建数字基础设施、搭建数字贸易平台、开展数字科研合作、推广远程教育等，这为提升发展中国家数字化综合水平奠定了基础，具体表现在以下几个方面。

---

① 中国信息通信研究院网站：《中国数字经济发展白皮书（2020 年）》，http://www.caict.ac.cn/kxyj/qwfb/bps/202104/t20210423_374626.htm.［2021-09-16］.

② 国务院发展研究中心、世界银行：《中国减贫四十年：驱动力量、借鉴意义和未来政策方向》，https://thedocs.worldbank.org/en/doc/f692402b5b3b21154f103ee64c0c551d-0070012022/original/Poverty-Synthesis-Report-cn.pdf.［2022-05-10］.

（一）参与全球数字发展治理

中国于 2015 年提出 "数字丝绸之路"，通过与相关国家和地区共建信息基础设施、推动信息共享、促进信息技术合作、推进互联网经贸服务和加强人文交流，携手共建 "网络空间命运共同体"。截至 2019 年底，中国已与 16 个国家签署了关于加强 "数字丝路" 建设合作的谅解备忘录，与 19 个国家签署了双边电子商务合作谅解备忘录。[①] 中国联合有关国家发起《全球数据安全倡议》《"一带一路" 数字经济国际合作倡议》等，同时正式提出申请加入《全面与进步跨太平洋伙伴关系协定》（CPTPP）与《数字经济伙伴关系协定》（DEPA），这些重大举措表明中国以更加开放的态度积极参与全球数字发展治理的决心。

（二）改善数字基础设施

中国过去为亚非国家援建了大量通信、互联网、电子政务、智能交通、卫星等方面的基础设施，为受援国经济社会发展提供了新动能。据大西洋理事会统计，华为、中兴通讯共同参与了非洲约 80% 的 3G 网络基础设施建设。中兴通讯、中国电信为非洲数字运营商提供设备和技术服务，助力非洲经济数字化转型项目的落地实施。[②] 以宽带骨干网为例，中国援坦桑尼亚国家 ICT 宽带骨干网项目使坦全国电话资费降低 58%，互联网资费降低 75%，偏远农村地区也能享受到现代通信的便利性。[③]

（三）培养数字发展人才

中国通过联合科研、人力资源开发培训、理论培训、实地教学、教材开发等方式，助力发展中国家破解数字创新人才瓶颈。以卫星与航天人才培养

---

① 顾阳：《"数字丝路" 建设将成为全球发展新引擎》，《经济日报》2019 年 9 月 9 日，第 3 版。
② 张艳茹：《中非数字经济合作前景可期》，《中国社会科学报》2021 年 12 月 31 日，第 10 版。
③ 商务部研究院：《国际发展合作之路—40 年改革大潮下的中国对外援助》，中国商务出版社，2019。

为例，中国陆续与埃及、阿尔及利亚、纳米比亚等非洲国家建立数字航天合作关系，通过分享卫星资源、卫星设计研发技术，助力非洲数字抗疫，培养非洲航天人才。中国援埃及卫星总装集成及测试中心项目帮助埃及具备了 600 公斤及以下级别小卫星的总装、集成和测试能力，大幅提升其宇航人才储备以及宇航工业基础能力。当前，在"中非数字创新伙伴计划"支持下，中国正实施"国际杰青计划""藤蔓计划"等一系列项目，加强中非远程教育合作，进一步支持非洲培养数字领域优秀青年，鼓励中国企业加强与非洲创新人才的交流合作。

（四）创新数字贸易环境

中国通过搭建跨境电商平台，以及在清关、仓储、物流、技术运用等方面提供便利和培训等途径，帮助中小企业和弱势群体享受贸易数字化带来的红利。以阿里巴巴搭建的世界电子贸易平台（eWTP）为例，该平台旨在利用互联网力量，建立一个成本低、效率快、货通全球的贸易枢纽。目前已有马来西亚、泰国、卢旺达、埃塞俄比亚、比利时等国加入 eWTP。新冠肺炎疫情期间，位于马来西亚的 eWTP 承担了医疗物资仓储、运输、分发等重任，成为世界卫生组织指定的亚太地区重要的救援枢纽。

第五节　新时代数字发展合作具备的条件

在数字发展的硬件条件方面，过去 15 年，电信基础设施的有效部署推动互联网迭代更新，实现用户联网需求。从有线接入到移动接入，从拨号上网到光纤到户，电信技术的发展推动互联网以更便宜、更方便、更快捷的方式从发达国家向发展中国家普及。2021 年，全球超过一半人口使用互联网，其中，发达国家互联网使用率超过 90%，发展中国家互联网使用率也达到 57%。2019—2021 年，非洲和亚太地区的互联网使用量分别增加 23% 和 24%。同期，最不发达国家的互联网用户数量增加了 20%，覆盖其 27% 的人口（见

图 1-1）。①

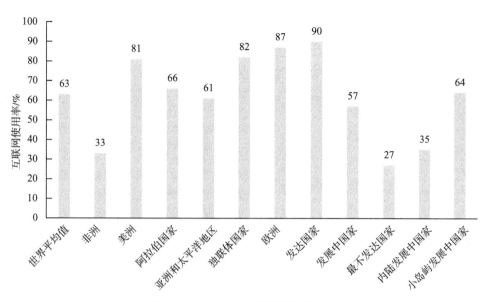

图 1-1 2021 年全球互联网普及情况

资料来源：国际电信联盟《测量数字发展报告》。

总体来看，全球数字基础设施得到快速部署，逐渐呈现规模化、集约化特点，这为全球数字发展合作奠定了基础。然而互联网服务的快速普及主要出现在发达国家以及发展中国家的城市地区，在发展中国家的农村和偏远地区，电信基础设施的普及、信息技术的利用、认知度等方面的进展依然缓慢，或将造成发展中国家内部城乡间的数字鸿沟，以及发展中国家与发达国家间的经济差距。

在发展中国家意愿方面，尽管发展中国家数字发展起步较晚，但多数国家已着手开展数字发展规划，希望利用数字发展促进社会减贫工作。以东南亚国家为例，为缓解新冠肺炎疫情给贫困地区带来的冲击，大部分国家采取了相应的数字方案以缓解贫困。例如，开展紧急线上转移支付，避免现金支付中断使弱势群体陷入经济困境；推进线上教育，防止教学大面积停滞；探

---

① International Telecommunication Union, "Measuring Digital Development Facts and Figures," https://www.itu.int/en/ITU-D/Statistics/Documents/facts/FactsFigures2021.pdf. [2021-11-16].

索电商合作，为农产品销售寻找出口等。然而，由于数字基础设施和技术匮乏，发展中国家在数字合作方面的需求空间巨大，亟须得到国际社会的资金和技术支持（见表1-2）。

表1-2 发展中国家数字发展战略情况（部分）

国家	战略/计划名称	合作需求
泰国	数字泰国战略	建设高效的数字基础设施，建成数字政府，储备人力资源，建立公众对数字化技术的信心
菲律宾	菲律宾数字化转型战略（2022）	明确数字经济的支柱产业地位，健全数字基础设施，完善数字技能、互联网政务、数字身份认证以及行之有效的法律监管框架
马来西亚	2030年共享繁荣愿景	拥抱数字技术，建设数字领导力、数字基础设施、数字能力、数字安全和推进数字创新
卢旺达	2020：智慧卢旺达总体规划	迈向知识型社会，用数字化推动经济转型，创造就业和提高生产力
埃塞俄比亚	数字埃塞2025：埃塞俄比亚包容性繁荣战略	建设数字经济，增加就业，增加外汇，实现包容性繁荣
南非	南非国家数字及未来技术战略	跟上科技革命潮流、创造就业、促进产业数字化发展、增强网络安全实力
肯尼亚	数字经济蓝图：驱动肯尼亚转型	关注数字政府、数字商业、数字基础设施，培养具有创新力的企业家，发挥数字技术价值

资料来源：根据相关国家发布的官方文件整理编制。

在提供援助趋势方面，现阶段，美国、中国和欧洲国家的数字化水平处于全球前沿，非洲、拉丁美洲及亚洲多数发展中国家则远远落后。为避免弱势群体被排除在数字生态系统之外，国际社会呼吁加大援助力度，尽快扭转发展中国家数字赤字局面。联合国、欧盟、非盟等多边组织以及传统援助国已相继部署行动方案，探索在数字基础设施、数字技术开发和应用等方面向发展中国家提供援助。随着数字逐渐成为改变国际竞争格局的新变量，传统援助国势必加大数字援助的力度，抢占全球数字合作空间（见表1-3）。

表1-3　近年西方国家和国际发展机构数字合作战略情况（部分）

国家/机构	战略/计划名称	主要内容
美国	美国数字发展合作战略（2020—2024）	在援助项目中嵌入数字，促进发展效果的可衡量性，特别是发挥数字在人道主义领域的作用
英国	英国数字发展合作战略（2018—2020）	将数字与就业、教育、人道主义、弱势群体以及透明度等方面工作相结合
日本	解决国际数字鸿沟全面合作计划	提供网络建设援助，数字人才培训，在援助项目中使用数字技术
经合组织	走向数字化：塑造政策，改善生活	让政府与企业、公民和利益攸关方一起塑造数字化转型以改善生活
联合国贸发会议	全民电子贸易	在信息技术基础设施、支付、法律法规框架、技术研发、融资等方面为发展中国家提供政策支持
非盟	数字贸易和数字经济战略	多方位指导非洲国家政府推出鼓励电子商务的政策，通过参与全球及区域性的磋商会议，减少对于非洲电子商务贸易商的监管摩擦

资料来源：根据相关国家发布的官方文件整理编制。

第六节　中国参与数字发展合作建议

总体上，全球数字发展合作的条件已基本成熟，中国参与数字援助也具备一定基础。随着国内数字经济蓬勃发展，数字治理能力与日俱增，在全球发展倡议下，中国可将数字援助作为"抓手"，加快转化数字发展经验，坚持创新发展，推动合作领域由小及大、由低端向高端延伸，与发展中国家共同开展惠及民生的数字创新合作，为全球可持续发展注入新动力，具体可以从以下6个方面着手。

第一，开展顶层设计，部署数字援助战略。在坚定不移做好自主科技研发的前提下，加紧形成具有中国特色的数字国际合作战略，通过前瞻谋划领域布局、国别布局、方式布局，逐级推进数字影响力，主动适应国际发展新格局。

第二，注重因国施策，科学甄别示范性项目。精准识别受援国发展需求，选取减贫示范性强、发展潜力足的民生领域开展数字援助。特别是对医疗、教育、农业等援助项目开展运营管理数字化改造，加强"软硬"结合，提升巩固援助效果。

第三，加强风险防范，警惕数字援助风险。在数字援助过程中，应探索创新性方法，与合作伙伴充分探讨风险最小化方案，建立风险防控制度、规则和应对机制，培养当地政府和媒体数字能力，防御网络黑洞、对抗虚假信息，优化媒体运作能力。

第四，推进政府和企业合作，支持领军企业"出海"。充分发挥企业技术和管理优势，特别是以新冠肺炎疫情防控为契机，支持数字化领军企业顺势"出海"，发挥数字援助在应对疫情冲击、复工复产和恢复社会生活等方面的关键保障作用，为未来数字合作开辟"机会窗口"。

第五，开展能力建设，加快培育数字技术人才。依托已援建的职业技术学校、人力资源开发合作项目、奖学金项目、数字企业培训平台等，积极向受援国传授数字化管理运营新理念、新方法，增强当地"造血"功能，提升自主发展能力。

第六，深化开放合作，提升数字合作影响力。深度参与全球数字发展合作，加强与联合国、二十国集团（G20）、金砖国家等多边组织以及相关数字科研机构的对接对话，推广中国数字技术、标准和服务，凝聚发展共识，推进全球可持续发展走深走实。

第二章　跨境基础设施投融资

基础设施是经济发展和社会繁荣的重要保障，具有战略性、基础性、先导性、全局性的作用。当前，全球经济复苏，新兴经济体增速放缓，全球基础设施需求庞大、投入资金不足，特别是发展中国家面临基础设施亟须发展的挑战。如何发挥具有先导性作用的对外援助资金，引导其他市场资金进入发展中国家建设基础设施，是全球所有利益相关方的共同关切。以成套项目为代表的基础设施援助是中国国际发展合作的主要方式，本章研究其历史发展脉络，结合当下国际基础设施发展趋势，对新时期中国基础设施援助提出建议。

第一节　对外援助先导：中国基础设施投融资发展历程

改革开放以来，中国充分发挥技术成熟和人力成本相对低廉的优势，通过多种方式积极参与发展中国家的基础设施建设，包括修建道路、桥梁、机场、港口、电站，搭建信息通信网络等，对发展中国家的经济社会发展发挥了重要作用。

一、支持交通运输建设

交通运输是发展中国家经济增长的重要支柱，中国对外援助积极响应受援国需求，助力推进公路、铁路和港口等交通基础设施建设，带动受援国经济发展。改革开放以来，随着对外援助政策发生阶段性调整，交通运输领域的援助也相应有所变化。

（一）1979—1994 年：调整阶段

改革开放初期，中国时逢国家财政经济困难，国民经济进入调整期。综合考虑财力、物力和人力因素，中国提出"量力而行，尽力而为"的原则，对援助结构进行调整和统筹安排，交通运输领域的援助也因此有所调整。

一是交通运输援助规模相应减少，但援助面有所扩大。自 1984 年，中国决定新援外项目一律实行承包责任制，以招标方式择优选定承包单位，促使交通项目节省了资金，缩短了建设工期。1979—1994 年，中国本着保质守约的精神，通过无偿援助和无息贷款新建成一批投资少、质量好的公路项目。期间新建了尼泊尔中尼边境热索桥、巴基斯坦喀喇昆仑公路、伊拉克摩苏尔桥、马达加斯加木腊芒加至昂德拉努南邦古公路和总统府道路、埃塞俄比亚沃—瓦公路、赞比亚塞伦杰至曼萨公路、桑布贡吉公路桥和马哈南达公路桥、安提瓜和巴布达克里克桥、苏丹辛加大桥、缅甸仰光—丁茵公铁两用桥、斐济瓦图瓦卡桥、尼泊尔博巴公路、布隆迪布琼布拉至尼罗河发源地公路等。其中，缅甸仰光—丁茵公铁两用桥正桥全长 1822.6 米，含引桥铁路桥全长 2938.5 米，含引桥公路桥全长 2151.3 米，被誉为"东南亚最大的公铁两用桥"。援建埃塞俄比亚沃—瓦公路时逢政治动乱，在别国专家相继撤离的情况下中国仍然坚持履行协议继续施工，中国专家在施工中的出色表现给受援国官员和人民都留下了深刻印象，赢得了很高的声誉。

专栏 2-1

巴基斯坦喀喇昆仑公路项目

于 1979 年建成的喀喇昆仑公路北起中国新疆喀什市，穿越喀喇昆仑山脉、兴都库什山脉、帕米尔高原、喜马拉雅山脉西段，全长 1032 公里。建成后的公路共有主桥 24 座、小型桥梁 70 座、涵洞 1700 个，建设中使用了 8000 吨炸药，8 万吨水泥，运送土石 3000 万立方米。目前，喀喇昆仑公路是巴基斯坦北部地区的交通纽带，对北部地区的经济发展具有重要意义，也是巴基斯坦国家公路网的重要组成部分，对于巴基斯坦的国家安全具有重要的战略和军事意义。同时，这条公路还是亚洲公路网的组成部分，是中国通往巴基斯坦地区及南亚次大陆的交通要道。

喀喇昆仑公路被称为公路建设史上的奇迹。公路全线海拔最低点为460米，最高点为4733米，地形情况极为复杂，雪崩、山体滑坡、落石、塌方、积雪、积冰等地质灾害经常发生。根据巴基斯坦官方公布的数字，在喀喇昆仑公路建设过程中遇难的巴方建设者有500余人，有160名中方建设者献出了宝贵的生命。公路建成后，因地质情况极其复杂，需要常年维护，巴基斯坦军队特别成立了军队工程师专门负责维修抢险。2005年10月，巴基斯坦北部发生强烈地震，公路受到了不同程度的损坏，中国支持巴基斯坦全面改扩建喀喇昆仑公路。

二是强调要巩固项目建设成果，发挥建成项目经济效益。20世纪六七十年代，中国援建了大批生产性项目，因受援国管理水平较低，中国援建人员离开后，项目难以为继，包袱较重。进入20世纪80年代后，中国派出大量工程人员，对已建成项目进行维修、更新和加固，提高了已建成交通项目的使用效果。公路桥梁方面，中国修复了尼泊尔加—科公路水毁路段、巴基斯坦红其拉甫—哈利格希段公路水毁路段，也门阿—木公路48座小桥、布隆迪国家七号公路、贝宁萨维—巴拉库公路桥等，援建了苏丹迈—格公路加铺沥青混凝土项目。铁路方面，分别为博茨瓦纳铁路更新了南段120公里、会让线5.1公里，北段铁路85公里、会让线4公里，以及中段铁路88公里，道岔14组和6条会让线。港口水运方面，为马耳他修理了30万载重吨级的船坞和码头，对毛里塔尼亚友谊港口开展了多次维修和防护工作，包括港口引桥堵口工程、南岸防护工程、仓库维修和测波站工程、堵口挡沙板修复、清除桩缝海生物、制造安装新连接板、码头维修、引桥钢梁、钢桩除锈和油漆等内容。航空方面，对基里巴斯的邦利克国际机场跑道进行加固和扩建。

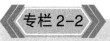

专栏 2-2

苏丹瓦德迈达尼—加达里夫公路加铺沥青混凝土项目

中国援建的苏丹瓦德迈达尼—加达里夫公路，于 1977 年 3 月竣工通车，被称为中国和苏丹两国友谊的象征。投入使用后，该公路交通量急剧增长。1981 年，应苏丹政府要求，中国对已进行沥青双层表面处理的路面开展加铺工程。共加铺沥青混凝土路面 227.7 公里，平均厚度为 19 厘米，工程量大，且技术复杂，绝大部分路基建筑在膨胀土上，常年接受 50～60℃ 高温的考验。开工以来，援外工程人员艰苦奋斗，克服了种种困难，于 1983 年 10 月提前一年竣工。早期铺筑的路段，经过 3 个高温季节、100 多万辆车次的考验，质量没有发生变化，公路的平整度、密实度、拱度、弯沉值等技术指标均符合设计要求。苏方对此非常满意，赞扬这段路是自喀土穆至苏丹港全线中质量最好的一段。

三是逐渐由单一的技术援助向技术合作和管理合作相结合转型。20 世纪六七十年代，中国专家仅提供技术参谋、承担顾问的角色，对建成的项目没有管理权。进入 20 世纪 80 年代，应受援国要求，中国专家直接参与项目管理，与受援国密切合作，改善经营管理，提高项目运行质量。例如，针对坦赞铁路，中国专家组的工作范围从技术指导扩大到参与经营管理，同坦赞铁路当地员工密切合作，加强管理，使铁路运营情况好转，客、货运量增加，扭亏为盈。

专栏 2-3

坦赞铁路第四期技术合作项目

1983 年，中国派出 250 名专家为坦赞铁路开展第四期技术合作。从这期技术合作开始，中国专家不但对坦赞铁路的计划、运输、财务、劳资、机车车辆、工务和物资等 9 个部门进行技术指导，还直接参与了铁路的管理工作。主要帮助组织货源、制定客货运价并确定以美元为计算基数，改进运费收入办法，配合清理和催收拖欠款以及改进统计工作等。铁路专家组长参加坦赞铁路董事会会议，专家组长和部门专家负责人参加铁路局管委会办公会议，与对方共同研究运营和管理工作中的重大问题。分局和基层单位的中国专家，分别参加定期的分局办公会议和生产会议，与对方共同研究处理日常运输生产中的问题。此外，在铁路、分局各业务部门召开的专业性会议上，与对方共同研究处理运营中的重大问题。

（二）1995—2012 年：发展阶段

1994 年下半年，中国重新考虑对外援助方式，决定推出优惠贷款以扩大援助规模，提高援助效益。优惠贷款于 1995 年列入年度对外新签援款计划，对象是有偿还能力的国家。优惠贷款投入使用后，中国交通运输领域的援外规模快速增加。2000 年以前，中国优惠贷款单个项目金额较小。2000 年以后，为了适应援外工作需要，单个项目的批贷金额有所突破，交通运输项目如纳米比亚铁路机车设备采购项目、博茨瓦纳公路一期项目，博茨瓦纳公路二期项目、汤加国家道路改造项目、柬埔寨 59 号公路项目等均实现了较大资金规模。优惠贷款项目的实施对促进受援国交通发展和经济社会发展、巩固友好关系起到积极作用。

在这一时期，一是中国继续使用无偿资金和无息贷款支持发展中国家的交通运输发展。公路桥梁方面，中国援建了赤道几内亚巴—涅公路、卢旺达公路项目、马达加斯加昂—瓦公路、尼泊尔沙拉公路、肯尼亚甘—塞公路和基塞沙公路、巴布亚新几内亚巴巴利利公路和尤—亚公路等；援建了埃塞俄比亚格特拉立交桥、斐济纳务索桥、马里巴马科第三大桥、贝宁科托努立交桥、也门萨那立交桥、尼泊尔色迪河桥、孟加拉国卡洛多瓦河公路桥和卡布坎公路桥等；为老挝昆曼公路、柬埔寨吉井至柬老边境公路、安提瓜和巴布达达克伍德段公路、蒙古国扎门乌德至中国二连浩特公路、汤加瓦伊普阿大桥等开展了改造和修复工作；港口水运方面，中国援建了叙利亚 1200 吨级下水滑道项目、巴基斯坦瓜达尔港一期项目、密克罗尼西亚客货两用船维修项目、圭亚那渡船项目等。航空方面，援建了基里巴斯邦利克国际机场跑道加固和扩建项目，苏里南机场冷库项目、科摩罗机场维修项目、密克罗尼西亚丘克洲机场装修改造项目、刚果（金）布卡武机场道路翻建项目等。

二是中国利用优惠贷款支持发展中国家交通运输事业的发展。公路桥梁方面，博茨瓦纳公路在历经 30 个月建设工期后，成为博茨瓦纳中南部的主干线之一，是博茨瓦纳公路运输网的重要组成部分，为经济落后的博茨瓦纳中南部地区注入新的活力；玻利维亚工程机械设备采购项目支持玻利维亚国内公路系统的建设和维护，改善了玻利维亚基础设施落后的状况；柬埔寨国家 59 号公路工程连接柬泰边境城市波比及直辖市拜林，作为边境公路，59 号公路工程串联起了诸多边境商贸城镇，促进了边境贸易，增进了边境与内地的联系，在柬埔寨国家工程中具有重要的影响。航空方面，中国使用优惠贷款支持了莫桑比克马普托国际机场改扩建项目，新建国际旅客专业航站楼，新建货运仓库、控制塔，改造停机坪以及相关配套设施，将旅客容量从 30 万人提高到 90 万人；中国援建斯里兰卡汉班托特南部国际机场，在原 Mattala 军用机场的基础上进行改扩建，促进斯里兰卡的基础设施发展；中国利用优惠贷款支持了老挝、缅甸、刚果（布）、印度尼西亚、赞比亚、玻利维亚、瓦努阿图等国的飞机采购项目，同时向这些国家提供技术培训，提高了受援国的航空水平。

专栏 2-4

巴基斯坦瓜达尔港口项目

瓜达尔是巴基斯坦西部俾路支省的一个港口小城，位于欧洲、非洲和西亚地区与远东地区海上交通运输的枢纽地段，扼守着波斯湾口，是中亚地区通往印度洋的最近出海口。建港前的瓜达尔只是个小渔村，被称为"荒凉多石"的不毛之地。2001 年是中巴建交 50 周年，中巴两国签署了该项目一期工程的融资协议，明确了中方将以无偿援助、无息贷款和优惠贷款方式提供融资。中国选派了优秀的施工队伍，在工程上使用最先进的技术和设备，将瓜达尔港建成了全优项目。瓜达尔港担负起斯里兰卡、孟加拉国、阿曼、阿联酋、伊朗和伊拉克等国家与内陆阿富汗、乌兹别克斯坦、塔吉克斯坦等国家的许多海运任务，成为地区转载、仓储、运输的海上中转站。瓜达尔港的建设对巴基斯坦具有重要的经济价值，促进巴方把中亚和中东的贸易连接起来，促进发展国际联运。同时，也带动了周边地区尤其是通往卡拉奇的陆路交通建设，沿线居民的生活将发生巨大变化。

（三）党的十八大以来：加速发展阶段

经过几十年的发展，中国无论是在交通设备制造、安全管理方面，还是在配套设施建设、专业人才储备等方面，都积累了成熟的技术和丰富的经验，取得了明显的发展和进步，水平得到很大提升。为促进解决发展中国家交通运输能力不足的问题，党的十八大以来，中国加大援助规模，以多样资金形式和方式对发展中国家的公路桥梁、港口、航空等领域的建设贡献力量。

公路方面，中国继续使用无偿资金和无息贷款，援建了老挝昆曼公路、跨湄公河大桥、朝鲜中朝鸭绿江界河公路大桥、摩尔多瓦交通监控系统、孟加拉国卡兹尔特克公路桥等新项目，开展了马里巴马科第三大桥北延长线项目、肯尼亚甘塞公路既有路段新增破损路面修复工程、塔吉克斯坦沙尔—沙尔隧道连接线水毁修复项目等工作，为受援国的公路桥梁建设发挥了重要作用。同时，中国以大额的优惠贷款援建了埃塞俄比亚阿达玛高速公路、柬埔寨57B号公路、毛里塔尼亚贫困三角洲公路、马里巴马科—塞古公路整治项目、纳米比亚北方公路、巴基斯坦修建白沙瓦—卡拉奇高速公路、斐济国家道路升级改造项目等。其中，中国援助的埃塞俄比亚阿达玛高速公路是埃第一条高速公路，也是东非地区规模最大、等级最高的高速公路，全长78.4公里，按双向6车道、时速120公里标准建设。项目的建成大幅缓解了原有公路的通行压力，有力推动了沿线地区的经济社会发展；中国提供援助资金支持巴基斯坦修建白沙瓦—卡拉奇高速公路（苏库尔—穆尔坦段）、拉合尔轨道交通等一系列重大项目，全面升级改造了因多年地质灾害而破损严重的喀喇昆仑公路，有效改善了巴基斯坦的陆路交通运输条件，促进了巴基斯坦经济社会发展；中国利用优惠贷款支持柬埔寨扩建 57B 号公路，路线全长 176. 35公里，极大地促进了沿线地区交通物流发展，成为柬埔寨西北地区的交通主干线，成为名副其实的"惠民之路"。

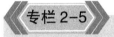

专栏2-5

尼泊尔阿尼哥公路项目

阿尼哥公路由中国政府援建，1967 年建成通车，全长 115 公里，北起中国西藏樟木口岸，途径科达里、巴克塔普等到尼泊尔首都加德满都。阿尼哥公路是沿线民众进出外界的唯一通道，几乎承担了沿线居民、企业百分之百的交通运输任务，被誉为尼泊尔人民的"生命线"工程。2015 年 4月 25 日，加德满都大地震发生后，阿尼哥公路毁损严重，交通阻断。2016年 3 月，应尼泊尔政府请求，中国对阿尼哥公路实施援助抢险保通。施工过程中克服了二次地震、洪涝、山体滑坡等巨大压力，终于于 2017 年1 月完成一期抢险保通工作，阿尼哥公路的重新贯通再次书写了中尼友好的新时代赞歌。

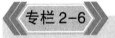

专栏2-6

马尔代夫中马友谊大桥项目

马尔代夫首都马累面积约 1.5 平方公里，常住人口约 20 万人，人口密度大，土地稀缺，交通拥堵。建设一座跨海大桥，将马累岛和机场岛连接起来，随后贯通机场岛北侧的胡鲁马累岛，打造大马累首都区，是马尔代夫未来发展的必然选择。2014 年 9 月，习近平主席访问马尔代夫，中马关系再上新台阶，中国援建马尔代夫中马友谊大桥项目正式提上日程。印度洋素以海底地貌复杂、季风气候明显而著称。马尔代夫是一个珊瑚礁群岛，狭窄的海峡、严格的机场限高、不规律的长周期波和海底暗流为大桥建设提出诸多难题。项目正式立项后，专家队伍立即针对项目实施的重难点制定了 10 个科研课题，组织国内外科研力量——攻克难题。2015 年 12 月，马尔代夫中马友谊大桥举行开工仪式，短短 9 个月后，5 个大型海上作业平台巍然屹立，贯通海峡的施工通道全面打开，每根重达百余吨的钢护筒精准定位，在 40 余米深的海底为大桥打下稳固基础。中马友谊大桥已成为马尔代夫的世纪工程。马尔代夫总统在开工仪式上说："这座大桥是马尔代夫人民世代的夙愿，也是整个国家未来发展的基石！"

航空方面，应受援国需求，中国支持建设了安提瓜和巴布达机场航站楼、多哥洛美国际机场改扩建、津巴布韦瀑布机场改扩建、圭亚那机场升级改造、埃塞俄比亚国际机场改扩建、赞比亚卢萨卡国际机场扩建、萨摩亚法莱奥洛国际机场升级改造等航空枢纽项目，满足了项目所在国日益增长的航空运输需求，提高了机场的运营能力和安全性，促进了旅游业的发展，对提高受援国国家形象发挥了重要作用。

港口方面，中国以优惠贷款支持的毛里塔尼亚友谊港扩建项目大大提高了港口的吞吐能力，成为毛里塔尼亚经济发展的生命线。斯里兰卡汉班托特港口二期项目解决了货船积压滞港问题，为斯里兰卡经济社会发展再添活力。

二、推动能源发展

能源短缺是许多发展中国家在工业化进程和经济发展中面临的一大挑战。中国积极回应相关国家实际需求，通过支持建设电站、输变电和配电网、天然气发电等项目，帮助相关国家改善电力短缺掣肘经济增长的现状。

（一）水电站项目

中国在水电领域的援外工作始于 20 世纪 50 年代，大宗的电力项目基本建成于六七十年代。20 世纪八九十年代，已运行 20 年以上的电站步入老化期，由于受援国资金缺乏、技术力量不足，中国对水电站的援助集中在检修、修复、抢修和电站运行技术指导工作方面。如 1989 年对刚果（布）布昂扎水电站进行大修，提供零配件及派人维修，援建工作使年久失修的水电站重新焕发生机，为当地补充电力供应；1989 年对几内亚金康和丁基索水电站进行大修，更新主机和水机，维修电气主要设备，1992 年又抢修了 1 号、2 号、3 号、4 号机；1994 年对布隆迪穆杰雷水电站进行设备更新，承担布琼布拉近30%的供电量，对保证首都正常电力供应意义重大。期间，中国也新援建了若干装机容量 3000~4000 千瓦的新水电站，如赤道几内亚毕科莫水电站，塞拉利昂哥马水电站和斯里兰卡尼兰比水电站等，促进了受援国电力的发展。

2000 年以来，中国利用优惠贷款支持发展中国家建设不同类型水电站项目，如中非博阿利 1 号水电站、塞拉利昂坡特洛科水电站、赤道几内亚毕科莫水电站改造等。中国支持埃塞俄比亚修复阿巴—萨姆尔水电站，使埃最古老的水电站重新发挥作用，促进了当地电力行业发展；中国援建的加纳布维水电站帮助当地实现了建成现代化的大型水电站的梦想，成为加纳电力建设的"明星工程"。

专栏 2-7

玻利维亚水电站项目

1996 年 5 月，中国援建玻利维亚水电站项目举行了盛大的工程竣工庆典和移交仪式。在安第斯山脉海拔近 4100 米、缺氧超过 50%、荒无人烟的施工现场，中国施工技术组以顽强的意志战胜了高原缺氧反应，战胜了每天七八级强风的肆虐，忍受着高原紫外线的强烈辐射和偏僻山村的荒凉寂寞，克服了山高路险带来的交通不便等难以想象的困难。经过艰苦劳动，终于使水电站提前 3 个半月完成全部建设任务，验收评为优良。玻利维亚政府代表在竣工仪式上高度评价中国专家的出色工作，衷心感谢中国政府的真诚援助。当地方圆百里之外的各族村民身穿节日盛装，在水电站广场载歌载舞，庆祝水电站建成发电。

（二）输变电项目

20 世纪八九十年代是中国援建输变电工程的起步阶段。期间，中国以无偿资金和无息贷款方式援建了刚果（布）高压输变电线路、喀麦隆输变电、塞拉利昂哥马—凯内马输变电、斐济雷瓦河三角洲高压输电网、安提瓜和巴布达输变电改造等工程。

进入 2000 年后，在优惠贷款的支持下，中国援建了苏丹输变电项目、苏丹喀土穆变电站项目等，大大改善了受援国电网运行状况，促进了当地经济发展和社会稳定。党的十八大以来，在受援国的要求下，中国加大对输变电项目的优惠贷款力度，援建项目也相应增加。已援建了塞内加尔达喀尔市环城输变电站、多哥索科地变电站、多哥配电网改造扩建项目、圭亚输变电站、白俄罗斯输变电站等工程。中国援建的柬埔寨金边—巴威输变电项目覆盖金边、干拉、波萝勉、柴桢等 4 省市，受益人口约 400 万；中国援建的赞比亚卡里巴北—凯富埃西输变电项目成为赞国家电网中的骨干输变电工程，有效缓解了赞电力供应紧张状况，对开发建设赞水电资源、促进其工业化发展发挥了重要作用；塞拉利昂输变电项目为首都弗里敦市、北部城市坡特洛科、东部省马卡里等地区的电网注入新力量；肯尼亚电网改造二期项目为肯沿海地区和塔纳河下游地区提供电力供应，缓解了肯的电力紧张局面。

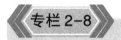

专栏 2-8

塞拉利昂输变电项目

中国优惠贷款支持的塞拉利昂输变电项目于 2017 年竣工。该工程包括新建两座变电站，总建筑面积为 212.7 平方米；输电线路分为 11kV 线路和415V 线路，长度分别约为 21km 和 3km；新装变压器 20 台；新增变电站高压柜一台。该输变电项目受到当地政府和民众的高度关注，是改善当地民生、提高民众生活水平的重要举措。因技术水平落后，变电站所辖地区的民众一直生活在没有电的环境之中。送电成功之后，当地民众欢呼雀跃，感谢中国政府和中国企业为他们的生活带来巨大改变。塞拉利昂政府衷心感谢中国提供的无私援助，感谢项目建设者的辛劳付出，希望该项目为更多当地人民带来光明，并成为两国友谊长存的见证。

（三）天然气发电项目

近年来，中国还援建了天然气发电等能源项目，丰富了发展中国家电力来源，优化能源结构。中国利用优惠贷款支持坦桑尼亚建设的姆达天然气处理厂和输送管道项目，改变了其耗重资进口燃油发电的现状，为坦居民提供了清洁便利的天然气和持续稳定的电力资源，使其国内上网电价从每度 40~50 美分降低至 10~20 美分，全国天然气发电比例从 40% 增至 80%；中国推动马耳他完成 EPC 油改气工程，实现马耳他用户电价下降 25%，同时电网的可靠性、安全性、稳定性也大幅提高；中国支持玻利维亚天然气管道设备出口项目，中国生产的聚乙烯天然气管道、燃气表、燃气调压站等配套零件补充了玻设备不足，增加玻天然气出口额。

三、推动信息化社会发展

为提升发展中国家信息和通信技术的普及度，中国积极参与光缆电信传输网、政府信息系统等项目合作，支持发展中国家建设信息社会、发展数字经济，带动企业参与发展中国家信息网络建设、运营和服务，逐步搭建有助于共同发展的现代化信息通信网络。

（一）市场拓展阶段

21 世纪前，中国电信行业尚处于起步阶段，期间主要向发展中国家提供电信设备、无线短波电话电路、电信楼建设、发信台等支持。2000 年以来，中国加强通信行业市场调研、积极操作、把握先机，利用优惠贷款和其他资金鼓励有能力的通信企业走出去，在通信市场竞争十分激烈的形势下，尝试开拓援建项目。期间，中国派出的企业发挥了通信领域领先的技术水平，援建了坦赞铁路通信设备改造、土库曼斯坦电信网改造、哈萨克斯坦电信网改造、尼泊尔光缆铺设、毛里求斯城市安全监控和无线通信指挥系统等项目。援建项目均得到受援国政府部门的认可和信任，为日后中国通信领域服务全球发展打下了重要基础。

在优惠贷款支持下，中国企业进入吉布提电信市场，并承担国家核心安全网络项目。该项目包括首都地区接入网项目、首都郊区 BALBALA 交换中心、全国微波骨干传输网和位于首都的卫星地面站。该项目为首都地区的通信网络搭建了一个大容量而且稳定的传送平台，解决了众多居民通信问题，同时为吉布提周边国家埃塞俄比亚、索马里和厄立特里亚与国际网络连接做好了准备，高质量的技术得到当地安全部门的认可，赢得广泛肯定；缅甸全国电信改造二期项目为缅甸交换机、移动通信、传输骨干网络项目及提供配套设施，合同规定执行期不到一半的时间内已成功获得大部分设备初验证书。项目完成后，中国提供的设备服务缅甸 50% 的移动电话市场、30% 的固定电话市场；厄立特里亚通信网络改造项目是中国首次向厄特提供优惠贷款。该项目替换了厄特电信 16 个网元的设备，使固定、电话网联通厄特主要城市，CDMA 无线用户覆盖了厄特大部分城市、城镇和沿红海经济区内各岛屿，厄特固定电话普及率由 1.5% 上升至 6.5%；突尼斯移动智能网络项目向突尼斯提供了覆盖包括首都等地区的商用网，首次应用了业界集成度最高、单机柜 18 个载频的 CDMA 2000 基站，为突尼斯企业、工业区、酒店及个人用户提供高速数据业务和语音业务，得到突尼斯政府的感谢和好评。

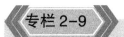

专栏 2-9

越南"三线一枢"通信和信号现代化工程项目

越南"三线一枢"通信和信号现代化工程项目于 2005 年取得中国优惠贷款支持。该项目是越南最大的通信和信号改造项目，覆盖越南北部的河内—同登、河内—太原、河内—老街 3 条铁路，以及河内铁路枢纽，项目分为铁路通信、信号和相关工程三大部分，共计 65 个车站及 8 个通信站近 590 公里铁路线的通信和信号现代化改造。中国企业全面承担项目的设计、供货、建设安装、培训、维护等全部工程建设任务。越南交通运输部代表在开工典礼上致辞时说，"三线一枢" 通信和信号改造工程是越中两国人民友好情谊的象征。工程建成后，将大大提升越南铁路的运输能力和管理水平，为越南的铁路建设和发展带来巨大效益。

（二）全面发展合作阶段

党的十八大以来，中国发挥高水准的通信技术，为发展中国家援建了大量通信工程，推动了受援国的信息化发展，为经济社会发展增添了新动力。

光纤骨干网建设方面，中国支持发展中国家建设的光纤骨干网扩大了通信网络的覆盖面，降低了当地的通信成本，为民众带来了便利。中国援助的肯尼亚国家光纤骨干网项目，有力推动了肯尼亚信息通信产业实现跨越式发展，网络速度大幅提高，网络通信费用降低了 90%，网络用户激增，已成为近年来当地发展最快的产业；中国援喀麦隆全国光纤骨干传输网优惠贷款项目，总长度 3200 公里，光纤骨干网连接了喀麦隆所有大区，为区域内企业和民众提供高速的互联网及数据服务；中国援助的刚果（金）国家光缆骨干网二期项目建成后，与已完工的一期项目相连，构成一条贯穿刚果（金）东西及南部地区 50 多个主要城镇及沿途村庄，连接周边邻国，贯通大西洋与印度洋的信息高速公路。对促进刚果（金）通信与信息技术产业链的发展，提高国家信息安全，降低通信成本和带动当地社会经济发展将发挥重要作用。

专栏 2-10

坦桑尼亚国家 ICT 宽带骨干网项目

坦桑尼亚国家 ICT 宽带骨干网项目（以下简称"骨干网项目"）是采用中国标准和中国设备承建完成的坦桑尼亚第一条"国家信息高速公路"。坦桑尼亚国内有多家电信运营商，但由于没有独立的国家骨干光缆传输网，各个运营商相互独立，移动和数据运营商主要靠租用微波和卫星链路进行国内和国际通信业务传输，造成了国内通信发展的地区不平衡，广大农村地区无法享受到现代通信发展带来的便利，通话资费长期居高不下，信息通信的落后严重影响了坦桑尼亚国民经济发展。坦桑尼亚政府为解决经济发展对高速宽带传输网的需求，决定建设一套国家所有、国家控制、覆盖全国的光缆骨干传输网。中国以优惠贷款方式帮助坦桑尼亚政府建设骨干网项目，及时缓解了项目缺乏建设资金的燃眉之急。骨干网项目共分五期，一期、二期建成后，形成了7560公里的国家光缆骨干传输网络，覆盖坦桑尼亚全国26个行政区，连接周边6个邻国及2条国际海底光缆，并已经为布隆迪、卢旺达、赞比亚和马拉维等4个国家提供国际电路转接服务，成功实现东非区域通信枢纽的愿望。截至目前，骨干网项目已取得良好的政治、经济、社会效益。在政治方面，骨干网项目是继坦赞铁路之后，中坦合作的第一条"信息高速公路"，成为加强中坦友谊、促进双边合作的又一典范。通过为周边国家提供国际电路，有利于提升坦桑尼亚的国际影响力。在经济方面，截至2016年6月，骨干网项目运营已为坦桑尼亚政府实现超过7000万美元的收益。在社会方面，项目建设期间为坦桑尼亚当地提供了8000多个就业岗位，项目运营过程中长期聘用当地100多名工程技术人员，并培训大量信息通信人才。同时，该项目的运营使坦桑尼亚的电话资费较建设前降低了58%，互联网资费也降低了75%，广大农村地区也享受到通信发展带来的变化。骨干网的建设使用为坦桑尼亚消除数字鸿沟，促进各行业信息化普及，最终实现"宽带坦桑、智慧城市"奠定了坚实基础。

支持政府信息服务网络建设方面。为提高发展中国家政府办公效率和信息化管理水平，中国积极支持相关国家建设政府信息系统网络。中国利用各种资金方式，帮助建设肯尼亚国家行政通信网二期项目、刚果（金）政府专用网络项目、塞拉利昂国家安全网项目、老挝政府热线和警察指挥中心项目、圭亚那和巴布亚新几内亚电子政务项目等。中国支持塞内加尔建设国家安全网和电子政务网，为塞政府提供全国范围的一体化综合调度平台，为其在边境安全、海关缉毒、罪犯追踪、交通调控、自然灾害处理等方面提供安全保障，为塞实施电子远程教育和医疗资源共享等公共服务提供了基础架构；中国援助摩尔多瓦交通监控系统于 2014 年开始运行，使摩尔多瓦拥有了中东欧国家首个全国性交通监控系统，对提高摩尔多瓦交通管理水平发挥了重要作用。2014 年，摩尔多瓦交通事故率降低了 40%，事故死亡率降低了 60%，车辆事故损毁率降低了 45%。

综上，改革开放 40 多年来，中国在基础设施援助领域取得巨大成绩，为发展中国家在公路桥梁、通信、能源等领域的发展作出巨大贡献，实实在在地促进了受援国可持续发展，反映了中国愿与世界共同分享发展成果的美好愿景。

第二节 从"非盟会议中心"看中国基础设施援助实践特点

非洲联盟（以下简称"非盟"）会议中心项目是中国在 2006 年 11 月中非合作论坛北京峰会上宣布的中非务实合作八项举措之一①，是中国政府继坦赞铁路后对非洲最大的援建项目，被誉为中非传统友谊和新时期合作的里程碑。大厦位于埃塞俄比亚的政治和经济中心亚的斯亚贝巴市，项目历经 3 年竣工，全部由中国无偿援助。现在它是非盟日常办公、每年两次首脑峰会以及其他

---

① 八项举措为：（1）扩大对非洲援助规模，到 2009 年使中国对非洲国家的援助规模比 2006 年增加 1 倍。（2）今后 3 年内向非洲国家提供 30 亿美元的优惠贷款和 20 亿美元的优惠出口买方信贷。（3）为鼓励和支持中国企业到非洲投资，设立中非发展基金，基金总额逐步达到 50 亿美元。（4）为支持非洲国家联合自强和一体化进程，援助建设非盟会议中心。（5）免除同中国有外交关系的所有非洲重债穷国和最不发达国家 2005 年底到期的政府无息贷款债务。（6）进一步向非洲开放市场，把同中国有外交关系的非洲最不发达国家输华商品零关税待遇受惠商品由 190 个税目扩大到 440 多个。（7）今后 3 年内在非洲国家建立 3~5 个境外经济贸易合作区。（8）今后 3 年内为非洲培训培养 15000 名各类人才；向非洲派遣 100 名高级农业技术专家；在非洲建立 10 个有特色的农业技术示范中心；为非洲援助 30 所医院，并提供 3 亿元人民币无偿援款帮助非洲防治疟疾，用于提供青蒿素药品及设立 30 个抗疟中心；向非洲派遣 300 名青年志愿者；为非洲援助 100 所农村学校；在 2009 年之前，向非洲留学生提供中国政府奖学金名额由目前的每年 2000 人次增加到 4000 人次。

重要会议的主要场地。

一、项目概况

中非合作论坛北京峰会结束后，中国政府与非盟立即就建设非盟会议中心项目进行正式换文确认。2007 年 2—3 月，商务部通过公开招标方式广泛征集设计方案。2008 年 4—5 月、2008 年 7 月又分别公开招标监理企业和施工企业。商务部对外援助项目招标委员会严格审定了各投标企业，最终，同济大学建筑设计研究院、中国建筑工程总公司、沈阳市工程监理咨询有限公司脱颖而出，分别承担了项目的设计、施工和监理工作。2009 年 6 月 16 日，非盟会议中心正式开工，2011 年 12 月 26 日竣工，2012 年 1 月 28 日举行项目落成典礼，2012 年 5 月 8 日正式移交。作为重大援外项目，项目各参与方从设计到施工再到后期技术合作，克服了诸多困难，严把质量关，最终将会议中心建设成为一个"质量一流，施工一流，设计一流"的项目[①]，也成为中国与非盟合作的新标志。

（一）项目设计独具匠心，巧妙融合非洲特点和中非友谊

为不负众望，打造出一个世人关注的精品，设计单位本着"五十年不落伍"的设计理念，在建筑造型、布局、功能、材料、结构等方面匠心独运，充分考虑非洲地域文化特点和亚的斯亚贝巴的气候和环境条件，巧妙融合中非文化和传统友谊，处处体现中非的真诚、团结、合作、共赢。

在项目设计时，设计组考虑到非洲在建筑文化上与中国的差异和对设计的不同理解，广泛征求了非洲相关利益方的意见，最终采纳了非洲偏爱的以圆形为主体的建筑造型，在色彩使用上也积极听取非盟的意见，并充分考虑非盟方对建筑新技术、新材料和新形式的期望，努力展现出非洲腾飞的崭新形象。同时，会议中心作为中国援建项目，还需要充分体现中非深厚友谊与良好合作。在经过多次修改后，设计组完成了令各方满意的设计方案。

---

① 2012 年 1 月 11 日，埃塞俄比亚总理梅莱斯视察已竣工的援非盟会议中心项目时的评论，http://news.xinhuanet.com/world/2012-01/29/c_122626708.htm。

会议中心建筑群体总体成 U 字形，造型气势磅礴，体现了"中国与非洲携手，共促非洲大陆腾飞"的设计主题。主题建筑呈椭圆形放射状布局，形态呈环抱之势，象征中国和非洲团结一致，携手托起非洲未来。建筑群规划科学，布局合理，设计精美。设计者充分利用当地的自然风与自然采光，圆形屋顶使用了发光棚，公共空间不设空调、无需人工采光，也能使整幢大楼色彩明亮，能耗极低。此外，内部配置也充分考虑各种人性化需求，在一些水暖管线的设置排列上，做到在不影响使用功能的前提下，留出操作和维护空间，适应了当地环境和实际使用情况。

（二）项目施工速度快，质量高

非盟会议中心项目的建设场址位于亚的斯亚贝巴南部科口斯区一块 11.3 公顷的场地内，该项目在建筑功能上由办公和会议两部分组成，建设内容主要分为五大部分，第一部分为会议设施，包括一间大会议厅（2550 座），1 间中会议厅（681 座）和若干小型会议室；第二部分为非盟委员会主席、副主席和非盟轮值主席办公用房；第三部分为职员办公用房；第四部分为辅助配套设施，包括图书馆、医疗中心、职业培训中心、多功能厅、电视转播用房等；第五部分为室外工程，包括景观工程、露天剧场、直升机停机坪、停车场等。主体建筑为一座 99.9 米高的办公楼，共 20 层；会议部分为裙房，总建筑面积约 5 万平方米。整个项目规模宏大，结构复杂，对施工队伍的技术要求很高。

非盟会议中心从 2009 年 6 月 16 日正式开工建设，到 2011 年 12 月 26 日竣工，仅用了不到 3 年时间。施工期间，施工方克服了种种困难。亚的斯亚贝巴海拔高，每年有 3 个月的大雨季，雨季降雨量大，夏日则骄阳炙烤，并且当地基础设施薄弱，停水停电频繁发生，这些不利条件给本来就工期紧张的施工带来了巨大的挑战。工人为了抢进度，常常需要加班加点，实现了办公楼主体结构 7 天一层的施工进度，与国内同类项目建设速度相当。当地的环境气候对施工技术也提出了更高的要求，例如为了防止主会议室玻璃穹顶在雨季漏雨，中国工程师们召开了多次技术研讨会，详细制定施工方案，精心组织施工，最终完美地完成了穹顶施工。

中国建筑工人的精湛技艺和吃苦耐劳的敬业精神给当地人们留下了深刻的印象。当地人民称赞中国速度为"光速"。非洲领导人也十分关注非盟会议中心的建设。施工过程中，时任非盟委员会和埃塞俄比亚的重要领导人都曾到工地参观视察，对项目的进度和质量都表示满意和赞赏。

（三）项目后期提供技术合作，支持后续运营

为支持非盟会议中心的后续运营和维护，加强当地人员的能力建设，2012年1月，中国政府根据非盟的需求，派遣技术人员开展为期两年的技术合作。2014年中国政府继续提供5000万元人民币，援建非盟总部综合服务中心，并提供第二期技术合作。[①] 技术合作项目工作内容包括：向非盟方技术人员对会议中心的日常使用和维护运行提供技术指导；对非盟方技术人员进行培训；提供备品备件；承担会议中心设备的日常运行、维护、维修、保养、物业管理等工作。通过技术指导和培训，以期非盟方技术人员能够接手会议中心的正常运转和维护。2016年中国为非盟会议中心扩建了员工食堂、档案中心、印刷中心、认证中心等，进一步提升了非盟总部综合服务功能。截至2023年1月，中国向非盟会议中心提供了五期技术援助项目，持续为会议中心提供全方位运维服务，保障会议中心正常高效使用。

二、项目分析

非盟会议中心是中国援助非洲重点项目之一，也是中国政府继坦赞铁路后对非洲最大的援建项目。项目实施过程中处处体现了中国对外援助亲诚惠容的鲜明特色。

（一）以需求为导向，向非盟提供实实在在的援助

非盟自成立以来，一直都没有自己的会议中心和办公楼。这个拥有50多

---

① 《关于全面深化中国非盟友好合作的联合声明》，http://news.xinhuanet.com/world/2014 - 05/06/c_1110548340.htm.

个成员国的联盟，每年要开两次峰会，过去都要向位于亚的斯亚贝巴的联合国非洲经济委员会会议中心借场地。为此，中国政府决定答应非盟的请求，帮助非盟建设会议中心，以解决其长期面临的办公设施紧张的问题。非盟会议中心的建成也标志着结束了非盟借用其他组织的会议中心召开首脑会议的历史。

非盟对会议中心寄予了很高的期望，提出了各种各样的要求，希望这个建筑能有现代化的造型，表现出非洲未来发展的趋势，成为当地的地标性建筑。施工期间，非盟对设计和施工现场提出的相关建议和意见，都得到中国的尊重和重视，并且尽最大的努力满足了非盟的要求。因此，项目建成后，非盟及其成员国都对会议中心非常满意。

非盟会议中心属于社会公共设施项目类。1950 年以来，中国帮助发展中国家建设了众多的公共设施，包括会议大厦、政府办公楼、体育场馆、文化中心等。这类项目也成为中国对外援助中的一个特色，而其他援助国少有涉足。事实上，这类项目都是中国政府充分考虑受援国当时的迫切需求提供的。许多发展中国家出于政治、经济和区域影响力的考虑，都有承办国际型会议或赛事的需求，但其国内缺乏资金和技术支持，因而转向中国寻求援助。中国政府急人所急，在充分地沟通协商和科学考察后，往往都会提供相应援助。这些场馆后来也大多成为受援国文化、社会或体育活动的重要场所，对促进受援国的对外交流、改善社会和文化生活发挥了积极作用。非盟会议中心是其中的代表性项目。

（二）创新援外管理体制，严格控制项目质量

一直以来，中国政府都非常重视对外援助项目的质量，从制度管理、招投标、项目监理、一线监督等方面入手，严格控制项目质量。对非盟会议中心这一重大项目，中国政府更是高度重视，力求将其建成中非合作的又一标志性项目。由于该项目规模大、标准高、技术复杂、任务艰巨，为了严格把控项目质量，中国政府在现有的对外援助管理体制基础上进行了两项改革创新，一是首次向项目现场派驻专职代表指导协调；二是设立了"监理、设代

（即设计代表）独立制"。

1. 专职代表指导协调

专职代表由商务部派遣，主要担负"协调、监督、指导、服务"的职责。为了确保项目质量、安全和进度，专职代表建立了一套完整的内部工作机制和对外协调机制。首先，加强源头管理，全面加强设备材料质量监管。非盟会议中心项目建立了"多方参与、各司其职、监管有力"的设备材料联合封样及考察制度。对项目主要设备材料，施工监理企业在采购过程中实施考察和见证取样，发运前进行港口验货，同时严格执行设备材料入场签认制度，做到全过程控制，为确保项目高质量完成奠定了坚实基础。其次，强化规章制度，建立健全质量保证体系和质量保证措施。在整个施工过程中坚持执行周生产例会制度、周质量安全联合巡检制度、月度综合大检查制度。最后，技术组坚持传统的技术检查和复核制度，形成了质量管理横向到边、纵向到底的管理网络。

此外，为强化劳务管理，专职代表也采取了一系列措施：一是建立了完善的劳务人才库，丰富优秀工人资源，从源头抓起，通过各项专业考试，对工人的技术水平及道德品质进行评比，择优录用。二是注重对进场工人进行思想教育、合同解释说明及责任落实和安全教育。三是合理规划施工班组，规范劳务派遣管理制度。四是确保劳务结算及时、有效、公正、公平。高水平的劳务管理，避免了因管理不善产生的"返工""窝工"和"费工"，有力地提升了凝聚力和战斗力。

2. 监理、设代独立制

"各司其职、相互协作、相互制衡"的分权管理原则是对外援助项目的工作指导制度，也是参建各方的基本工作准则。为了更好地发挥监理、设计代表在项目工作"独立、公正、科学"的监督协作作用，商务部为非盟会议中心项目设立了"监理、设代独立制"①，签订了《援非盟会议中心项目监理设代独立合同》。"独立制"的实行，使监理和设代工作不受其他因

---

① 《对外援助工作通讯》，2011 年第 8 期。

素困扰，在现场人员管理、设备材料价格审核、施工过程管理、质量检查、设计变更的审批管理等方面都能真正做到为高标准、高质量的项目建设提供服务。

3. 注重当地用工和技术合作，促进当地能力培养

中国对外援助项目以工程类项目为主，需要雇用大量工人进行施工作业。1964 年宣布的中国对外经济技术援助八项原则①明确规定"中国政府对外提供任何一种技术援助的时候，保证做到使受援国的人员充分掌握这种技术"。在非盟会议中心项目建设中，中国"授人以鱼，不如授人以渔"的传统精神得到进一步的证实。在工程建设过程中，虽然埃塞工人技能不高、工期紧迫，中国还是尽可能雇用当地人员共同施工，为当地提供更多就业机会。作业高峰期，施工现场中方工人有 700 多人，而埃塞工人则有近 900 人。中国员工还以"传、帮、带"的精神培训当地建筑工人，帮助当地人学习和提高工程知识和技术。中外员工友好相处，在共同建设中结下了深厚的感情，中国工人的勤劳敬业和精湛技艺也深深感染了埃塞工人，很多埃塞工人后来都成了埃塞建筑行业的精兵强将。中方管理外籍员工时注重以人为本，为员工提供整洁舒适的住房和特色餐厅。中国援埃医疗队也应邀来到现场，为援建工人检查身体，传授健身防病的常识，得到广泛好评。工程项目结束后，中国继续提供技术援助，也继续为当地培养能够管理和运营会议中心的人员。

三、项目的效果及评价

非盟会议中心建成后，已经成功举办了多次重要的大型会议，得到非盟、

---

① 八项原则包括：(1) 中国政府一贯根据平等互利的原则对外提供援助，从来不把这种援助看作单方面的赐予，而认为援助是相互的。(2) 中国政府在对外援助的时候，严格尊重受援国的主权，绝不附带任何条件，绝不要求任何特权。(3) 中国政府以无息或者低息贷款的方式提供经济援助，在需要的时候延长还款期限，以尽量减少受援国的负担。(4) 中国政府对外提供援助的目的，不是造成受援国对中国的依赖，而是帮助受援国逐步走上自力更生，经济上独立发展的道路。(5) 中国政府帮助受援国建设的项目，力求投资少，收效快，使受援国政府能够增加收入，积累资金。(6) 中国政府提供自己所能生产的、质量最好的设备和物资，并且根据国际市场的价格议价。如果中国政府所提供的设备和物资不合乎商定的规格和质量，中国政府保证退换。(7) 中国政府对外提供任何一种技术援助的时候，保证做到使受援国的人员充分掌握这种技术。(8) 中国政府派到受援国帮助进行建设的专家，同受援国自己的专家享受同样的物资待遇，不容许有任何特殊要求和享受。

非洲各国领导以及非洲人民的热情赞扬。会议中心为非盟更好地运转和发挥作用提供了基础设施支持，也充分显示了中国对非洲发展的支持和中非的传统友谊。

（一）项目集中体现了中国对中非合作及与非盟合作的重视

援建非盟会议中心是在中非合作不断升温的大背景下开展的。2009—2021 年中国连续 12 年稳居非洲第一大贸易伙伴国地位，中非贸易额占非洲整体外贸总额比重连年上升，其中，2020 年超过 21%。中国对非直接投资迅猛发展，截至 2020 年底，中国对非直接投资存量超过 474 亿美元，遍及 50 多个非洲国家。[①] 中国对非援助力度逐年增长，2013—2018 年中国对外援助金额为 2702 亿元人民币，其中对非洲国家的援助占比 44.65%。[②] 在 2015 年 12 月的中非合作论坛约翰内斯堡峰会上，习近平主席把中非新型战略伙伴关系提升为全面战略合作伙伴关系，提出"十大合作计划"[③]，并提供总额 600 亿美元的资金支持。[④] 2018 年 9 月中非合作论坛北京峰会上，中国提出将同非洲共同实施产业促进、设施联通、贸易便利、绿色发展、能力建设、健康卫生、人文交流、和平安全"八大行动"，开启了新时代中非合作的宏伟篇章。这些承诺和举措充分表明了中国对中非合作的重视，也必将进一步促进中非关系的发展。

援建非盟会议中心体现了中国支持非洲国家联合自强和一体化进程的一贯立场，也表明中国重视和支持非盟在促进非洲和平、稳定与发展中发挥的

①　人民日报：中国对非直接投资存量超过 474 亿美元，http://www.gov.cn/xinwen/2021-09/04/content_5635362.htm。

②　国务院新闻办公室：《新时代的中非合作》白皮书，2021 年 11 月。

③　"十大合作计划"分别为中非工业化合作计划、中非农业现代化合作计划、中非基础设施合作计划、中非金融合作计划、中非绿色发展合作计划、中非贸易和投资便利化合作计划、中非减贫惠民合作计划、中非公共卫生合作计划、中非人文合作计划、中非和平与安全合作计划。

④　600 亿美元的资金支持包括：提供 50 亿美元的无偿援助和无息贷款；提供 350 亿美元的优惠性质贷款及出口信贷额度，并提高优惠贷款优惠度；为中非发展基金和非洲中小企业发展专项贷款各增资 50 亿美元；设立首批资金 100 亿美元的"中非产能合作基金"。

重要作用。长期以来，中国与非盟及其前身非洲统一组织①也一直保持着友好往来和良好合作关系。作为非洲重要的地区国家联盟，非盟致力于协调非洲各国政策，维护非洲和平与发展，具有较高的领导权威性和政策导向性，得到非洲国家和国际社会的广泛认可。当今，非盟在非洲乃至世界舞台上的影响力与日俱增，正在成为引领非洲国家联合自强、共谋发展的一面旗帜。

为支持非盟在非洲和平与发展中的努力，中国对非盟的援助也不断增加。2012 年非盟会议中心落成典礼后，中国政府承诺，其后三年将向非盟提供 6 亿元人民币无偿援助，用于双方商定的项目。在 2012 年的第五届中非合作论坛部长级会议上，中国承诺将"深化同非盟和非洲国家在非洲和平安全领域的合作，为非盟在非开展维和行动、常备军建设等提供资金支持，增加为非盟培训和平安全事务官员和维和人员数量"。② 2015 年 9 月 28 日，习近平主席在联合国出席维和峰会发表讲话时，承诺在未来 5 年内，向非盟提供总额为 1 亿美元的无偿军事援助，以支持非洲常备军和危机应对快速反应部队建设。同年，中国明确提出支持非盟及各个非洲国家建立健全疾病预防控制体系。新冠肺炎疫情期间，中国向 50 多个非洲国家和非盟交付了大量医疗援助物资，并派出了 5 个医疗专家组，46 支中国医疗队投入当地的抗疫行动，还在中非合作论坛第八届部长级会议后承诺提供 10 亿剂疫苗③，为中非携手共建健康卫生共同体注入动力。

（二）项目得到非盟及非洲各方的充分肯定

2012 年 1 月 28 日，非盟会议中心落成典礼仪式举行。受援国政府和非盟

---

① 1963 年，31 个非洲独立国家在埃塞俄比亚首都亚的斯亚贝巴举行首脑会议，通过了《非洲统一组织宪章》，决定成立非洲统一组织（简称"非统组织"或"非统"）。1999 年 9 月 9 日，非统第四届特别首脑会议通过《锡尔特宣言》，决定成立非盟。2002 年 7 月，非盟正式取代非统。

② 胡锦涛在中非合作论坛第五届部长级会议开幕式发表的题为《开创中非新型战略伙伴关系新局面》的讲话。

③ 王严、周星灿、王珩：中国与非盟：砥砺同行二十载，携手擘画新未来，https://www.gmw.cn/xueshu/2022-12/05/content_36209365.htm。

官员对中国援建非盟会议中心表示了由衷的感谢和赞赏,指出中国援建的非盟会议中心体现了中国对非洲的深厚友谊和对非洲联合自强的坚定支持,认为这座雄伟、现代化的建筑寓意深远,它既是非中友好合作新的典范,也是非洲复兴崛起的标志,它重新点燃了非洲人民对非洲未来的希望,使非洲国家更加自信、更加团结,争取实现持久和平、稳定和繁荣。

非盟会议中心竣工后,非盟第 18 届首脑会议即召开,成为大厦首次投入使用的大型会议。40 多位非洲国家元首和政府首脑以及联合国等国际组织和区外国家代表参会,会议人员多、会期长,大量使用了大、中、小会议厅和分组会议室及媒体中心等会议设施。中国技术合作组和技术人员,全力为非盟方提供良好的技术保障和服务。非盟对会议中心各项设施运转、技术服务非常满意,再次验证了新会议中心完全适用于大规模的国际会议。截至 2020 年 7 月,会议中心已顺利举办 12 届非盟峰会,成为非盟一系列重要会议召开及重大决议诞生的重要见证者。

当今世界正发生着深刻复杂的变化。为促进长远发展,非盟制定了《2063 年远景规划》,绘制非洲未来 50 年宏伟蓝图;而中国也在为实现中华民族伟大复兴的中国梦而奋斗。中非都面临共同的发展任务和共同的战略利益,中国与非洲国家及非盟将进一步加强合作,以实现共同发展。非盟会议中心是新世纪中非关系深入发展的标志和缩影,将见证中非合作的长远发展。

第三节 国际基础设施发展新趋势

为促进基础设施建设,弥补经济发展短板,国际社会纷纷制定基础设施发展战略。欧盟于 2013 年提出"欧洲基础设施联通"计划,旨在加强欧盟国家在交通、能源和电信等领域基础设施的互联互通。南非于 2012 年推出"非洲南北经济走廊"跨国铁路建设计划,计划将博茨瓦纳、刚果(金)、南非、赞比亚和津巴布韦通过交通干线连接起来。2015 年日本政府提出构建"高质量基础设施合作伙伴关系",旨在促进日本海外基础设施投资。美国于 2021

年提出"重建更美好未来"（Build Back Better），拟花费 7 万亿美元开展全球基础设施投资。中国于 2013 年提出的"一带一路"倡议也是将设施联通为重点，致力于亚欧非大陆及附近海洋的互联互通，以实现沿线各国的可持续发展。当前，世界各国都在努力追寻打破基础设施瓶颈的方式和方法，国际发展援助在支持国际基础设施建设方面呈现出一些新的发展趋势和特点。

一、国际基础设施需求旺盛、资金缺口巨大

当前，基础设施供给不足是全球发展中国家普遍面临的问题。据全球基础设施中心（GIH）《全球基础设施展望》报告预测，到 2040 年，全球基础设施投资总需求将达到 94 万亿美元，约有 15 万亿美元的投资缺口。为弥补资金缺口，各国应将基础设施支出占 GDP 的比重从目前的 3% 提高到 3.5%。同时，为满足联合国 2030 年可持续发展目标的要求，还需要额外增加部分投资，从而使基础设施投资需求占 GDP 的比重增至 3.7%。

从地区分布看，全球基础设施不平衡态势较为严重。中美两国是基础设施建设大国，两国基础设施投资需求合计占全球投资需求的一半。其他投资需求和资金缺口主要分布在发展中国家，特别是亚洲和非洲地区。近几年，亚洲国家经济持续增长、城市化进程加速，但基础设施总体严重匮乏，已成为其经济增长的主要瓶颈。预计从 2016 年到 2040 年，除中国以外的亚洲国家基础设施资金需求高达 22.4 万亿美元，其中资金缺口高达 4.7 万亿美元，需求和缺口规模居世界之最。2016—2040 年，非洲国家的基础设施投资需求为 6 万亿美元，占全球投资需求的 6%，资金缺口达到 1.7 万亿美元。相比其他地区，非洲资金需求和缺口绝对数额虽然较小，但由于多数非洲国家经济落后，政局不稳定、投资风险大，融资进程面临严峻挑战。非洲基础设施建设亟须国家公共支出以外的发展型资金，以促进运输网络、公用事业等基础设施供给。

从行业分布来看，各类基础设施建设投资需求和资金缺口差距较大。公路和电力投资缺口占基础设施投资缺口总额的 65%。其中，公路行业投资需求和缺口最大，其次是电力、港口和机场。

表 2-1 2016—2040 年各地区基础设施投资预测

单位：万亿美元

大洲	投资需求	资金缺口	前三位重点投资行业
非洲	6.0	1.7	电力、水、公路
亚洲①	22.4	4.7	电力、公路、电信
美洲②	7.8	2.8	公路、电力、电信
欧洲	14.8	2.0	电力、公路、铁路
大洋洲	1.7	0.175	电力、公路、电信

资料来源：根据《全球基础设施展望》报告整理。

二、基础设施国际援助资金持续小幅增加

发展援助是发展中国家尤其是贫穷国家基础设施建设重要的国际融资来源。根据 OECD/DAC 数据统计，近年来，投入在经济基础设施领域的 ODA 数额和比例总体呈上升趋势，其中交通项目占比较大。以 2021 年为例，DAC 国家的 ODA 总量为 1364 亿美元，经济基础设施领域援助高达 189 亿美元，占 ODA 总量的 13.8%。其中，交通项目的援助额为 74 亿美元，约占经济基础设施领域的 40%。

此外，非 DAC 国家通过南南合作等援助方式对发展中国家的基础设施建设也发挥了重要作用。2021 年，非 DAC 国家约提供 67 亿美元经济基础设施援助，其中大部分援助资金流向了亚洲和非洲发展中国家。

表 2-2 2017—2021 年 ODA 投向经济基础设施领域情况

单位：亿美元

指标	2017	2018	2019	2020	2021
ODA 总量	1258	1208	1209	1288	1364
经济基础设施领域	172	173	195	178	189

① 亚洲的数据不包括中国，中国 2016—2040 年投资需求为 26 万亿美元，资金缺口为 1.8 万亿美元。

② 美洲的数据不包括美国，美国 2016—2040 年投资需求为 12.4 万亿美元，资金缺口为 3.9 万亿美元。

指标		2017	2018	2019	2020	2021
其中	交通部门	69	66	79	70	74
	通信	3	2	3	2	3
	能源	64	61	68	62	58

资料来源：根据 OECD/DAC 数据库整理。

三、亚投行等新型融资平台支持作用显著

目前，各国基础设施建设最主要的资金来源是国家公共支出，包括财政支出和各国开发银行投资，此外还有世界银行、亚洲开发银行、非洲发展银行等多边开发银行的资金。但长期以来，各国财政持续面临较大压力，公共部门对于基础设施投资的支持力度有限，传统多边银行也无法提供充足的资金支持。如世界银行和亚洲开发银行目前每年能够提供给亚洲国家的资金规模仅有 200 多亿美元，这与亚洲基础设施建设的资金缺口相差甚大。在此背景下，以新兴国家为主要倡导者的多边银行陆续成立，为补充发展中国家基础设施的融资发挥关键作用。特别是由中国主导成立的亚洲基础设施投资银行（下称"亚投行"）已经成为推进亚洲地区基础设施和经济建设的助推器。亚投行旨在为亚洲可持续基础设施建设提供资金支持和服务，推进亚洲区域基础设施互联互通以及经济一体化。2016 年 1 月开业以来，亚投行的国际影响力以及对亚洲地区经济发展的支持作用不断提升。截至 2023 年 1 月，亚投行成员已扩大至 106 个，成为除世界银行之外成员最多的多边开发银行。[1] 成立 7 年以来，亚投行已累计批准了 202 个项目，融资总额超过 388 亿美元，带动资本近 1300 亿美元，[2] 项目涉及贫民窟改造、防洪、天然气设施、高速公路、乡村道路、宽带网络、电力系统等基础设施领域。亚投行有效缓解了亚洲地区基础设施的资金短缺压力，增强了多边开发性金融机构的整体力量。

---

[1] 人民日报海外版：亚投行"朋友圈"何以越来越大？，https://finance.sina.com.cn/jjxw/2023-01-18/doc-imyapyeu8905218.shtml.

[2] 央视网：亚洲基础设施投资银行开业七周年项目遍布全球 33 个国家，https://news.cctv.com/2023/01/16/ARTlIBX7GiuCyOoEx8Qd0IUp230116.shtml.

此外，由主要新兴市场国家发起建立的金砖国家新开发银行，以支持基础设施建设和促进可持续发展为宗旨，将在一定程度上推进全球基础设施的发展。截至2022年底，金砖国家新开发银行已累计批准90多个项目，贷款总额约320亿美元。[①] 目前金砖国家新开发银行正在探索将贷款项目从金砖国家向其他新兴市场国家和发展中国家延伸，特别是以非洲区域中心为抓手，辐射其他非洲国家，这将为加快非洲基础设施建设做出贡献。

四、私人部门投入规模增速缓慢、监管体系有待改善

公私合营模式（PPP）能够在基础设施建设过程中发挥社会资本的资金、技术、管理和运营优势，缓解政府财政压力，提高基础设施供给的效率和质量。纵观全球，各国政府愈加青睐于借助PPP模式，吸引私人部门参与基础设施设计、融资、建造和运营。

近年来，基础设施领域在PPP模式方面呈现出两个趋势和特点。一是私人资金投向基础设施的规模有所增长，但总体增速缓慢。基础设施投资民间参与率（PPI）数据库报告的数据显示，在不包括超大项目的情况下，私营部门基础设施投资项目平均规模从2016年的1.56亿美元扩大至2017年的1.71亿美元，大致分布在油气、电力、安居工程、通信、交通运输、水利和采矿领域。总体来看，私营部门投资在基础设施支出总额中占比仍然很小，1990年以来，在发展中国家全部的基础设施项目中，私营部门仅投资了1.6万亿美元。

二是发展中国家PPP监管体系尚待完善。世界银行《基础设施PPP采购评估报告2018》对全球135个经济体的PPP监管体系进行评估（见图2-1），涉及PPP项目周期中的准备阶段、采购阶段、合同管理阶段、企业自提建议书（USPs）等方面内容。评估发现，世界各地区的表现差异很大。其中，OECD国家以及拉丁美洲和加勒比地区的高收入经济体在各项阶段的表现都处于平均水平或高于平均水平。相比之下，撒哈拉以南非洲地区、东亚和

---

① 澎湃新闻、新开发银行：累计批准90多个项目，贷款总额约320亿美元，https://author. baidu.com/home?from=bjh_article&app_id=1574072008111128.

太平洋地区在各阶段的水平则最低，相关发展中国家亟须建立和完善 PPP 政策法规和制度体系。随着全球基础设施需求的增加和公共财政不足进一步显现，加大私人投资规模、完善管理体系将是世界各国促进基础设施发展的一大责任和挑战。

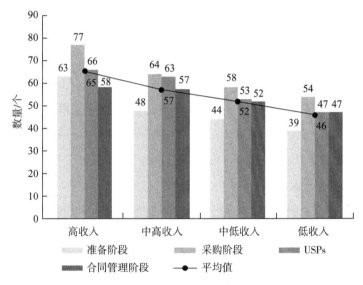

图 2-1　不同收入组别下的监管体系情况

资料来源：世界银行《基础设施 PPP 采购评估报告 2018》。

五、投资环境参差不齐、技术标准差异性大

除了上述特点，全球基础设施建设还面临投资环境参差不齐、技术标准差异性大等问题。突出表现在两方面，一是发展中国家社会和经济情况差异大，项目风险不同。如印度尼西亚、马来西亚、塞尔维亚、土耳其、希腊等国家劳工政策对外籍劳工准入要求严格，本地保护主义比较严重，申请手续和审核较为严格；巴基斯坦、阿富汗、也门、伊拉克、黎巴嫩等国家社会治安较差，周边国家局势动荡，恐怖袭击时有发生，基础设施建设存在投资风险；很多国家环保标准高，执法严格，基础设施建设项目容易触碰环保政策，投资企业屡屡遭遇"环境威胁论"的指责。二是发展中国家在基础设施行业采用的标准不同，在实施中存在技术壁垒和门槛。如在水利行业，一些东南

亚国家已经接受了美欧的国家标准，与中国成套完善的标准有较大差别；在铁路行业，作为连接俄罗斯与中国的中转站，蒙古铁路使用俄罗斯标准的宽轨，与中国使用的准轨不能直接连通，严重影响国家间货物运输；土耳其等国家所有基础设施项目的工程建设均要求采用欧盟标准，其他国家的标准一律不接受。行业标准的差异增加了企业参与基础设施建设的难度。在对外谈判中，中国企业往往因标准问题影响了综合竞争力。目前，发展中国家普遍缺少技术标准化交流合作平台，亟须积极开展沟通与交流、信息分享与研讨，以推动技术标准互认。

第四节　基础设施发展合作中国新方案

经过改革开放 40 多年的发展和积累，中国培养了最具有竞争力的基础设施建设队伍，其中公路、桥梁、隧道、铁路、电力、通信等方面的工程建造能力在世界首屈一指。长期以来，在包容性发展理念的推动下，中国在基础设施建设领域已具备多重优势和特点。

一、中国基础设施援助特点

（一）设施建设经验丰富，项目信誉度世界领先

中国援外成套项目历史悠久、项目类型多、覆盖面广、信誉度较高。1950—2016 年，中国实施各类援外成套项目 3000 多个，数量当属世界之最，为未来广泛参与全球基础设施建设打下良好基础。特别是"一带一路"倡议提出五年以来，中国积极支持沿线国家国际公路、铁路、港口、桥梁、通信管网等骨干通道和战略性项目的建设，帮助打通、联结"一带一路"建设的关键节点，助力打造"六廊六路多国多港"的大格局。目前，基础设施联通已成为"一带一路"建设中取得较大收获的先行领域：亚吉铁路、雅万高铁、匈塞铁路等一大批铁路项目"走出去"，牙买加南北高速公路、埃塞俄比亚 AA 高速公路项目、马来西亚槟城二桥、中巴木尔坦—苏库尔高速公路等项目

共同助力发展中国家交通发展；46 条中欧班列线连接中国 24 个城市与欧洲 11 个国家的 29 个城市；巴基斯坦瓜德尔港、斯里兰卡科伦坡港和汉班托特港等港口建设，帮助东道国家发展临港产业；中缅油气管道、老挝 230 千伏北部电网、埃塞俄比亚 GDHA 500 千伏输变电工程等促进发展中国家能源资源优化配置；SMW5 海底光缆和中缅、中巴、中吉、中俄跨境光缆信息通道等项目提高了国际通信互联互通水平。"一带一路"倡议的实践成果丰硕，印证了中国在基础设施领域的建设实力。

（二）注重开展技术合作，促进受援国能力建设

中国在交通、能源、通信等基础设施规划和建设方面已具备世界先进水平，而多数发展中国家的基础设施项目规划多流于表面，重大基建项目的技术准备工作严重不足，缺乏落地措施。中国一直坚持"授人以渔"的援助理念，以丰富的方式促进发展中国家基础设施能力建设。一是派遣专家就地开展培训，培训项目的管理和技术人员，并对已建成基础设施的后续运营、设备升级改造等开展技术指导工作，促进项目可持续性发展，实现技术转移。如 20 世纪 70 年代修建坦赞铁路时，中方共雇用了坦赞两国近 10 万人次参与施工，授予两国工人铁路技术。2010 年非盟会议中心建设高峰期，700 多个中国施工人员以"传、帮、带"的精神，就地培训当地 900 多个建筑工人，在施工中亲授知识和技术。二是支持相关项目人员来华接受短期技术培训，提高技术人员的项目运作能力。如中国电建在"一带一路"能源电力培训基地，为百名巴基斯坦卡西姆港燃煤电站运行维护项目人员提供电力理论知识培训；武汉高铁为 30 名来自中亚国家的铁路运营管理人员培训高铁技能。三是邀请发展中国家基础设施部门官员和高层管理人员参加中国援外人力资源开发合作项目，促进他们了解中国基建的发展经验，起到示范作用。通过技术合作与培训，发展成果将惠及广大发展中国家，提升了受援国"造血"功能。

（三）援外资金稳步增加，投融资能力日渐提高

发展中国家基础设施建设资金需求庞大。中国在以多渠道融资以及与多

方共同促进解决资金缺口问题方面具有明显优势，主要体现在以下 3 个方面。第一，援外规模逐年增加。2013—2018 年，中国对外援助金额为 2702 亿元人民币。[①] 其中，长期以来，援外成套项目占比超过 40%。随着"一带一路"倡议深入推进，中国援外资金也将适当增加，并向沿线国家倾斜。第二，中国鼓励与各国开发性金融机构的合作，通过贷款、股权投资、担保和联合融资等各种方式，积极参与发展中国家的基础设施建设。如"丝路基金"新增1000 亿元人民币；国家开发银行和进出口银行分别提供 2500 亿元人民币和1300 亿元人民币专项贷款等，用于支持"一带一路"基础设施建设、产能和金融合作。第三，中国同亚投行、金砖国家新开发银行、世界银行及其他多边开发机构合作，共同制定了"一带一路"融资指导原则，团结多方力量共同促进解决基础设施资金不足问题。

二、中国对外援助服务基础设施建设的相关建议

随着中国"一带一路"建设取得阶段性丰硕成果，发展中国家对中国参与建设基础设施的期待越来越高。面对广泛需求，中国应发挥基础设施建设领域的优势，优化顶层设计，主动谋篇布局，为发展中国家基础设施的可持续发展贡献力量。

（一）广泛参与多边机制，促进信息共通共享

多边机构是促进全球基础设施可持续发展的重要推动力量。中国可充分利用联合国、二十国集团、亚太经济合作组织、金砖国家等平台，增进与不同国家和区域组织在基础设施方面的合作与协调。如探索"一带一路"倡议和"欧洲基础设施联通计划""南非跨国铁路走廊计划"的合作点，促进与全球主要经济体在基础设施互联互通问题上信息互通、有效协调，增进不同倡议和发展融资计划的对接。

---

① 国务院新闻办公室，《新时代的中国国际发展合作》白皮书，2021.

（二）推动援外资金先行，提升资金使用效果

中国应发挥亚投行作为发展型银行的优势，积极将"一带一路"基础设施项目与亚投行的发展融资相对接，尤其是加强亚投行在铁路、公路、港口、能源等大型基础设施方面的金融支撑力度，为"一带一路"建设提供充足的资金需求。同时，注重发挥援外资金的先导、示范和撬动作用，与亚投行资金协调使用，形成合力。例如将无偿援助用于优惠贷款支持项目的前期开发、可行性研究、技术援助及后期评估等项目"头尾"部分，为项目执行提供技术层面的保障，提高优贷项目的还款能力及可持续性。直接使用无偿援助资金支持中小型基础设施建设，如在欠发达国家修建小型水电站，修复和升级排污管道、防洪灌溉、低价改造房屋等；在连接重要骨干道的城市和乡镇修建医院、学校、打井供水等惠民项目。

（三）加强政府多方指导，鼓励私营部门参与

私人投资仍然是未来中国基础设施融资的重要资金来源。中国需加强与各国政府间的对话，充分了解受援国的发展规划、项目需求、项目风险等。优先筛选需求迫切、意义重大的基础设施项目，由中国政府提供援助资金开展项目可行性研究，鼓励有实力的私人企业和金融机构参与项目投资与运营，并给予必要的配套政策支持，扶持项目可持续发展，以此打造一批公私合营的示范项目，吸引私营部门投资基础设施建设。

（四）提高基础设施质量，注重提升项目口碑

质量把控是基础设施可持续发展的重要因素。中国还应加强项目考察立项、勘察设计、设备材料和施工管理等关键环节的管理制度，确保工程质量符合项目设计规范、满足受援国的环保要求。中国企业也需加强与受援国非政府组织、社区等群体的沟通与交流，促进共识、影响舆论、疏通民意，争取在当地取得好的口碑和信誉，提升中国基础设施建设的整体形象。

第三章　减缓和适应：气候变化治理

气候变化是当前全球共同面临的重大挑战，深刻影响着生态保障、粮食安全、经济建设、社会稳定等关乎人类生存发展的核心问题。2016 年 11 月 4 日生效的《巴黎协定》设定了全球应对气候变化的长期目标，即将未来全球平均升温幅度控制在 2℃范围内（与工业革命前的水平相比），并向 1.5℃努力。《巴黎协定》要求各缔约方采取具体行动落实承诺，尽早实现经济去碳化。未来，发展中国家在尽己所能应对气候变化风险的同时，在资金和技术上也亟须获得国际社会的有效支持。由此，"气候援助"逐渐成为国际社会发展合作的热点议题。

第一节　国际气候变化发展合作新特点

作为应对全球环境治理目标的催化剂，气候变化援助承载了新的使命，呈现出一些新特点。

一、发展中国家对气候变化援助需求大幅增加

随着发展中国家工业化进程推进，自然资源的过度消耗和对环境容量的占用引发了空气污染、水质破坏、土壤污染等一系列气候变化问题。根据联合国政府间气候变化专门委员会（IPCC）第五次评估报告，为了防止气温上升超过 2.0℃的概率超过 50%，2050 年全球排放量（以 CO_2 当量计）必须比

2010 年观测值下降 25% 至 55%，这要求发达国家在 2050 年之前达到零排放，而发展中国家排放水平与 2010 年持平。这对发展中国家的经济发展、环境治理和南北国家协同促进低碳转型提出了严峻挑战。根据世界银行估算，到 2030 年，发展中国家每年需要的适应气候变化资金约为 750 亿美元，促进减排资金约 4000 亿美元。为发展中国家提供应对气候变化资金和技术援助，已在国际社会形成广泛共识。

二、"里约原则"是国际气候援助统计的主流方法

目前，国际社会并未将"气候援助"作为发展合作的单一领域进行统计，主要原因是气候变化的影响广泛，气候援助的行为往往贯穿于其他领域的援助项目中。由 OECD/DAC 提出和实行的"里约原则"（Rio Marker）是当下统计气候变化援助贡献的主流方法。根据 OECD《气候里约标签的操作指南》（*Rio Markers for Climate Handbook*）[①]，里约标签主要分为四类，包括气候变化减缓、气候变化适应、生物多样性保护和沙漠化防治，涵盖了众多与气候相关的细分领域，包括教育、医疗卫生、能源、供水与饮水健康、政府与公民社会、交通与仓储、通信、贸易、渔业、旅游、环境保护、人道主义等，若上述领域项目加入了气候变化考虑因素，则按"气候相关"轻重程度判断相应分数。例如在医疗卫生领域，若援助项目是一个成套医院，使用了太阳能发电或清洁能源热水系统，则属于将气候变化减缓作为"重要"考虑目标，在减缓的里约标签中则计 1 分。目前，DAC 成员国和七家发展银行[②]均通过 DAC 的援助国汇报系统（CRS）[③]汇报气候变化援助数据，这也成为判断气候变化援助贡献的事实依据。

---

① 指南下载网址：https://www.oecd.org/dac/environment-development/Revised%20climate%20marker%20handbook_FINAL.pdf.

② 包括非洲开发银行（AfDB）、亚洲开发银行（ADB）、欧洲复兴开发银行（EBRD）、欧洲投资银行（EIB）、美洲开发银行集团（IDBG）、世界银行集团（WBG）和伊斯兰开发银行（IsDB）。

③ OECD 于 1973 年设立援助国汇报系统（CRS），旨在收集援助国优惠贷款、无偿援助的详细信息，该系统不断完善，是发展援助委员会（DAC）最重要的一项工作。CRS 网址：https://stats.oecd.org/index.aspx?DataSetCode=CRS1.

三、国际气候援助规模呈上升趋势

21世纪以来，发达国家对气候变化的援助额总体呈现上升趋势。OECD/DAC数据显示，在21世纪的前10年，援助国围绕里约联合国环境与发展大会设定的目标增加了投入，包括关于对《联合国气候变化框架公约》（UNFCCC）、《联合国生物多样性公约》（UNCBD）和《联合国防治荒漠化公约》（UNCCD）的投入。生态环保相关援助增长较为迅速。OECD/DAC统计数据显示，2006—2015年的10年中，将"环境"作为首要援助目标的双边援助金额从46.3亿美元增长至126.3亿美元，增长了1.7倍；将"环境"作为若干重要目标之一的援助项目金额则从107.2亿美元增至175.6亿美元。其中，气候变化减缓和适应日益成为援助的重点，而沙漠化和土壤侵蚀防治是环境相关援助中最容易被忽视的领域（见图3-1）。

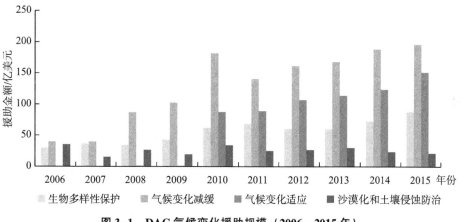

图3-1 DAC气候变化援助规模（2006—2015年）

资料来源：OECD, http://stats.oecd.org/Index.aspx?DataSetCode=RIOMARKERS.

四、能源领域位居气候变化援助首位

从气候变化援助领域看，2014—2015年，能源、交通与仓储、农林渔业、一般性环境保护和供水与饮水健康是气候相关援助投入最多的五大领域，占比高达74%。其中，能源领域与气候相关的发展援助总额达135亿美元，占所有气候相关发展援助的 29%。其次是交通与仓储领域，气候相关援助额为 74 亿美元，占比为 16%，接着是农林渔业、一般性环境保护、供水与饮水健康领域，分别获得气候相关援助 51 亿美元（11%）、44 亿美元（9%）和 41 亿美元（9%）。① 其中，投入在能源领域的气候相关援助有 44% 为气候变化减缓；投入在农林渔业领域和供水与饮水健康领域的均有 1/4 用于气候变化适应。一般性环境保护领域的气候相关发展援助有超过 29% 兼具气候适应与减缓（见图 3-2）。

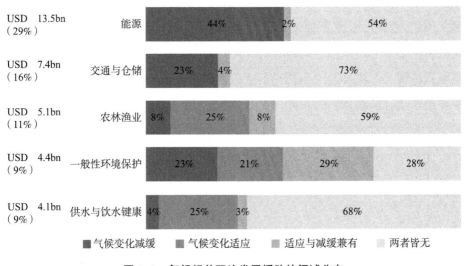

图 3-2　气候相关双边发展援助的领域分布

资料来源：OECD，《2016 气候相关发展融资报告》。

五、新兴经济体气候变化援助力度逐渐提升

相较南北合作，南南合作在促进发展中国家利用后发优势、共同分享经验，以更少的环境代价实现发展路径创新与可持续发展方面具有独特优势。总体来看，新兴经济体对其他发展中国家的气候变化支持有所增加，但总体规模依然较小，目前以清洁能源和环境技术合作为主。例如，农业气候适应

---

① 范伊伊：《气候相关发展援助的"来龙去脉"》，《国际发展合作动态周评》2018 年第 31 期。

性和清洁能源是巴西技术合作的重要部分，2010 年巴西发展署 6% 的援助资金用于环境领域；在 2015 年印非峰会上，印度承诺将在未来 5 年内向非洲国家提供金额达 100 亿美元的低息贷款，其中部分将用于支持非洲清洁能源、农业等领域的发展；金砖国家从伙伴关系建立之初至第十届峰会期间，气候变化合作议题均是峰会的重点讨论内容，涵盖了能源、灾害管理等领域的合作。金砖国家新开发银行为环境合作提供了资金支撑，2016 年新开发银行公布首批贷款，为金砖国家可再生能源项目提供了支持，发行了首批人民币绿色债券，用于与环境有关的项目融资。

作为世界上最大的发展中国家，中国进一步加强气候变化领域的援助资金投入，扩大知识传播和技术合作，积极履行相关国际公约，开展国际合作，承担大国责任。早在 20 世纪 60 年代，中国就开始向发展中国家提供沼气、小型水电等清洁能源领域的援助。近年来，随着全球气候变化挑战日益严峻，中国进一步加大了在该领域的援助力度，援助项目拓展到水资源利用、荒漠化防治、清洁能源开发和设备赠送、环境治理经验分享、城镇化发展等多个领域，为发展中国家应对气候变化作出了积极贡献。

专栏 3-1

中国近年在气候变化领域宣布的援助举措（部分）

● 2012 年，中国政府在联合国可持续发展大会上宣布将开展应对气候变化的"南南合作"，承诺每年安排约 1000 万美元用于支持非洲国家、最不发达国家和小岛屿国家积极应对气候变化。

● 2015 年 1 月，中国—拉共体论坛（中拉论坛）首届部长级会议通过了《中国与拉美和加勒比国家合作规划（2015—2019)》，其中提及中国与拉共体将"在南南合作框架下开展气候变化领域合作，包括向有关国家推广低碳、物美价廉、节能、可再生技术；在生物多样性保护、海岸生态系统保护、保护区管理、环境友好技术、水资源保护、荒漠化治理、污染控制与治理等领域加强合作，共同提高环境保护能力"。

- 2015 年 9 月，中国国家主席习近平在访美期间与时任总统奥巴马联合发布《中美元首气候变化联合声明》，其中包括中国宣布提供 200 亿元人民币建立"中国气候变化南南合作基金"，用于支持其他发展中国家应对气候变化，并增强其使用绿色气候基金资金的能力。

- 2015 年 12 月中非合作论坛约翰内斯堡峰会上，习近平主席作出"中非合作绝不以牺牲非洲生态环境和长远利益为代价"的庄严承诺，并宣布将支持非洲实施 100 个清洁能源和野生动植物保护项目、环境友好型农业项目和智慧型城市建设项目。

- 2015 年 12 月巴黎气候变化大会开幕式上，习近平主席表示，为加大支持力度，中国 2015 年 9 月宣布设立的中国气候变化南南合作基金将于 2016 年启动，将在发展中国家开展 10 个低碳示范区、100 个减缓和适应气候变化项目及 1000 个应对气候变化培训名额的合作项目，继续推进清洁能源、防灾减灾、生态保护、气候适应型农业、低碳智慧型城市建设等领域的国际合作，并帮助发展中国家提高融资能力。

- 2017 年 5 月"一带一路"国际合作高峰论坛开幕式上，习近平主席强调"要践行绿色发展的新理念，倡导绿色、低碳、循环、可持续的生产生活方式，加强生态环保合作，建设生态文明，共同实现 2030 年可持续发展目标"，并宣布"将设立生态环保大数据服务平台，倡议建立'一带一路'绿色发展国际联盟，并为相关国家应对气候变化提供援助"。

第二节　世界银行气候减缓合作

作为传统多边发展银行，世界银行①利用自身优势，通过投资贷款、资金援助、技术援助、知识分享、公私合作等方式，对帮助发展中国家应对气候

---

① 世界银行包括两个机构，一是国际开发协会（IDA），负责向最贫困国家的政府提供无息贷款、信贷和赠款；二是国际复兴银行开发银行（IBRD），负责向中等收入国家和信用良好的低收入国家政府提供贷款。下文提到的世界银行集团包括五个机构，即世界银行的两个机构以及国际金融公司（IFC）、多边投资担保机构（MIGA）和国际投资争端解决中心（ICSID）。

变化、加速全球低碳转型发挥示范作用。世界银行包括国际开发协会（IDA）和国际复兴银行开发银行（IBRD）两个机构，其中，IDA 负责向最贫困国家的政府提供无息贷款和赠款，通过多种途径帮助各国开展气候治理，如发展太阳能、风能和水电，实施节水农业，减少农业化学品的使用，改良作物品种，促进工业节能和可持续发展以减少碳排放等。IBRD 向中等收入国家和资信良好的低收入国家提供贷款、担保、风险管理产品，并在项目各阶段提供技术支持和专业知识。近年来，基于良好的全球合作伙伴关系，世界银行力求引领低碳理念、率先践行去碳化战略，同时，不断创新低碳融资模式，在拓宽自身气候资金、联合外部融资以及吸引私人资金等方面，为国际社会积攒了先进经验。

一、低碳相关战略

世界银行以"帮助发展中国家促进经济增长和减贫"为目标，致力于将低碳理念融汇贯穿于发展合作过程。近年来，世界银行集团陆续发布了气候变化治理相关战略和政策，均表达了"积极打造绿色、清洁、有韧性的世界"的愿景。在《世界银行集团环境战略（2012—2022)》《世界银行集团气候变化行动计划（2015—2020)》等政策文件中，世界银行集团提出了今后应对气候变化治理行动的规划和展望：世界银行集团将帮助更多国家制定低碳转型政策规划和气候恢复战略，支持气候投资设计、项目实施、预算和评估等。资金方面，拓宽融资渠道，向发展中国家可再生能源和能效项目提供融资，更多发挥私营资本的作用，并规范融资市场，创造良好的融资环境；技术方面，以发展低碳经济为目的，开发和完善新型低碳技术，如促进二氧化碳捕获和封存技术的成熟；项目方面，早在 2013 年，世界银行集团已在其能源行业投资战略[①]中指出，停止向新建燃煤电厂和煤矿开采项目提供融资，除非是

---

① 《走向一个可持续的未来：世界银行集团能源行业方向》中涉及化石能源行业的内容：世界银行会停止向燃煤电厂的新建投资项目和煤矿开采提供财政支持，特殊情况下的燃煤电厂项目除外，比如燃煤发电只能满足当地基本能源需求且无法替代，同时缺少煤炭融资来源的国家；具备碳捕捉技术与设施的现有燃煤电厂。

缺少煤炭融资来源并且能源需求只能由燃煤发电满足的国家。2017年，世界银行集团在"一个星球"全球气候峰会上进一步表明去碳化决心，宣布2019年后除特殊情况外，将不再为油气上游产业提供融资①，这为其他多边开发性金融机构摆脱煤炭、跨越石油的融资战略转型开启先河。

二、资金规模和领域分布

世界银行集团正在稳步推进到2020年将贷款的28%用于气候行动，并宣布2021—2025年对气候治理投资额将在前5年的基础上增加一倍至2000亿美元，其中包括来自世界银行（IBRD和IDA）的约1000亿美元资金。2018年，世界银行集团用于应对气候变化的资金共205亿美元，占2018年总贷款的32.1%，已提前达到"至2020年28%的贷款用于气候行动"的目标。其中，

图 3-3　2011—2018 年世界银行气候相关资金变化趋势

资料来源：《世界银行2018年气候资金报告》。

---

① 世界银行集团在"一个星球"全球气候峰会上宣布：2019年后将不再为石油和天然气上游产业提供融资，除非以下特殊情况：考虑到欠发达国家和地区的迫切能源需求，以及化石能源中天然气排放强度较低，银行仍会在项目对贫困人口获得能源有明显利好并符合该国家对《巴黎协定》的承诺的情况下，考虑为最贫困国家的天然气上游产业项目提供资金。由于化石能源本身的碳排放强度大、社会环境敏感性强，从长远看，引导资金流向绿色、清洁和可持续领域是金融机构和投资者应对气候变化落实《巴黎协定》的重要一步。作为一个全球性的多边开发性金融机构，世界银行集团需根据快速变化的经济去碳化趋势不断推进自身业务转型，退出化石能源是为了更好地支持各国实现《巴黎协定》的承诺。

有 157 亿美元来源于世界银行的 IBRD 和 IDA，占世界银行集团总额的 76.6%。根据《世界银行 2018 年气候资金报告》，2018 年也是世界银行投入气候资金最多的年度，较过去 7 年，首次突破百亿，其中气候减缓资金增长至 80 亿美元以上。从领域方面看，世界银行支持的气候减缓领域覆盖了能源与采矿、水、环境与自然资源、交通、农业、教育等广泛行业。2018 年，投入气候减缓资金额最多的为能源和采矿领域，约 40 亿美元（见图 3-4），主要支持能源可及性和提高能效，包括建设电网和离网、提供种子基金撬动商业资金、提供技术支持等。

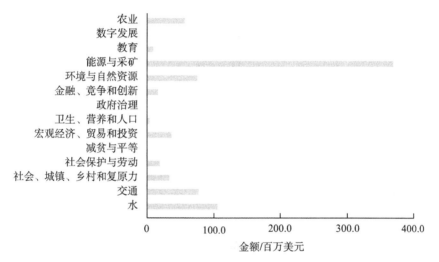

图 3-4　2018 年世界银行气候减缓领域分布

资料来源：《世界银行 2018 年气候资金报告》。

三、地理分布

从地理分布看，2018 年，世界银行的 157 亿美元气候资金中，分别有 42.3 亿美元和 61.2 亿美元流向非洲和南亚地区，共占世界银行气候资金总额的 66%。针对不同区域呈现的低碳发展需求，世界银行支持的重点行业以及实施方式也有所不同（见图 3-5）。

对撒哈拉以南非洲国家，世界银行一是利用新技术发展清洁能源，包括支持太阳能储存解决方案、智能电表、水电费移动支付、卫星绘图与成像、高压直流输电以及太阳能家用系统和微型电网等，例如，世界银行为喀麦隆、埃塞俄比亚、肯尼亚、莱索托、马达加斯加、莫桑比克和赞比亚等国家投资建设电网和离网。二是通过"非洲气候业务计划"（ACBP）动员国际社会融资支持非洲应对气候变化，促进低碳发展。

对南亚国家，为减少气候变化引发的自然灾害以及海平面上升问题，世界银行的主要业务集中在减少碳排放、改变能源结构，以及鼓励私人部门投资绿色能源上，并为其提供技术帮助。例如，世界银行投资印度建设 1140 兆瓦时的电池储存能力，促进实现当前和未来可再生能源的产能整合。

对东亚和太平洋地区，世界银行强调能源转型、减少温室气体排放，支持清洁能源转型。在中国，世界银行支持华夏银行向企业提供了逾 9 亿美元融资，用于提高能效、开展清洁能源投资和加强空气污染控制，每年可减少温室气体排放 180 万吨。

对拉美和加勒比地区，世界银行侧重提高抵御灾害风险和恢复城市韧性等适应能力，同时强调清洁能源可及性、提高能效等低碳路径，例如，世界银行为多米尼克提供 2700 万美元，建设了一座 7 兆瓦的地热发电厂，帮助多

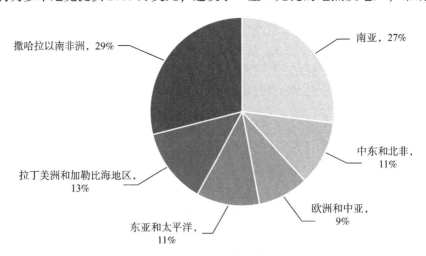

图 3-5　世界银行 2018 年气候资金地理分布

资料来源:《世界银行 2018 年气候资金报告》。

米尼克实现其"成为世界上第一个气候韧性国家"的目标，项目还可以提高可再生能源在全国电力供应中所占份额，并为私营部门向成本效益好、具有气候韧性的地热项目投资提供清晰的路线图。

对欧洲和中亚地区，世界银行支持该地区各国低碳能源转型、可持续的土地规划管理，如降低公共建筑的能耗、修复水电站以提高能效等。

对中东和北非地区，支持绿色建筑、清洁技术创新，以及帮助建立良好的政策环境，推进公私伙伴关系，促进低碳投资。

四、具体措施

2018—2019 年两年间，世界银行利用有限的援助资金，通过创新融资模式、升级合作伙伴关系等途径，吸引更多私人投资以填补气候变化治理领域的资金缺口。

第一，发布债券筹集资本市场资金。世界银行 IDA 利用其良好的财务状况和 3A 评级，在国际资本市场发行债券，将获得的认购资金用于投资贫困国家气候变化等优先领域。2018 年，IDA 在国际资本市场发行为期 5 年的 15 亿美元债券，获得了市场的强烈关注，全球认购总额达到 46 亿美元。作为多边援助机构，此次举债是 IDA 以援外资金撬动资本市场资金的关键之举，开创了将捐助国捐资与资本市场资金相结合的新发展融资模式，使 IDA 在第 18 轮增资期内的贷款能力提高了 50%。

第二，指导新建气候融资市场。世界银行利用其在绿色债券领域的经验，帮助发展中国家建立支持绿色债券发行的市场框架，以促进气候智慧型业务的投资。例如，世界银行帮助斐济发行了第一笔绿色债券，共筹集到 5000 万美元，用于支持斐济在建立气候韧性城市的同时向低碳经济转型；支持马来西亚发行了全球首个绿色伊斯兰债券，债券收益将用于有特定可持续环境效益的基础设施项目，例如可再生能源发电设施的建设。通过绿色投融资专业知识的分享和指导，世界银行为发展中国家在气候变化领域的金融创新以及应用推广方面发挥了引领作用。

第三，多方携手搭建融资平台。世界银行利用与政府部门、多边机构、公民社会等伙伴关系，联合构建低碳融资平台。其一，世界银行和联合国伙伴机构共同组建了"为气候投资"（Invest 4 Climate）的融资平台，该平台汇集多边银行、各国政府、私营部门投资者、慈善机构等多方力量，为促进全球转型节能减排项目投资发挥重要作用。其二，世界银行出资 5000 万美元，与德国政府和私营公司、力拓和英美资源集团启动气候智慧型矿业基金，致力于推动气候智慧型和可持续矿业的基金。该基金将支持风能、太阳能、储能电池、电动汽车等清洁能源技术中使用的矿产品和金属的可持续开采与加工，其重点是帮助资源丰富的发展中国家从对矿产和金属日益增长的需求中受益，同时确保矿业管理方式能够最大限度地去碳化。其三，为支持"一个星球"峰会强调的"吸引更多资金投资转型领域项目"，世界银行联合全球环境基金以及北欧发展基金，共同出资 2 亿美元建立西非沿海地区投资平台，该平台将吸引至少 20 亿美元资金，用于气候治理。其四，与全球市长联盟合作，推出城市韧性平台，帮助超过 550 个城市获得应对气候变化资金。上述平台均由世界银行和其他机构共同出资创建，世界银行不仅利用援外资金开辟融资新渠道，还为平台上的相关项目提供可行性研究、咨询等技术援助，帮助摊薄气候融资风险、增加投资信心。

第四，加快电池储能系统建设投资。蓄电池是世界电力系统脱碳的关键。尽管太阳能和风能开始得到越来越多的利用，却没有广泛的解决方案来储存它们所产生的电能以备不时之需。能量存储，尤其是蓄电池可以为人们提供清洁、经济、全天候的电力。2018 年，世界银行宣布投资 10 亿美元的"加速电池储能助力发展"计划，旨在加快发展中国家和中等收入国家电池储能系统部署，目标是到 2025 年为 17.5 千兆瓦时（GWh）的电池储能提供资金。该计划将促进可再生能源的使用，特别是风能和太阳能，以改善能源安全状况，提高电网稳定性，扩大电力供应，为建立更清洁、更稳定的能源系统奠定基础。该计划将吸引另外 40 亿美元的公共和私人资金。目前，世界银行正在南非建设具有 1440 兆瓦时的电池存储能力的项目、在印度推进太阳能与混合能源技术创新项目，两个项目旨在优化电池存储解决方案、推广可再生能源创新技术、促进可再生能源的产能整合。①

五、世界银行气候减缓实施案例

案例一：世界银行 IDA 援缅甸太阳能离网项目②

到 2021 年，约 550 万户缅甸家庭缺乏与国家电网并网用电的渠道，其中有 130 户在偏远农村地区。缅甸拥有丰富的自然资源，微电网是解决当前农村地区能源供应不足问题的答案。2015 年 9 月，世界银行 IDA 通过立项审批，提供 4 亿美元支持缅甸偏远地区开发太阳能微电网的离网部分，项目覆盖钦邦、克钦邦、克伦邦、掸邦、若开邦、德林达依省、实皆省等地区的农村，项目将于 2021 年 9 月结束。目前，超过 21.5 万户家庭、8000 多家诊所、学校和宗教建筑因此实现电气化。到 2021 年，离网项目受益范围将增加覆盖 3 万户家庭，1.3 万所诊所、学校和宗教建筑。世界银行也为项目提供技术培训，指导当地员工安装、维护，为缅甸 2030 年实现全民通电提供"最后一公里"服务。在该资金支持下，世界银行还在缅甸开展能力建设，促进提高国家电气化的体制建设，改善可再生能源管理制度。

案例二：世界银行 IBRD 向印度尼西亚地热项目提供贷款③

印度尼西亚拥有相当于 14473 兆瓦电力的已知地热储量，地热能是印尼清洁和可再生能源的重要来源。印尼政府已经制定了使用可再生能源的目标，将努力使可再生能源占 2025 年该国能源消耗的 23%。其中，地热能发展的贡献约为 7%。为帮助印尼减少温室气体排放，世界银行致力于印度尼西亚地热投资和可再生能源的未来，强烈建议采用绿色能源。2019 年 1 月，世界银行 IBRD 同意向印度尼西亚提供 1.5 亿美元的贷款，增加对地热能源行业的投

---

① 《世界银行年度报告》（2019 年）。

② https://projects.worldbank.org/en/projects-operations/project-detail/P152936.

③ https://projects. worldbank. org/en/projects - operations/project - detail/P166071 # key - details；http://www.nengyuanjie.net/article/19958.html.

资，并最大限度降低早期勘探的风险，这项投资将减少该国对燃煤发电和其他化石燃料的依赖。项目执行期共 10 年。印度尼西亚共和国财政部长斯里·穆利亚尼·英德拉瓦蒂（Sri Mulyani Indrawati）表示：“印度尼西亚的地热行业潜力巨大，我们目前的地热发电装机容量已经是世界第二。地热在环境方面是可持续的，发展该部门是印尼整体能源安全的组成部分，也使我们减少了对进口燃料的依赖。”

第三节　亚洲开发银行气候减缓合作

亚洲开发银行（简称“亚行”）以实现“没有贫困的亚太地区”为目标，通过开展政策对话、贷款、股本投资、担保、赠款、技术援助等方式，支持其成员在基础设施、能源、环境保护、教育、卫生等领域的低碳发展。截至 2020 年末，亚行共有 68 个成员，其中 49 个成员来自亚太地区，在业务上优先支持亚太地区最贫困和脆弱的国家。近年来，亚行通过多种途径，与各方合作伙伴共同推动亚太国家低碳发展。在领域上，侧重对清洁能源、可持续交通和智慧城市的支持，以减缓气候变化。在资金上，通过创新绿色金融工具，撬动更多低碳资源弥补气候资金不足。为扩大示范效应，亚行重视发挥“知识”银行的作用，积极在亚太国家推广低碳理念、开展能力建设，并追求构建广泛的知识伙伴关系。

一、低碳相关战略

为响应亚太地区不断演变的发展需求，2018 年，基于对《2020 年战略》的评估，亚行制定了《2030 年战略》，强调把资金、知识以及合作伙伴关系结合起来，继续消除极端贫困，将远景目标拓展为实现繁荣、包容、有适应力和可持续的亚太地区。

《2030 年战略》指出，鉴于亚太地区的人口规模较大，实现有关贫困、饥饿和社会服务的核心可持续发展目标主要取决于亚太地区的发展成就。同时，强调亚太地区是增长最快的温室气体排放源，因此该地区应当为全球减少温室气体排放做出积极贡献。新的战略指出亚行将围绕七大业务①向亚太国家提供援助，业务之一是"应对气候变化，增强气候和灾害适应能力，提高环境可持续性"。亚行将提高气候治理的资金规模，2030 年，亚行 75% 的承诺业务量（基于三年滚动均值，包括主权和非主权业务）将支持气候变化缓解和适应项目。2019—2030 年，亚行自有资金的气候融资将达到 800 亿美元。

亚行就应对气候变化制定了 5 个优先行动计划，具体包括，一是扩大清洁能源利用，提高能源效率和发展可再生能源供应，支持低碳技术开发和知识转移；二是鼓励低碳交通和可持续城市发展，支持现代化交通体系、新能源车辆替代使用，完善城市规划、打造低碳建筑；三是加强土地利用和森林管理，增加炭汇；四是促进气候韧性发展，支持国别应对气候变化路线规划制定，项目实施中的气候因素嵌入；五是加强政策制定、提高治理能力。亚行将充分利用其发展政策优势、减贫对话机制以及机构协调性，在区域、国别、地方层面推进低碳能力建设。

二、资金规模和领域分布

2015 年《巴黎协议》签订后，亚行承诺到 2020 年将年度气候融资增加一倍，达到 60 亿美元，其中 40 亿美元将通过增加对可再生能源、能源效率、可持续交通和智慧城市的支持来减缓气候变化，另外 20 亿美元将用于气候变化适应项目。根据《2030 年战略》提出的"2019—2030 年，亚行自有资金的气候融资将达到 800 亿美元"的目标，未来亚行的气候减缓资金将有较大涨幅。

OECD《多边银行气候资金联合报告》显示②，2018 年，亚洲开发银行气候资金总额为 40 亿美元，其中投入气候减缓的资金为 27.25 亿美元，占总额

---

① 七大业务包括解决剩余贫困问题并减少不平等；加快推进性别平等；应对气候变化，增强气候和灾害适应能力，提高环境可持续性；使城市更宜居；推动农村发展，促进粮食安全；加强治理和机构能力；促进区域合作与一体化。

② 2018 JOINT REPORT ON MULTILATERAL DEVELOPMENT BANKS'CLIMATE FINANCE.

的 68%。从资金类别看，40 亿美元包括投资贷款 34.33 亿美元，无偿援助 5.29 亿美元，以及其他政策性资金约 5000 万美元。根据亚行数据①，2019 年其气候资金总额达 62 亿美元，已提前一年实现资金扩融目标，其中，气候减缓资金为 48 亿美元，气候适应资金为 14 亿美元（见表 3-1、表 3-2）。

表 3-1　2013—2019 年亚行气候资金规模

单位：亿美元

指标		2013	2014	2015	2016	2017	2018	2019
总规模		33	29	29	44	52	40	62
其中	减缓规模	22.32	21.31	25.64	32.53	42.31	27.25	48.00

资料来源：《2018 年多边银行气候资金联合报告》。

表 3-2　2018 年亚行气候融资资金类型

单位：百万美元

资金类型	金额
投资贷款	3433
政策性资金	37
无偿援助	529
担保	—
股权	—
信贷额度	—
基于成果的融资	11
其他资金	2
总计	4012

资料来源：《2018 年多边银行气候资金联合报告》。

领域方面，根据亚行发布的《2017—2030 年气候变化操作框架》②，未来

---

① Banking on action: How ADB achieved 2020 climate finance milestone one year ahead of time-Takehiko Nakao, https://www.adb.org/news/op-ed/banking-action-how-adb-achieved-2020-climate-finance-milestone-one-year-ahead-time.

② CLIMATE CHANGE OPERATIONAL FRAMEWORK 2017-2030: Enhanced Actions for Low Greenhouse Gas Emissions and Climate-Resilient Development.

亚行将继续在能源、交通和城市领域支持气候减缓行动，原因是这些领域是亚太地区温室气体排放的主要来源，也是世界上温室气体排放量最大、增长最快的领域。具体来看，在能源领域，亚行将支持亚太国家实现国家自主贡献目标，提供碳排放现状评估、提供减排技术援助；促进能效和支持可再生能源，减少化石能源消费；支持能源部门改革和能力建设，鼓励公私合作，为私人部门提供政策支持；支持开发清洁能源技术，加速满足发展中国家的低碳发展目标。在交通领域，亚行致力于扩大铁路和水运交通，促进交通领域减碳；在交通项目前期准备阶段和实施阶段提供咨询服务，如促进解决与交通有关的空气质量问题、车辆减排的技术问题。在城市发展领域，帮助亚太国家促进工业化进程的城市减排，包括提高能效、减少废弃物污染、降低温室气体排放、空气污染治理等。除此，在教育、金融等领域，亚行也将低碳元素纳入考虑，如开展可再生能源技能开发和培训、鼓励创新融资等。

三、促进气候减缓具体措施

近年来，亚行通过改善气候减缓政策环境、创新融资模式、提供技术合作等多元渠道，与各合作伙伴共同推动发展中国家低碳发展，取得显著效益。

第一，帮助制定减缓政策，推动低碳化进程。亚行在气候减缓领域突出的"软援助"表现是规划先行、带动合作。通过帮助发展中国家制定低碳领域的中长期规划、法律法规、技术标准，改革行业政策，调整业务流程等渠道，亚行一方面将应对气候变化和减排的理念植入受援国国家规划中，另一方面也为日后与受援国开展低碳合作做好"铺路"工作。例如，亚行支持印尼国家电力公司（PLN）制定《电力能源供给商业计划（2015—2024）》、调整对电力部门的补贴政策、提升能源相关项目投资的便利性等，包括建立一站式许可证申请，允许私营电力企业用国家电力公司的电网将电力卖给偏远地区用户等，通过为印尼能源转型创造更适宜私营部门资金投入的政策环境，吸引更多资金和参与方进入能源部门。再如，亚行支持缅甸制定《缅甸能源领域评估、政策和路线图》，协助缅甸更新《缅甸电力法》和《电力规则》、研究为缅甸贫困家庭提供太阳能家用系统和日光灯的可行性等，为亚行后期支持缅甸电气化改革、提高农村清洁用电等奠定了良好基础。

第二，创新低碳融资模式，吸引更多外部资源。除了扩大自身的气候融资规模，亚行借力自有资金调动大批高质量资源。亚行的目标是到2030年，长期联合融资实现大幅增长，每1美元的私营部门业务融资对应2.5美元长期联合融资。从具体路径来看，一是调动优惠融资。亚行2018年的40亿美元气候资金中，4.26亿美元来自外部资金的支持，包括亚太气候融资基金（ACliFF）、绿色气候基金、加拿大亚洲私营部门气候基金（CFPS II）、清洁能源融资伙伴基金（CEFPF）、全球环境基金（GEF）、城市气候变化韧性信托基金（UCCRTF）等，为补充亚行气候融资规模发挥重要作用。二是发行绿色债券。绿色债券目的是引导资金投入更利于环境友好的项目，支持绿能、减排计划。为加强气候变化减缓项目的资金支持力度，亚行自2015年启动绿色债券，至2019年已筹集了50亿美元。亚行绿色债券发行形式多样，包括公开发行、私营配售，发行货币种类多元化，除了美元和欧元，也涵盖澳元、港元、印度卢比、瑞典克朗和土耳其里拉。2017年，亚洲开发银行首次为印度气候变化项目发行了价值30亿印度卢比的绿色债券，持续时间3.75年，筹集资金将用于印度可再生能源产业发展，涵盖印度6个地区的风力和太阳能项目。2018年，亚行再次发布了一项7.5亿美元10年期全球绿色债券，以筹集资金支持亚太减缓气候变化和适应项目，获得广泛关注。三是构建和经营绿色金融催化工具（Green Finance Catalyzing Facility，GFCF），GFCF是亚行运用混合融资手段撬动私人资本推动项目落地的平台，可帮助各国政府利用公共资金和政策催化来自私人渠道的混合融资，以增加绿色基础设施投资。目前，亚行在东盟与中国实施了绿色金融催化工具，涵盖了可持续交通、清洁能源和弹性水系统等项目，创新的融资结构降低了风险，加速了私人资本参与。

第三，开展技术援助，提供低碳知识产品和服务。技术援助是亚行向发展中国家提供低碳支持的重要工具。近几年，亚行的技术援助总体规模不大，但单个技术援助的规模有所增长，援助期限相应得到延长。2018年，亚行对外提供 206 个技术援助项目，援助规模为 3.06 亿美元。2014—2018 年，亚行的单个技术援助期限平均为 3.7 年，部分技术援助达 5 年之久。

第四，加强能力建设，扩大知识伙伴关系。亚行援助各国提高应对气候变化的专业知识、提高践行低碳的领导力，在低碳减排政策的设计、产业结构调整、低碳试点等方面提供科技咨询和培训。随着亚行《2030 年战略》强调加强治理能力的支持，亚行加大对项目前期和实施中的低碳培训，2018 年，仅亚行采购和金融管理部开展的培训项目就达 129 次，是 2017 年的 3 倍。示范效果较好的是，2018 年 10 月，亚行举办第四届项目实施论坛（Forum on Project Implementation），为 37 个发展中国家学员就项目规划、项目设计、融资、项目执行和管理等方面进行培训，目标是促进亚行的项目能更多地融入低碳元素，实现项目可持续发展。亚行指出，未来将进一步培育和其他多边机构、各国智库、大学、公民社会组织、私营部门之间的知识伙伴关系，为促进低碳发展构建知识分享平台。

四、亚洲开发银行气候减缓实施案例

案例一：印度尼西亚爪哇岛液化天然气发电项目（一期）

该项目将在印度尼西亚西爪哇省加拉横县芝拉马雅建设、运营并维护一座 1760 兆瓦燃气联合循环发电厂，项目由 PT. Jawa Satu Power[①] 管理。这是印尼第一座也是最大的一座利用液化天然气的发电厂项目，是落实印尼政府降低对煤炭的依赖、推广更清洁的境内能源的承诺。该项目还将提供价格合理的发电源，可提高可再生能源在西爪哇—巴厘岛电网的渗透能力。亚行为该项目提供 1.85 亿美元常规贷款，以及来自 Leading Asia 私营部门基础设施基金的 1.2 亿美元贷款。亚行支持还包括，确保实施高于印尼标准要求的环

---

① PT. Jawa Satu Power 为以下 3 家公司所有：（1）丸红株式会社，日本的一家大型商社，海外净装机容量为 10541 兆瓦，也是全球独立发电商业务的领导者；（2）双日株式会社，日本的一家大型商社；（3）PT. Pertamina（Persero），能源行业的一家国有公司，业务涉及石油和天然气以及新能源和可再生能源领域。

境和社会保障措施，从而降低空气污染物排放，减轻噪音污染，并实施宜居修复计划。项目批准日期为 2018 年 8 月 29 日。

案例二：印度尼西亚澜涛德大浦（Rantau Dedap）地热发电项目（二期）

印尼 Supreme 能源公司在苏西省正加紧推动 Rantau Dedap 地热发电厂的建设，这座电厂的电机装机容量约 9 万千瓦，投资总额约 7 亿美元，于 2020 年底建成。该项目与 PLN 签署 30 年电力采购协议，PLN 将建设一条从电厂到鲁马巴莱变电站（Lumut Balai）共 40 公里长的 150 千伏输电线路。亚行为该项目提供 2.25 亿美元贷款，包括亚行常规贷款 1.75 亿美元，以及外部融资——来自清洁技术专项基金 0.5 亿美元资金。项目符合亚行能源政策——扩大对可再生能源项目的支持。该项目也符合亚行《2016—2019 年印尼国家伙伴战略》，有助于支持印尼提高清洁能源可及性、加强国家电网覆盖率和有效性、促进环境友好型技术开发。项目也有助于印尼实现对《巴黎协定》的承诺。项目批准日期为 2018 年 11 月 28 日。

案例三：缅甸电网发展项目（Power Network Development Project）

该项目包括 3 个部分，一是在阿弄变电站和 GIS Thida 变电站间搭建 16.6 公里的输电线路；二是在耶城变电站和土瓦变电站间搭建 286 公里的输电线路；三是在伊洛瓦底省、勃固省、孟邦、克伦邦、若开邦等地区，升级和新建 48 座 66/33/11kV 变电站和 843 公里的配电网。该项目还将安装计算机化的输电管理系统（CAMS）和计算机化的客户计费系统（CCBS），以提高运行效率、减少输电和配电的损失。项目总投资为 3.089 亿美元，亚行为该项目提供贷款 2.989 亿美元，缅甸自有资金 1000 万美元。缅甸电力发展的关键问题是其试点和配电基础设施陈旧、发电能力不足，亚行预计，2017 年到 2030 年，缅甸电力需求将从 3070 兆瓦增至 14500 兆瓦。该项目有助于增加缅甸电力供应，促进缅甸到 2030 年实现普遍用电计划。

第四节 对中国气候变化国际合作的启示

世界银行和亚行在气候变化援助方面走在世界前沿，战略上，二者以国际气候变化治理为切入点，综合联合国可持续发展目标、《联合国气候变化框架公约》《巴黎协定》等具有广泛性的发展共识，将低碳理念纳入自身发展总体战略和国别援助战略，具有战略前瞻性和引领性。融资方面，二者通过创新金融工具，推进联合融资、吸引私人资本，有助于突破自身财力限制，撬动更多社会资本服务气候减缓。低碳技术促进方面，通过技术援助加强能力建设和知识分享，在碳捕捉和封存技术、项目评估工具和开发效果评价、共同融资和风险缓释工具、PPP 监管框架和能力建设等技术领域发挥示范引领作用。低碳政策协调方面，世界银行和亚行积极引导发展中国家低碳政策制定，并通过国际平台呼吁停止向新建燃煤电厂和煤矿开采项目提供融资，推动提升多边机构在低碳发展政策方面的协调性。

在全球关注气候变化的形势下，中国作为世界第二大经济体、正在崛起的地区性大国，在建设现代化强国的路上须重新审视全球利益和相应的国际责任，发展援助也亟须回应低碳转型和绿色发展的现实要求。中国可借鉴亚行的有益做法，一方面，在援助战略、国别和领域规划等层面纳入低碳理念，主动引导"绿色打底"，发挥援助项目绿色示范和先导作用。另一方面，作为亚洲基础设施投资银行和新开发银行等新型多边开发银行的主要倡导者，中国可借助亚行、世界银行等传统多边银行的丰富渠道、网络和资源，形成合作、协调、互补的新型伙伴关系，共同降低"一带一路"沿线国家的低碳发展的成本，形成规模效应，实现互利共赢。

第四章　国际人道主义挑战及应对

当前自然灾害、武装冲突、公共卫生、恐怖主义、难民危机等造成的灾难层出不穷，全球传统与非传统人道危机相互交织，新冠肺炎疫情和俄乌冲突加剧全球人道主义危机。人道主义援助是国际发展合作的主要方式之一，是传统援助国展现援助有效性、抢占道德制高点的重要途径。

西方发达国家仍是人道主义援助最主要的提供方。近年来，西方发达国家将人道主义危机、难民危机视为影响其自身安全与发展的根源因素，对该领域的投入越来越大，期望借助援助手段遏制难民和流离失所人员涌向本国，从而减缓人道主义危机对本国的辐射干预。与此同时，中国也逐渐加大对国际人道主义援助体系的参与度，积极参与国际人道主义援助活动，援助规模逐年扩大。本章选取澳大利亚和瑞士作为研究对象，分析国际人道主义援助的特点，总结有益经验为我所用。

长期以来，中国在人道主义援助方面积极作为，开展了抗击疫情、气候变化、粮食安全、和平安全等领域的人道援助，本章也阐述了新时期中国在人道主义援助方面的实践，并提出相应的政策建议。

第一节　疫情下澳大利亚人道主义援助

澳大利亚人道主义援助历史悠久、实践丰富，已形成比较成熟的人道主义管理和协调机制，尤其在灾害响应方面处于国际领先水平。

一、澳大利亚人道主义援助政策

澳大利亚人道主义援助的宗旨是"在发生冲突、自然灾害和其他人道危机中拯救生命、减轻痛苦、保障人类尊严",具体目标包括降低灾难风险、支持防灾备灾和灾难响应,以及促进早期恢复和重建。受新冠肺炎疫情影响,澳政府迅速将人道援助工作重点转向抗疫人道援助。澳外交部于2020年5月发布应对新冠肺炎疫情发展合作政策——《促进复苏伙伴关系:澳大利亚的新冠疫情应对》,指出澳当前发展合作的重心是共同对抗疫情,澳将采取全政府参与方式,帮助邻国应对疫情危机和复苏经济。政策指出,健康安全、稳定和经济复苏是澳三个核心行动领域,其中,开展卫生领域的紧急人道主义援助成为首要任务。澳重申本国的稳定繁荣与印太地区国家紧密相连,应将发展资源集中投向对澳最具有影响力的国家,尤其是印太地区和东南亚国家。

二、澳大利亚人道主义援助规模、分配、形式

受财政赤字压力影响,近年来,澳援助总规模呈下降趋势,但人道主义援助规模占比有增无减,2011—2020年始终保持在7%~11%,金额约为1.5亿~3亿美元,其中,2020年人道主义援助资金为3.08亿美元(不含抗疫援助)(见图4-1)。2018年,澳政府宣布日后将援助支出限制在40.44亿澳元(约28.1亿美元)以内。新冠肺炎疫情暴发后,人道主义援助需求激增,澳在援助总预算上限的基础上,为2020年和2021年另设了新冠肺炎专项援助资金,并将专项资金和常规援助资金分开管理和拨款。其中,2021年的援助总规模为40亿澳元,新冠肺炎专项援助资金为3.35亿澳元,澳将专项资金中的1.626亿澳元用于太平洋和东南亚地区的疫苗援助,1亿澳元用于太平洋和东帝汶的经济复苏,5600万澳元用于支持东南亚的经济复苏,1670万澳元用于向印度提供紧急医疗用品。

在地理分布上,长期以来,澳对外援助的重心是亚太地区,其人道主义援助的重点也集中在菲律宾、斐济、印度尼西亚、孟加拉国、柬埔寨、印度等国。必要时,澳也参与其他重大危机救援,如海地地震、叙利亚和伊拉克

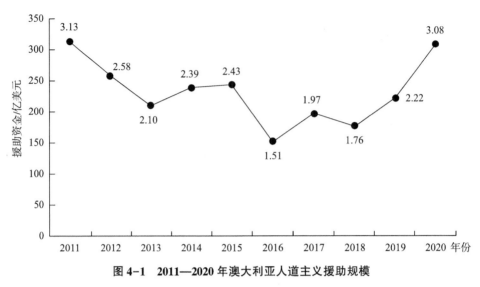

图 4-1　2011—2020 年澳大利亚人道主义援助规模

资料来源：根据 OECD/DAC 的 CRS 数据制图。

人道危机等。

在形式上，澳采取四种形式开展人道主义援助：一是储备基金，即以资金支持形式，委托联合国组织或其他多边组织开展灾难响应；二是物资救援，提供粮食、药品、医疗器械、净水设备、帐篷、厨房用具、床被、蚊帐等救灾用品；三是派遣救援队，赴灾难现场开展救援和医疗行动；四是派遣专家，在防灾备灾、灾害响应、灾后恢复与重建等阶段开展技术指导。

三、澳大利亚人道援助的管理机制

澳人道援助采取全政府参与的模式，涉及多个政府部门和非政府组织。灾难响应启动时，澳外交贸易部牵头成立跨部门紧急行动组（InterDepartmental Emergency Taskforce，IDETF），根据灾情需要和救援方案，合理、灵活调动各方力量，确保救灾行动有效性。其中，不同机构和团队的职能并不相同（见图 4-2）。

第一，政府部门。澳人道主义援助的主管机构是外交贸易部，外交贸易部在 2019 年 12 月进行了重组，对原有一半以上的直属机构进行了调整和重新命名。现在，人道主义、非政府组织和伙伴关系司（HPD）负责人道主义

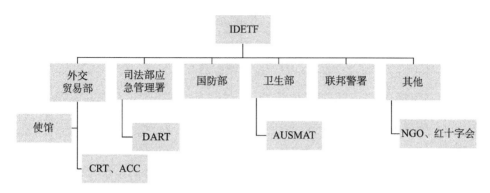

图4-2 澳大利亚跨部门紧急行动组框架

资料来源：根据澳外交贸易部网站资料制图。

战略的制定、执行和协调。该司在跨部门紧急行动组的响应决策、国内和国际协调等方面处于核心地位，负责指挥两支救援执行队伍——危机响应队（CRT）和军民团（ACC）。危机响应队由外交贸易部人道援助官员和其他行业救援专家组成，在灾难响应时开展政府部门间的协调、外交和领事服务、公民撤离等工作。军民团由澳各领域专家组成，在灾难恢复阶段提供专业支持。

澳大利亚司法部应急管理署负责部署军方人员、后勤、医疗、运输等力量。该署设有一支重要的救灾专业队伍——灾难援助响应队（DART）。灾难援助响应队具有联合国国际重型救援队资质，由澳大利亚特遣部一队（AUS-1）和澳大利亚特遣部二队（AUS-2）组成，救援人员均为澳大利亚昆士兰和新南威尔士的消防系统专家，灾难发生时奔赴现场开展搜救、紧急修复关键建筑、处理危险液体泄漏、紧急净水处理等专业援助。

卫生部负责组织各行政区的医疗援助资源，在抗击新冠肺炎疫情中发挥了重要作用。卫生部设有医疗救援队（AUSMAT），队员来自澳各州的医疗系统，可在短时间内派遣医生、护士和后勤人员奔赴灾难现场提供紧急医疗服务，根据灾难程度医疗队伍人数为4~80人。医疗救援队是澳政府开展卫生援助的主要力量，新冠肺炎疫情期间在巴布亚新几内亚、所罗门群岛、瓦努阿图、斐济等国开展疫情预防、检测和治疗援助。

此外，国防部联邦警署提供受害群体身份鉴定和其他警务服务；司法部应急管理署提供工程、搜救、营救、信息沟通等方面的技术支持。

第二，非政府部门。非政府组织（NGO）是澳人道主义援助的重要力量。目前，外交贸易部通过两种渠道与NGO建立合作关系。一是与澳影响力最大的6家NGO① 签订人道主义伙伴协议（Humanitarian Partnership Agreement，HPA），通过HPA对其资助、监管和评估。2017—2022年的HPA中，外交贸易部向6家NGO资助5000万澳元，用于支持它们开展灾害管理和减灾活动。通常，灾难发生时，6家NGO召开视频会议，讨论各自的应急方案，几个小时内形成最优方案提交外交贸易部，再由外交贸易部进行方案协调。二是与澳大利亚国际发展委员会（ACFID）保持合作关系。该委员会集合了澳其他40多家NGO，是澳人道主义民间力量的统一管理和协调平台。委员会的独立性较强，运行资金主要来源于民间资助。外交贸易部也对其提供资金支持，但一般不超过其运行资金的49%。

此外，澳红十字会是澳在全球开展人道主义援助的重要伙伴，拥有750多名技术专家。2015—2019年，澳政府提供2880万美元，支持澳红十字在印度洋—太平洋地区培训灾难响应队伍、建立灾难预警系统、向公众宣传人道主义精神、开展灾难应急响应等。

四、澳大利亚的人道主义救援流程

澳通过驻外使馆和媒体获取海外灾害信息。在决定是否提供援助时，澳综合考虑以下因素：首先是受灾国是否提出援助请求，包括受灾国正式向澳提出援助请求、受灾国向国际社会统一发出援助请求、澳政府主动询问受灾国需求。其次考虑灾害规模和受灾国政府的应对能力、其他援助方的行动和计划、受灾国地理位置以及澳大利亚多双边援助的资金平衡等因素。

如确定提供救援，澳通常在48小时内做出救灾应急响应。第一，提供快速的现金援助。如果灾害损失较小，澳可通过驻外使馆，在24小时内向受灾国提供不超过5万澳元的现金援助，用于支持当地红十字等本土救灾组织开

---

① 包括 CARE Australia、Caritas Australia、Oxfam Australia、Plan International Australia、Save the Children Australia 及 World Vision Australia。

展自救。如果灾难损失严重，外交贸易部可使用国别跨年度援助预算资金予以支持。除此之外，外交贸易部每年设有 1 亿澳元的人道主义备用资金，发生特大灾难时，由人道管理部门向外交贸易部长申请使用。第二，根据灾害规模、受灾国诉求等综合情况，在跨部门紧急行动组的决策和协调下，向受灾国提供减灾物资、派出相应救援队开展搜救、医疗、工程技术支持等工作。第三，灾害响应持续 2~4 周后，驻外使馆向受灾国了解灾后重建需求，跨部门紧急行动组派遣专家开展技术指导，促进灾后恢复。

五、小结

综上，澳大利亚人道主义援助具备以下几个特点。

一是重视人道援助的顶层设计，包括战略和管理机构层面。首先，新冠肺炎疫情暴发前，年度人道援助战略以及人道援助评估澳均发布，随着抗疫作为人道援助工作的重要部分，澳将人道援助战略升级为跨部门协作伙伴关系，共同应对疫情挑战，连续性、针对性的战略设计为澳实施人道主义提供指导和依据。其次，专门的人道援助管理部门、全政府参与模式为澳人道援助执行和协调奠定了重要基础。

二是人力、物力、财力组合发力，保障人道援助效率。澳人道援助规模配比稳定，特殊时期设立专项抗疫资金弥补了常规援助资金的不足；救援队伍完备，覆盖不同专业种类，满足不同危机响应需求；国内救援物资储备充足，同时参与联合国人道主义应急仓库的协调，提升救援物资采购和物流时效。

三是通过多边合作提高国际人道主义体系话语权。澳向国际组织捐赠资金、输送人才，不但支持了国际人道响应的统筹和协调，也有助于澳熟悉、引领国际人道主义救援规则体系，更好维护印太安全利益。

第二节　瑞士人道主义援助实践特点

瑞士的人道主义援助体系较为成熟，其中一个突出特点就是充分利用多边平台开展人道主义援助，其 2/3 的人道主义援助资金通过多边渠道进行分配。瑞士发展合作署（Swiss Agency for Development and Coopercation，SDC）作为外交部下设的官方对外援助机构，管理着瑞士大部分的官方发展援助资金。2020 年 SDC 共支出 34 亿美元援助资金，其中人道主义援助占 17.3%，共计 5.8 亿美元。

一、瑞士人道主义援助总体框架

瑞士开展人道主义援助以拯救生命、减轻痛苦为总体目标，在冲突、危机或自然灾害的全过程中，保护弱势群体的利益。其包括以下内容：一是灾害预防和准备，目标是使危害生命和生活的自然与技术风险最小化；二是紧急援助，目标是拯救生命，覆盖受灾人口的基本需求；三是早期恢复和灾后重建，目标是在受灾地区开展重建工作，提高其灾后恢复能力。

SDC 设有专门负责人道主义援助事务的部门，管理人道主义援助的多双边事务，同时管理瑞士人道主义援助队（Swiss Humanitarian Aid Unit，SHA）。在机构设置上，人道主义援助部门与负责双边发展援助事务和多边援助事务的部门平行，在日常工作中各部门会根据各自业务进行协调配合。

瑞士人道主义援助队是瑞士实际执行人道主义救援行动的主要力量，由瑞士相关行业的专家构成，目前成员共 642 人，根据他们的专长和行动任务，共分为 11 个专家组（建设、水和卫生、环境和降低灾难风险、药品、后勤保障、救援、安全、保护、信息、通信、协调和管理）。在灾难预防、灾后救援和后期重建阶段，SHA 会分批次派员赴受灾国或派驻多边国际组织，执行人道主义任务。在救灾现场，瑞士从总部派出的援助队专家主要依托瑞士驻受灾国的大使馆和 SDC 驻当地办公室开展救援工作，大使馆和 SDC 办公室负责与受灾国政府、多边机构沟通，并负责救援队的后勤保障工作。

作为援助队的一部分，瑞士救援队（Swiss Rescue）也受 SHA 管理，主要派往受灾国开展地震搜救和紧急医疗救助。目前，救援队共有 76 名队员、8 条搜救犬和 17 吨储备物资。灾难发生后，瑞士开发署的人道主义援助部门和 SHA 将研究决定救援任务，搜救队可在派出命令发出后的 8～12 小时内准备就绪，在灾区可自主执行任务长达 10 天。2008 年，瑞士搜救队在联合国 IN-

SARAG 系统的 IEC 评级标准中，通过重型救援队评级。

此外，瑞士海外救援参与机构还包括：（1）瑞士地震服务（SED），为开发署人道主义援助部门和 SHA 提供灾害预警和信息；（2）瑞士航空救援队（REGA），在预警后立刻启动前期评估，必要时为侦察队提供飞机；（3）瑞士搜救犬协会（REDOG），提供搜救犬队伍；（4）瑞士军队/救援部队，提供救援专家，必要时提供军用运输飞机；（5）瑞士红十字会，提供和发放救援物资；（6）瑞士国际航空，提供宽体飞机；（7）苏黎世机场，提供在机场的后勤物流服务。

二、瑞士的多边人道主义援助管理

多边渠道是瑞士人道主义援助的主要方式，每年约有 2/3 的人道主义援助资金分配给多边机构，瑞士开发署配有较为成熟的管理机制对多边人道主义援助进行监管和执行。

SDC 的人道主义援助部门共设有 4 个业务处室、2 个职能处室（设备与后勤、当地资源）。业务处室中除了 3 个地区处（亚洲和美洲、非洲、欧洲和地中海地区），还专门设有人道主义多边事务处，负责制定瑞士多边人道主义援助的政策和优先领域，决定分配给各多边机构的捐款规模，向多边机构的人道主义援助战略提供建议、派遣瑞士人道主义援助队的专家，保持瑞士在多边人道主义援助体系中的存在感和影响力。

SDC 设定了以下 3 个多边人道主义援助目标：一是增强多边人道主义援助机构的响应和职能；二是参与国际人道主义援助体系的建设，强化受援国的角色和责任；三是推动国际人道法和人道主义原则，参与国际人道主义法律和执行政策的制定和实施。针对不同目标，瑞士将采取不同的措施，如直接捐款、捐助物资、向机构派遣 SHA 专家提供技术支持、向机构长期派驻 SDC 职员、开展交流对话等。

三、瑞士多边人道主义援助的主要特点

SDC 在人道主义行动的各个阶段，采取多种方式与多边机构协调合作。

其主要呈现以下 3 个特点。

第一，设定多边人道主义援助的重点合作伙伴。SDC 定期对多边人道主义机构进行评估，内容包括机构的政策目标、是否遵循人道主义原则、机构角色、在领域和区域上的关系网络、提供援助的能力以及受援国当地的认可度。根据以上评估的结果，结合机构与 SDC 人道主义援助的相关性，同时考虑机构的潜力和附加值，SDC 确定多边合作伙伴以及对其的主要合作方式和援助资金分配。目前，SDC 的主要多边人道主义伙伴共 7 个，以红十字国际委员会（ICRC）和联合国机构为主（见表 4-1）。瑞士绝大多数多边人道主义援助资金投放给了这 7 个伙伴机构，其中，ICRC 和联合国机构是主要资金投入方。SDC 也会根据需求与其他多边机构灵活开展合作，如：世界卫生组织（WTO）、联合国粮食及农业组织（FAO）、世界银行、联合国开发计划署（UNDP）、全球减灾和恢复基金、国际民防组织以及其他国际 NGO 或区域组织等。

表 4-1　瑞士七大多边人道主义援助伙伴

	机构名称	援助的内容
全球机构	红十字国际委员会（ICRC）	（1）推动国际人道法； （2）开展行动对话、筹资对话； （3）专业技术交流、向 ICRC 派驻人员； （4）参加捐助方支持组的多边政策讨论活动
	世界粮食计划署（WFP）	（1）帮助 WFP 提高人道响应能力，在战略、机制和执行方面公开对话； （2）根据 WFP 紧急粮食需求，提供现金、物资和人员的支持； （3）支持人道主义标准和规范的推广和执行； （4）向 WFP 派驻人员
	联合国难民署（UNHCR）	（1）提供现金、物资和物流后勤的捐助； （2）帮助 UNHCR 提高人道响应能力，促进其与发展伙伴的关系，在战略、机制和执行方面公开对话； （3）派瑞士专家为项目提供技术支持； （4）向 UNHCR 派驻人员

续表

机构名称		援助的内容
全球机构	联合国儿童基金会（UNICEF）	（1）加强 UNICEF 在保护、水和卫生、防御、降低灾害风险和宣传方面的能力； （2）帮助 UNICEF 提高响应能力，在战略、机制和执行方面公开对话； （3）向 UNICEF 总部和驻地派驻人员
全球机构	人道主义事务协调办公室（OCHA）	（1）向 OCHA 提供支持，加强其在协调、宣传、信息管理和规范方面的核心职责； （2）鼓励 OCHA 在机构间常设委员会（IASC）发挥领导作用； （3）帮助 OCHA 提高人道协调能力，在战略、机制和执行方面公开对话； （4）向中央应急基金（CERF）和其他 OCHA 管理的捐助机制提供资金支持； （5）提供专业技术保障
区域机构	联合国近东巴勒斯坦难民救济和工程处（UNRWA）	（1）为 UNRWA 职责的履行提供特定捐助； （2）鼓励其改革，提高效率和有效性； （3）与其加强对话以提高人道响应能力； （4）通过连续派驻人员，为其开展行动提供支持； （5）适当支持其宣传活动
专业机构	联合国国际减灾战略（UNISDR）	（1）支持 ISDR 在《兵库行动纲领》① 发挥领导作用，提供议题和资金支持； （2）鼓励将人道响应与可持续发展、环境和气候变化相结合，将降低灾害风险纳入可持续政策和规划； （3）支持其秘书处的职能和改革，支持后兵库进程； （4）帮助其加强领导能力，在战略、机制方面公开对话

第二，注重部门内部和部际间的协调合作。在瑞士开发署内部，开展"三方工作"机制，即援助项目的现场执行团队、SDC 驻海外的办公室和人道主义多边事务处三方在工作中要保持沟通协调，从而确保瑞士与合作伙伴对话时口径一致，更好地进行知识转移，实现援助目标的统一。与此同时，瑞士将人道主义援助的多边项目作为瑞士联邦"全政府"管理框架中的一部

---

① 2005 年 1 月 18 日至 22 日，减少灾害问题世界会议在日本兵库县神户市举行，通过了《2005—2015 年行动纲领：加强国家和社区的抗灾能力》，即《兵库行动纲领》。

分，多边人道主义援助一方面要与开发署内部的多双边发展援助部门进行合作；另一方面要与联邦政府的其他部门在具体事务上密切配合，注重多边人道主义事务与发展事务衔接，从而增强人道主义援助效果的有效性和可持续性。例如：外交部（多双边发展援助）、司法与警察部（难民问题）、国防部（军民关系与和平安全）、经济总局（发展融资和经济合作）、农业部（粮食安全）等。通过部际之间的协调，确保瑞士多边合作在机制和执行层面与联邦政府各部门的政策相一致，同时尊重各部门的比较优势，充分发挥互补性。

第三，采取多种方式监管多边人道主义援助。瑞士开发署从执行和战略两个层面对人道主义援助项目进行监督，在年度报告和项目评估中会对项目的执行、成效、教训等进行总结和分析，从而更好地指导今后的人道主义援助规划。针对瑞士主要的多边人道主义援助伙伴，SDC 采取"核心捐助管理"方式，评估其是否实现了双方的合作目标。具体来说，多边机构的报告是 SDC 评估的主要内容，如有需要 SDC 也会开展实地调研或案例研究，考察多边机构的表现和援助的实际效果。OECD 每四年对瑞士开展的同行评估中，人道主义援助也是主要内容之一。此外，SDC 的多边人道主义援助年度方案会采用"项目周期管理"方式，对立项、执行和评估三大环节进行严格监管。

第四，重视对人道主义援助的宣传。SDC 采取多种渠道开展宣传和舆论引导工作。瑞士的人道主义原则、援助重点、项目方案、工作方式和其在国际人道主义体系中的作用等信息都是公开透明的。瑞士实施的每次海外救援都会通过其网站、媒体采访、救灾简报等方式对外公布详细的救援情况，包括派遣的专家、采取的方式、捐赠的物资、任务地点、详细预算和支出、与多边机构的合作等，宣传覆盖瑞士参与的整个救灾和灾后重建过程。透明度可以使瑞士和受灾国的政府和公众了解瑞士在人道主义援助中的贡献，使瑞士援助获得更广泛的国内和国际舆论支持，还能捍卫并推进瑞士在特定人道主义事务上的关切。

第三节　中国紧急人道主义援助概况

作为世界上最大的发展中国家，中国坚持"义利相兼、先义后利"理念，以积极态度和实际行动回应国际期待，为应对全球自然灾害、人道危机、疫情传播、粮食危机等各种灾难发挥了重要作用。经多年探索和实践，中国人道主义援助已覆盖了紧急救灾、灾后恢复重建和防灾减灾全过程，呈现出参与主体多元化、实施方式多样化、救援力量专业化等特点。近几年，中国不断加强对人道主义援助的支持。国家"十三五"规划第一次明确地提出"加大人道主义力度"，中国领导人相继在中非合作论坛、联合国难民峰会、"一带一路"高峰论坛、金砖国家领导人会晤、中非团结抗疫特别峰会等国际场合宣布一系列人道主义援助新举措，彰显了中国通过人道主义援助为国际社会作出更大贡献的决心和信心。

一、中国紧急人道主义援助现状

21 世纪以来，顺应国际形势和进一步对外开放的需要，中国对外援助总体规模大幅增加，人道主义援助更注重发扬人道主义精神，管理机制、援助方式出现了新的特点。

从援助规模看，由于近年来灾害损失规模巨大，中国对外紧急人道主义援助的规模也屡创历史新高。中国向东南亚国家提供防治禽流感紧急技术援助；对几内亚比绍蝗灾和霍乱，厄瓜多尔登革热，墨西哥甲型 H1N1 流感，伊朗、巴基斯坦、海地、智利地震，马达加斯加飓风，缅甸、古巴热带风暴，巴基斯坦洪灾等提供物资或现汇紧急援助；向朝鲜、孟加拉国、尼泊尔、阿富汗、布隆迪、莱索托、津巴布韦、莫桑比克等国提供紧急粮食援助。尤其是在若干次重大自然灾害中，中国在救援行动中发挥了积极作用：2004 年 12 月印度洋海啸发生后，中国开展了对外援助历史上规模最大的紧急救援行动，向受灾国提供各种援助共计 7 亿多元人民币。2005 年 10 月，巴基斯坦北部地区发生 7.8 级强烈地震，中国政府先后 4 次宣布救援举措，提供了总价值

2673 万美元的紧急人道主义援助，共向巴空运了 26 批次救灾物资，总重量达 1930 吨，同时，还派出地震救援队、医疗队深入灾区一线，累计诊治 2000 多人。2008 年 5 月，缅甸遭受强热带风暴袭击，中国政府在抗击汶川大地震的同时，先后向缅甸提供了累计达 1 亿元人民币的救灾物资。2015 年 4 月 25 日，尼泊尔发生 8.1 级地震，中国向尼政府提供了 1.4 亿元人民币的紧急物资援助，共派出国际救援队、空军运输机分队、直升机分队、医疗防疫队、交通部队等 8 支救援力量共 1088 人，是中华人民共和国成立以来海外人道主义援助行动派出人员最多的一次。在 2017 年 5 月的斯里兰卡洪灾响应中，中国是提供援助速度最快、金额最大、物资品种最丰富的国家。据统计，2010—2012 年，中国相继向 30 余个国家提供了价值约 15 亿元人民币的紧急人道主义援助，包括 3 亿元现汇援助和 12 亿元物资援助。[1] 2013—2017 年 5 年间，中国政府共向 70 余个国家和国际组织提供人道主义援助 190 余次，仅 2017 年这一年间，中国为应对斯里兰卡洪涝、古巴飓风、墨西哥地震、马达加斯加鼠疫等自然灾害和叙利亚、阿富汗、刚果（布）等国的难民危机，共向 48 个国家和 4 个国际组织提供紧急人道主义援助 79 次，累计金额近 30 亿元人民币。[2] 中国"以人为本"的人道主义精神，坚定了广大发展中国家对中国在关键时刻靠得住、帮上忙的信心。

从援助渠道看，除了官方双边援助外，一方面，中国政府通过联合国转交中国政府的援助、向联合国相关机构和地区性组织定期捐款、响应国际紧急救援认捐会议融资倡议等多种形式，越来越多地通过多边渠道提供人道主义援助，逐步增强了在国际和区域层面的集体磋商，提高了国际影响力。另一方面，民间援助也大幅增加，主要是中国红十字会、中华慈善总会、中国扶贫基金会等民间机构，也包括一些企业和个人。

二、支持全球抗击疫情

2020 年，新冠肺炎疫情在全球多点暴发并迅速扩散蔓延。面对突如其来

---

① 国务院新闻办公室：《中国对外援助白皮书（2014）》，人民出版社，2014。

② 商务部研究院：《国际发展合作之路—40 年改革大潮下的中国对外援助》，中国商务出版社，2019。

的疫情，中国在做好自身抗疫工作、保障国内抗疫需要的前提下，根据疫情严重程度、医疗卫生条件、疫情国具体援助需求和自身能力等因素，向150多个国家和国际组织提供力所能及的援助和支持，开展了新中国成立以来援助时间最集中、涉及范围最广的一次紧急人道主义行动。

根据2021年发布的《新时代的中国国际发展合作》白皮书，中国通过医疗物资、医疗专家组、公共卫生基础设施、多边合作、债务减免等渠道，支持全球抗击新冠肺炎疫情，最大限度降低疫情负面影响。

专栏4-1

中国对其他国家抗击新冠肺炎疫情的援助行动

提供医疗援助物资。中国共向150个国家和10个国际组织提供了检测试剂、口罩、医用手套、呼吸机、防护服、隔离眼罩、医用鞋套、红外测温仪等防疫物资和支持。

派遣医疗专家组。截至2020年10月，中国向33国派出35个援外医疗专家组。专家团队不顾个人安危，奔走在抗疫一线，毫无保留地为当地提供疾病防控、临床诊疗、社区管理等方面的指导和咨询。

加快公共卫生基础设施建设。中国加快推进公共卫生基础设施项目施工，非洲疾控中心总部项目于2020年12月提前开工，建设毛里塔尼亚国家医院传染病专科门诊楼，多米尼克中多友好医院专家宿舍楼等项目提前竣工并移交使用，满足急迫的抗疫需要。中国还帮助巴基斯坦等国建设临时隔离医院，为这些国家抗击疫情提供保障。

支持国际多边平台和机构应对疫情。中国积极响应联合国和世界卫生组织筹资呼吁，向世界卫生组织提供5000万美元现汇援助；宣布向联合国新冠肺炎疫情全球人道主义应对计划提供5000万美元支持；在亚洲开发银行中国减贫与区域合作基金中指定1000万美元，向国际原子能机构捐赠价值200万美元物资，专门用于抗击疫情项目。正同联合国合作在华设立全球人道主义应急仓库和枢纽。

帮助困难国家应对债务挑战。中国同二十国集团一道落实"暂缓最贫困国家债务偿付倡议"，在中非合作论坛框架下免除有关非洲国家截至2020年底到期对华无息贷款债务。

本节以2020年"援埃塞俄比亚、吉布提、赞比亚三国医疗物资项目"和"援埃塞俄比亚、吉布提抗疫技术援助项目"为案例，分析中国抗疫援助取得的成效。

（1）率先驰援，质量高效，缓解受援国物资匮乏压力。中国向发展中国家捐赠抗疫物资，包括一次性防护服、医用隔离眼罩、红外线体温计、医用防护口罩、一次性使用灭菌橡胶外科手套、医用隔离鞋套等。在全球物资供应短缺、国际运输航线中断的复杂形势下，国内部门通力合作、高效运转，严格把控产品质量标准、科学安排运转周期、及时运抵全部物资，顺利移交全部物资。

（2）急人所急，雪中送炭，提升当地疫情防控能力。自新冠肺炎疫情发生以来，非洲各国脆弱的公共卫生系统面临挑战，中国以实际行动表达对非坚定支持之心和团结之情。中国多批次提供的医疗防护物资在一定程度上改善了当地医疗条件，提升了当地疫情防控能力，为保障当地人民健康作出了贡献，产生良好社会反响。

中国先后向埃塞俄比亚赠送四批抗疫物资，帮助埃塞俄比亚提升病毒检测能力，保障一线医务人员安全。埃塞俄比亚总理阿比在公开发表的声明中对中国的捐赠表示感谢。埃塞俄比亚卫生部长表示，中国捐赠物资对埃塞俄比亚及整个非洲抗击新冠肺炎疫情有着重大意义。他赞赏中国取得的抗疫成果，表示未来将继续与中国政府紧密合作，学习中国抗疫经验。埃塞俄比亚药品供应管理局负责人安达克丘表示："中国政府援助的口罩、额温枪、护目镜和防护服等物资缓解了埃塞俄比亚医疗物资极度匮乏的现状，为埃塞俄比亚全国战胜疫情注入了信心和希望。"

中国援赞比亚两批物资缓解了赞比亚防疫抗疫燃眉之急，为赞比亚做好早期疫情防控发挥重要作用，赢得赞比亚社会各界高度评价和感谢。赞比亚卫生部长在首批物资交接仪式中说："感谢中国政府和人民给予的慷慨援助，为一线医务人员有效进行疫情准备与应对提供了关键防护用品。"

中国对吉布提的两批抗疫物资援助受到吉方的高度赞赏。吉布提外长、财长、卫生部长多次表示，感谢中国政府为吉布提抗疫斗争所提供的帮助，中国政府两批物资援助是两国卓越关系和牢固友谊的生动体现，相信在中方支持和各方努力下，吉布提将最终战胜疫情。吉布提自2020年5月17日疫情明显缓解后开始有序解封，7月17日重新开放边境，中国抗疫物资也为吉布提解封后"内防反弹、外防输入"提供了有力保障。

（3）守望相助，共克时艰，树立大小国家团结抗疫典范。2020年2月，在中国全力抗疫最艰难的时刻，吉布提、科摩罗等国在自身财政紧张的形势下，仍义不容辞、慷慨相助，主动提供少量现汇援助，支持中国抗击疫情。礼轻情意重，患难见真情。2020年3月，非洲国家确诊病例陡增，中国在国内物资依然匮乏的情况下，积极响应非方迫切需求，不仅是着力推进落实中非领导人共识及"八大行动"的具体体现，更是践行真实亲诚理念和正确义利观的表现，是对非在中国抗击疫情最困难时期给予支持的应有回馈。

（4）传播中国抗疫经验，帮助受援国遏制疫情扩散。为团结抗击疫情，按照国家统一部署，中国抗疫专家组一行12人于2020年4月16日至5月12日赴埃塞俄比亚和吉布提进行抗疫援助。专家组涵盖感染病学、流行病学、呼吸与危重症医学、重症医学、中医、护理、实验室诊断等专业。专家组在埃塞、吉期间，实地走访了埃塞俄比亚、吉布提10余个定点医院、治疗中心、隔离中心、方舱医院，深入抗疫最前线，协助进行疫情评估。与埃塞俄比亚、吉布提卫生政策制定官员、医护人员分享和交流中国抗疫经验与得失。结合当地国情，对病例筛查、传染病防控、临床诊疗、社区健康管理和实验室工作等关键环节，提出针对性强、有可操作性的有益建议，为当地遏制疫情扩散奠定基础。

为提高抗疫技术指导可持续性，中国专家在任务结束后，分别向埃塞俄比亚、吉布提提供后续抗疫建议，涉及民众公共卫生宣讲建议、社区防控注意事项、密切接触者追踪方法和注意事项、检测方法及注意事项、医务人员管理和防护、复工复产防控建议等事项，为两国持续抗击疫情"保驾护航"。埃塞俄比亚、吉布提两国元首高度评价和赞赏了抗疫专家组的专业指导。埃塞俄比亚总理阿比向习近平主席致亲笔信，首先感谢了中国专家杰出的抗疫工作。吉布提外长、卫生部长在机场欢送仪式上向专家组颁发功勋证书，并表示："当世界各国忙于应付国内疫情时，只有中国政府向吉派遣抗疫医疗专家组，这是吉中卓越关系和牢固友谊的体现，吉方对此表示衷心感谢。"

（5）推广新冠肺炎病毒防疫知识，守护驻外同胞生命健康。埃塞俄比亚和吉布提共有3万多名华人华侨，300余家中资机构。由于两国公共卫生基础设施落后，医疗条件差，当地华人华侨对于疫情普遍存在焦虑、无助、恐慌情绪。抗疫专家组执行任务期间，为两国使馆、中资机构人员、留学生和华人华侨、援外医疗队等提供必要防控咨询和指导，进行科普教育、防控宣传并提供必要防护物品、中医中药等。缓解在非华侨焦虑恐慌情绪，充分传递祖国温暖和关爱。

（6）开展国际组织交流合作，推进公共卫生联防联控。埃塞俄比亚地处撒哈拉以南非洲和阿拉伯非洲的交汇点，拥有整个非洲最大的航空枢纽，是非洲的"稳定之锚"，对全球联防联控抗击疫情意义重大。疫情发生伊始，非洲疾控中心与世界卫生组织驻埃机构即牵头整个非洲的防疫体系建设。中国抗疫专家组和两个国际组织积极开展经验交流，就公共卫生防疫策略、患者追踪、隔离点设置、社区管理、信息技术应用等多个问题进行深入探讨。非洲疾控中心主任肯格桑在接受媒体采访时表示，中国在抗击疫情方面的经验非常值得非洲借鉴，感谢中国提供的大量援助。世界卫生组织驻埃官员对中国专家组的专业素养表示惊叹和高度赞赏。专家组不辞辛劳、连续奋战，支持国际组织发挥作用，有效促进国际卫生联防联控，用实际行动践行人类命运共同体理念。

（7）总结经验教训，提升中国对抗疫援助的认知。通过参与实地抗疫援助工作，专家组对抗疫工作进行深刻总结，为后续抗疫专家提供宝贵借鉴。包括，充分评估当地国情和需求，因地制宜提供防疫诊治方案；合理协调专家资源，优先派遣兼具语言和专业背景的专家；关注疫情舆情，及时应对；主动思考，研判疫情最新进展；兼顾受援国复工复产与疫情防控需求，主动准备应策方案。

三、中国紧急人道主义援助管理机制

2004 年，中国政府设立了以商务部、外交部、解放军总参谋部为主导的对外人道主义紧急救灾物资援助部际工作机制，政府和军方在紧急物资援助上形成有效配合、快速反应的工作模式。2016 年 4 月 5 日，中国新成立对外人道主义紧急援助部际工作机制，机制纳入更多成员，包括商务部、外交部、财政部、中央军委国际军事合作办公室、民政部、卫生计生委、地震局、民航局、中国红十字会共 9 家单位①，该机制与 2004 年建立的紧急物资援助协调机制共同指导中国官方人道主义援助管理和实施，初步形成了各方共同协调配合的人道主义援助工作模式（见表 4-2）。

表 4-2　中国紧急人道主义援助管理机制（截至 2018 年 3 月）

序号	机构名称	职责
1	商务部援外司	拟定紧急援助总体方案、统一制定援助资金使用方案和立项、协调军方和成员单位等参与紧急援助
2	外交部国际经济司	救援人员护照和签证、指导使领馆配合、协助申请飞越和落地许可、救灾物资设备通过等
3	财政部行政政法司	协助办理预算调整、项目立项审批
4	中央军委国际军事合作办公室	物资援助、派遣医疗船、医疗救助人员、开展联演等
5	卫计委应急办	派遣救援医疗队、防疫队、提供医疗物资
6	民政部国家减灾中心	派遣灾害评估组
	民政部救灾司	物资调剂

---

① 2018 年政府机构改革后，机制中由商务部负责的紧急人道主义援助事务由国家国际发展合作署承担，民政部的救灾职责和地震局的震灾应急救援并入新成立的应急管理部，卫生卫计委改名为卫生健康委。由于该协调机制的调整还未公布，本文将延续使用原机构名称。

续表

序号	机构名称	职责
7	中国红十字会	物资援助、提供小额现汇援款、派遣国际救援队等
8	中国地震局国际合作司	派遣中国国际救援队、提供相关技术服务等
9	中国民航局运输司	航空运输、飞机调配、航线申请

资料来源：根据调研资料整理。

长期以来，中国人道主义援助以官方主导的双边援助为主，通常由受灾国提出援助需求，中国驻外使馆经商处与当地政府沟通联系，将情况汇报至国内。双边援助的优点体现为援助快速高效。另外，中国还与多边组织开展合作，主要方式是通过常规捐赠以及南南合作援助资金，委托世界粮食计划署、世卫组织、联合国难民署、红十字国际委员会等国际组织执行中国指定的援助项目，主要针对如叙利亚难民、埃博拉疫情、非洲旱灾、粮食短缺等长期人道主义危机。

四、中国紧急人道主义援助参与主体

中国参与紧急人道主义援助的主要力量包括：首先是中国地震局的中国国际救援队、中国红十字会的救援队、卫计委的医疗队和防疫队、民政部的灾害评估组、中国人民解放军海军"和平方舟"医院船和医疗救助人员；其次，中资企业、商会、华人华侨在当地具有资源和网络，是中国在受灾国执行救援的重要依托力量；再则，近几年，越来越多民间组织走出去参与人道主义援助，如中国国际扶贫基金会、爱德基金会、蓝天救援队等。但总体来看，现阶段参与海外救援的民间组织能力参差不齐，有待形成体系化的救援标准和管理体系，亟须政府引导、监管和支持。

五、政策建议

作为一个发展中国家，中国始终强调人道主义精神，坚持在力所能及的范围内提供援助，积极参与救灾和灾区重建，体现了中华民族乐善好施、与人为善的传统美德和中国维护世界和平、促进共同发展的政策主张。未来，中国可以在以下几个方面做出更多努力：

第一，完善中国海外救灾援助的多主体援助模式。一是政府进一步加大对人道工作的引导、支持和保障力度。二是形成国际组织、NGO、企业、社会团体、媒体、个人（志愿者）、公众广泛参与的援助网络，吸引社会各界力量，开拓多种投融资渠道，刺激民间参与活力，提高其在援外机制中的参与度。三是建立外部专家咨询库，将搜救、医疗卫生、气象、气候变化、地质灾害、水文水利、国土资源、农林渔业、疫情防控、心理健康等涉及人道主义救援的各专业领域的专家，以及地区国别专家纳入咨询库，灾害发生后可即刻进行专家咨询，论证研究有效的援助举措。

第二，加强国际合作。一是进一步加强经验交流。中国既是海外救灾援助国，本身又是一个自然灾害频发的国家，拥有丰富的国内减灾救灾经验，通过建立相关经验交流与合作机制，互相学习借鉴。可进一步探讨与西方传统援助国和新兴援助国在人道主义援助领域开展政策对话、技术合作、救灾演习和三方合作援助项目等。二是加强防灾减灾的信息共享化建设，强化自然灾害的预测预报研究，提高共享的警情传播、应急指挥、专业应急救援的信息化水平。三是加强多国协调、资源共享，组织开展防灾减灾人力资源开发合作和跨国应急演练，推进国际防灾减灾能力的整体提升。

第三，总结经验，建立常态化抗疫援助机制。全球大流行病疫情仍未结束，应深入总结抗疫经验教训，推进"紧急抗疫"向"常态化抗疫"援助转变。继续优化实施管理的程序，快速响应，确保生产、运输、公关、交付各环节的衔接顺畅。建立应急物资储备机制，保证能够第一时间调拨援助物资，从源头上把控物资的质量。加强监管措施，做好项目的对外移交，跟踪物资的分发和使用情况，防范舆情风险，提高援外宣传效果。

第四，拓宽渠道，推动多元化抗疫合作方式。在双边抗疫援助的基础上，应注重与多边机构加强抗疫合作，推进双边优势互补、组合发力。加强同世界卫生组织、联合国组织、全球基金、全球疫苗免疫联盟等多边组织的政策对话和策略对接，探讨差异化的卫生合作模式，共同应对全球疫苗研发配置挑战，协调推动疫苗生产及分配，加速疫苗成为全球公共产品，覆盖更多弱势群体，体现大国引领抗疫合作担当。

第四节　中国难民援助实践和展望

难民①援助是人道援助的重要组成部分。多年来，针对难民危机、流离失所等人为造成的灾难，中国积极通过提供人道主义援助帮助受援国应对人道危机。直到今天，中国始终秉承既不干涉他国内政，又履行国际义务的原则，以多种方式在人道危机问题上践行大国责任，推动难民问题标本兼治。尤其是近几年，局部冲突和暴力导致的流离失所等人道主义危机居高不下。为此，中国深刻指出人道主义危机的背后是发展中国家的长期贫困、欠发展所导致的尖锐的经济与环境矛盾，提出"实现发展是减少人道主义需求的根本出路"的重要理念②。近年来，中国在多次国际场合表达了共同应对全球人道主义挑战、构建人类命运共同体的立场，以切实行动落实人道主义援外举措，得到受益群体的肯定和赞扬。

一、中国在重大国际会议上对难民援助的承诺

第一，2016 年 1 月 22 日，国家主席习近平在开罗阿拉伯国家联盟总部发表题为《共同开创中阿关系的美好未来》的重要演讲，指出"叙利亚现状不可持续，冲突不会有赢家，受苦的是地区人民。解决热点问题，停火是当务

---

① 广义来说，难民是指由于天灾或人祸而生活无着落、流离失所、需要离开原居地的人。严格意义上的难民，是根据联合国 1951 年的一份国际公约以及联合国在 1967 年修订的关于难民身份的一份议定书所共同订立的。该定义是：基于一种可以证明成立的理由，由于种族、宗教、国籍、身为某一特定社会团体的成员，或具有某种政治见解的原因而畏惧遭受迫害并留身在其本国之外，并由于这样的畏惧而不能或不愿意该国保护的人，或者一个无国籍的人，或国家灭亡的人，并由于上述事情留在他以前经常居住国以外而不能或由于上述畏惧而不愿意返回该国的人。本书的难民是指广义上的难民，也包括未离境内的流民（IDPs）。

② 新华社：中国代表说实现发展是减少人道主义需求的根本出路，http://www.xinhuanet.com/world/2016-12/09/c_1120086678.htm。

之急，政治对话是根本之道，人道主义救援刻不容缓。中方今年将再向叙利亚、约旦、黎巴嫩、利比亚、也门人民提供 2.3 亿元人民币人道主义援助"。

第二，2016 年 6 月 30 日，国际移民组织举行特别理事会，批准中国加入国际移民组织。中国常驻联合国日内瓦办事处代表指出，"面对当前的全球移民形势，中方主张：一是要坚持以开放、包容、公正的态度看待移民问题，充分肯定移民在各国经济、社会、文化事业中的重要桥梁和纽带作用。二是要坚持相互尊重、平等互利、责任共担的原则。移民来源国、过境国、目的地国应加强对话与合作，拓宽正常移民渠道，提高移民事务管理能力，减少对移民的歧视和排外现象。三是要坚持综合施策，努力减少被动移民的产生。坚持通过对话和谈判和平解决争端，努力促进共同发展，缩小国家地区间的贫富差距，加强对自然灾害、突发疫情等问题的应对能力"，并表示"中国愿加强与国际移民组织和各国在边境管理、移民融合、打击人口贩运、防灾减灾、人道救援等领域的经验交流与务实合作"。①

第三，2016 年 9 月 26 日，李克强总理出席第 71 届联大解决难民和移民大规模流动问题高级别会议，他强调，中国一贯高度重视并积极参与解决难民和移民问题，作为发展中大国，中国愿意承担与自身能力相适应的责任。我们将采取一系列人道主义举措并积极探讨同有关国际机构和发展中国家开展难民和移民问题的三方合作。中国愿意在原有援助规模基础上，向有关国家和国际组织提供 1 亿美元人道主义援助；积极研究把中国—联合国和平与发展基金的部分资金，用于支持发展中国家难民移民工作；积极探讨同有关国际机构和发展中国家开展三方合作。②

第四，2017 年 1 月 18 日，习近平主席在联合国日内瓦总部发表题为《共同构建人类命运共同体》的主旨演讲，系统阐述人类命运共同体理念。演讲中，他提到，"当前，难民数量已经创下第二次世界大战结束以来的历史纪录。

---

① 外交部：中国加入国际移民组织，https://www.fmprc.gov.cn/web/gjhdq_676201/gjhdqzz_681964/lhg_681990/zwbd_682010/t1376901.shtml.

② China Daily, President Xi's Speech at Arab League Headquarters: Full Text, http://www.chinadaily.com.cn/world/2016xivisitmiddleeast/2016-01/22/content_23191229.htm.

联合国难民署、国际移民组织等要发挥统筹协调作用，动员全球力量有效应对。中国决定提供 2 亿元人民币新的人道援助，用于帮助叙利亚难民和流离失所者"。并指出"恐怖主义、难民危机等问题都同地缘冲突密切相关，化解冲突是根本之策""当事各方要通过协商谈判，其他各方应该积极劝和促谈，尊重联合国发挥斡旋主渠道作用"。①

第五，2017 年 9 月 5 日，金砖国家领导人第九次会晤召开期间，习近平主席在新兴市场国家与发展中国家对话会的演讲中宣布，中国将在南南合作援助基金项下提供 5 亿美元援助，帮助其他发展中国家应对饥荒、难民、气候变化、公共卫生等挑战。②

第六，2018 年 7 月 10 日，习近平主席在中阿合作论坛第八届部长级会议开幕式上的讲话指出，"我们要给予巴勒斯坦人民更多实际支持。巴勒斯坦问题是中东和平的根源性问题。中国人民历来富有正义感和同情心。我们呼吁有关各方遵守国际共识、公正处理巴勒斯坦有关问题，不要给地区埋下更多冲突祸根。我们支持召开新的巴勒斯坦问题国际会议，支持探索创新中东促和机制，以'两国方案'和'阿拉伯和平倡议'为基础，推动巴以和谈尽快走出僵局。"习近平主席宣布，中国再向巴勒斯坦提供 1 亿元人民币无偿援助，用于支持巴勒斯坦发展经济、改善民生。中国还将向巴勒斯坦提供紧急人道主义援助，并向联合国近东巴勒斯坦难民救济和工程处追加捐款。③

第七，2022 年 4 月 1 日，习近平主席在北京以视频方式会见欧洲理事会主席米歇尔和欧盟委员会主席冯德莱恩。习近平主席阐述了对当前形势下解决乌克兰危机的几点意见。中方提出关于乌克兰人道主义局势的六点倡议，已向乌方提供多批紧急人道主义援助，向接受大量难民的欧洲国家提供了物资。

---

① Xinhua, Work Together to Build a Community of Shared Future for Mankind, http://www.xinhuanet.com/english/2017-01/19/c_135994707.htm.

② Xinhua, Xi Calls for Solidarity in South-South Cooperation, Sustainable Development, http://www.xinhuanet.com//english/2017-09/05/c_136586102.htm.

③ China Embassy, Joining Hands to Advance Sino-Arab Strategic Partnership in the New Era, http://eg.china-embassy.org/eng/zxxx/t1576249.htm.

二、中国难民援助的形式

（一）难民援助对象

中国难民援助对象通常包括受自然灾害、战争、国内武装力量和部族冲突等原因被迫逃离本国或从经常居住国流亡到其他国家的人员，包括流入中国国内的难民。长期以来，中国对世界范围内的多个国家的难民和流民进行了援助，包括在叙利亚、黎巴嫩、伊拉克、也门、巴勒斯坦等中东难民、在华中南半岛国家难民、朝鲜难民、缅甸等东亚和东南亚国家的难民，在埃塞俄比亚、肯尼亚、索马里、乌干达、南苏丹、刚果（金）、刚果（布）、莱索托等近 20 个非洲国家的难民。

（二）难民援助方式

长期以来，在对外援助八项原则基础上，中国发挥自身优势，积累了多种方式并施的难民援助经验。

第一，利用基础设施建设优势，帮助难民所在国修建学校、医院、打水供井、指导清洁用电。如 2019 年 2 月，中国政府援助安哥拉北隆达省洛武阿难民营的两所难民学校正式启用，促进当地难民学生复学，取得教育机会；2017 年，中国政府为流落在伊拉克的巴勒斯坦难民修复了"伊拉克海法社区中心"，该中心设有护理室、篮球场等设施，是当地巴勒斯坦难民的主要活动场，对于改善当地民众生活环境、营造和谐社区氛围意义重大[①]；2018 年 8 月，中国支持阿富汗难民与遣返事务部在全国 24 个省建了难民小镇，并利用光伏发电的方式部分解决用电问题[②]。

第二，提供物资援助。中国通过多双边渠道向难民提供粮食、生活物资、

[①] 商务部：向巴勒斯坦难民提供保护和支援项目正式交接，http://www.mofcom.gov.cn/article/shangwubangzhu/201807/20180702764461.shtml.

[②] 中国驻阿富汗大使馆：刘劲松大使出席援助阿难民与遣返事务部物资交接仪式，http://af.china-embassy.org/chn/zagx/sbwl/t1585819.htm.

发电设备等援助。在粮食援助方面，中国援助了大量的大米、小米、高粱、小麦、豌豆、黄豆等粮食，以及丰富的调味品如植物油、盐等。中国还通过多边组织采购特殊营养需求的食品，如世界粮食计划署（WFP）在中国的资助下为难民采购粮食，针对三岁以下儿童和孕妇，特别采购了 CSB+/CSB++ 以及营养棒（Plumy Sup），以保证孕妇和儿童营养需求。在其他物资方面，中国向难民捐赠的帐篷、水罐、太阳能照明灯具等对缓解难民生活困难发挥便利作用。

第三，为难民所在国提供药品和医疗器材、开展卫生防疫消杀等援助。2017 年 1 月，中国与世界卫生组织签署了中国政府向世界卫生组织提供难民救援现汇援助协议，用于向叙利亚难民及流离失所者提供人道主义医疗卫生援助。除此，中国维和医疗队在南苏丹、黎巴嫩、马里等多地为难民开展诊治、施以援手；中国红十字会为难民赠送移动医院、配备 X 光机、B 超机、除颤仪、远程诊疗系统等设备。①

第四，提供收容安置援助。历史上，中国于 20 世纪 70 年代接收了 26.5 万越南难民，2009 年接收了大批涌入中国的缅甸难民，对难民安置和就业作出贡献。② 2016 年 11 月 20 日，缅甸政府军与部分少数民族地方武装在缅北地区邻近中缅边境的缅方一侧发生交火，数千难民涌入中方。出于人道主义考虑，中国云南德宏海芒镇临时安置点收容 2000 名缅甸难民，畹町镇接纳 900 余人，并将受伤者送往中方医院救治。③

第五，开展人力资源开发合作。人力资源开发合作是中国对外援助的方式之一。为促进难民所在国提高自身能力，中国在无偿援助资金支持下，邀请难民所在国的相关官员和技术人员来华参加培训，如 2017 年中国为约旦、叙利亚、黎巴嫩等国开展了电力设备和技术发展、新能源开发利用等主题培训班。

---

① 新京报：中国红十字会"移动医院"援助伊拉克，http://www.bjnews.com.cn/feature/2019/02/27/550946.html.

② 中国网：中国积极处理国际事务的行动从未停止，http://opinion.china.com.cn/opinion_0_154300.html.

③ 中国网：中国收容缅甸难民，http://opinion.china.com.cn/event_4722_1.html.

第六，设立难民奖学金。第二届"一带一路"国际合作高峰论坛上，中国第一次将设立难民奖学金作为援助难民的举措。同时提出为500名青少年提供受教育机会，资助100名难民运动员参加国际和区域赛事活动。这些新举措丰富了中国难民援助的形式。

（三）难民援助资金来源

第一，双边援助资金。传统上，中国主要通过双边援助开展人道主义援助，该方式主要由受援国政府提出、中国政府直接为受援国提供现汇援助、物资援助、技术援助等。截至2019年3月，中国已向叙利亚人民包括境外难民提供超过7.7亿元人民币的人道援助物资和现汇援助，其中大部分资金为双边援助。

第二，多边渠道——南南合作援助基金。近几年，中国还通过南南合作援助基金向难民和流民提供支持。南南合作援助基金是习近平主席2015年9月在联合国发展峰会上宣布的重要援助举措，旨在支持其他发展中国家落实2030年可持续发展议程，经2017年和2022年两次增资后，基金已增至40亿美元。目前，南南合作援助基金由国家国际发展合作署统筹管理，供国际组织、社会组织等申请使用。

为落实中国在2016年第71届联合国大会解决难民移民大规模流动问题高级别会议上宣布的人道主义援助举措，中国第一时间通过南南合作援助基金，向联合国难民署（UNHCR）、世界粮食计划署、联合国儿童基金会（UN-CEF）、世界卫生组织、国际移民组织（IOM）、红十字国际委员会分别提供100万美元，通过上述多边组织为叙利亚、黎巴嫩、阿富汗、伊拉克等国境内难民和流离失所者提供医疗卫生、生活物资、慈善午餐、临时住所、水处理等人道主义援助，累计受益人口超过500万人；为落实习近平在2017年"一带一路"国际合作高峰论坛上提出的10亿美元援助举措，中国与世界粮食计划署、国际移民组织、联合国难民署、世界卫生组织、国际红十字委员会、联合国开发计划署、联合国人口活动基金会（UNFPA）、联合国教科文组织（UNESCO）等14个国际组织签署援助协议，通过南南合作援助基金向"一带一路"沿线国家提供 100 个食品、帐篷、活动板房等难民援助项目，设立难民奖学金，为 500 名青少年难民提供教育机会，资助 100 名难民运动员参加国际和区域赛事活动等；2018 年，联合国难民救济及工程局（UNRWA）因美国大幅削减捐款而遭遇严重资金困难，包括难民学校在内的许多项目面临中断的威胁。为响应联合国号召，中国政府向 UNRWA 提供了 235 万美元追加捐款以填补其资金缺口，用于联合国救助巴勒斯坦难民工作，为维护多边合作机制、促进缓解人道主义危机发挥作用。

第三，多边渠道——中国—联合国和平与发展基金。2015 年，中国政府与联合国共同设立为期 10 年、总额 10 亿美元的中国—联合国和平与发展信托基金（UNPDF），以支持联合国工作，促进多边合作事业。UNPDF 项下有两个子基金。一是由联合国秘书长办公厅管理的秘书长和平与安全分基金，旨在资助与维护国际和平与安全有关的项目和活动；二是由联合国经济和社会事务部管理的 2030 年可持续发展议程分基金，主要支持 2030 年议程相关的可持续发展目标项目和活动①。截至 2018 年，该基金已资助了 46 个项目，金额达 4100 万美元，部分资金将用于支持联合国难民署和国际移民组织向巴基斯坦、伊朗、埃塞俄比亚、加纳等国境内的难移民提供教育、培训、卫生服务②。

（四）民间组织和志愿者提供难民援助

除了由政府主导的传统多双边援助，中国红十字会、中国扶贫基金会、蓝天救援队、平澜公益基金会等民间组织也是中国难民援助的重要力量。如中国红十字会长期为在黎巴嫩境内的叙利亚难民提供卫生供水、光伏发电、医疗卫生以及过冬物资等方面的人道援助。2017 年 2 月，中国红十字基金会成立了"丝路博爱基金"，该基金致力于优化"一带一路"人道服务供给，

---

① 中华人民共和国人力资源和社会保障部：展现和平与发展基金成果——中国—联合国共同携手应对不平衡不充分发展问题，http://www.mohrss.gov.cn/SYrlzyhshbzb/rdzt/gjzzrcfw/dtxx/201807/t20180718_297581.html.

② 人民网：和平、发展与合作是解决地中海难民问题的根本，http://world.people.com.cn/n1/2017/0408/c1002-29196924.html.

以"一带一路"沿线国家为服务区域，对沿线有迫切人道需求的人群进行救助。基金已先后资助开展了"中国—巴基斯坦急救走廊"，阿富汗、蒙古先心性病患儿救助，叙利亚、伊拉克等武装冲突地区人道援助，非洲"博爱家园"，博爱单车全球志愿服务行动等人道援助项目，足迹遍布"一带一路"沿线 26 个国家。例如，2018 年 8 月，中国红十字会项目组在位于大马士革的 Khotwa 假肢康复中心和叙红会大马士革分会假肢康复中心举行了"中叙博爱儿童假肢康复中心"挂牌仪式，并发起"捐赠 1 美元救助叙利亚肢残儿童"互联网众筹活动，向两家假肢康复中心分别提供 10 万元美元，用于向因战争和意外造成肢残的叙利亚儿童提供假肢安装、更换和复健等人道服务①；2018 年 4 月，中国扶贫基金会与美慈组织在乌干达启动了"幸福家园——难民自立与社区融合"难民项目。此项目通过为难民和当地社区开展现金发放，农业生产支持和商业促进三项活动，加强 Palabek 难民安置点难民家庭的粮食安全，增进难民的和当地社区的耐受力，促进难民更好地融入当地和实现自立②；2019 年 6 月，北京平澜公益基金会计划援助逃离到黎巴嫩的叙利亚难民儿童，致力于提高难民儿童的基础教育水平，让孩子们未来有机会凭借自己的能力谋生，有机会不屈从于外界力量被迫做童工。除此，中国援助叙利亚难民志愿者联盟等民间组织通过物资捐赠、筹款购买物资等形式对叙利亚和缅甸难民进行援助。

三、中国难民援助政策

目前，中国还尚未有针对难民援助的政策文件。难民援助主要属于人道主义援助领域范畴。从国家领导人在国际场合的立场表态可以看出，中国对难民援助态度逐渐呈现积极性走向。从国内政策方面看，国家"十三五"规划明确提出"加大人道主义援助力度"，这是中国第一次将"人道主义"写

①　新华网：中国红十字会实施多项叙利亚人道援助项目，http://www.xinhuanet.com/gongyi/2018-08/22/c_129937132.htm.

②　东方资讯："幸福家园——难民自立与社区融合"项目在乌干达启动，http://mini.eastday.com/a/180411100545347.html.

入国家发展规划，体现中国在促进人道主义的愿景和决心。

四、对中国难民援助的建议

随着"一带一路"倡议的提出，国际社会对中国的援助给予了更高期待。据报道，未来中国援外规模也将有所增加，且新增援助资金主要向"一带一路"沿线国家和周边国家倾斜。① 领域方面，除继续加强基础设施援助、促进互联互通之外，中国还考虑在"一带一路"沿线和周边国家重点推进民生项目，援助重点是投向扶贫、减灾、职业教育、农业发展等能够使广大周边受援国民众直接受益的援助领域。中国在国际公开场合曾多次强调"难民问题的根源是减贫和发展问题"，因此，增加对难民所在国的援助，有助于以发展促增长，用经济增长促进和平安全。

（一）提高难民援助规模，鼓励多种形式资金组合发力

资金方面，一是建议中国可适当提高对难民所在国的双边援助，在难民问题的近忧和急迫需求方面慷慨解囊，提供难民安置急需的资金和物质。二是充分发挥南南合作基金、联合国和平基金、丝路博爱基金、气候南南合作资金等的功能，组合发力，为难民所在国提供更丰富的援助资金申请渠道。三是中国可利用无偿援助帮助难民所在国开展中小型基础设施建设，如微小水电站、修复升级排污管道、修建低价改造房、医院、学校、打井供水等惠民项目。同时，鉴于许多难民将长期居住在东道国，其生活来源面临困境，可尝试利用援外资金的先导和撬动作用，支持难民区诸如能源、道路、通信等大型项目的前期开发、可行性研究、技术援助、后期评估等项目头尾部分工作，与国际发展银行或其他私营部门合作，引导较大型基础设施项目和生产型投资的可能性，从长远促进难民所在国基础设施建设及产业化发展。

---

① 财经频道：中国对外援助资金将向"一带一路"沿线国家倾斜，http://finance.jrj.com.cn/2014/12/10022018504842.shtml.

（二）丰富难民援助主体多元化

经过中国对外援助 70 多年的发展，中国参与人道主义援助的主体逐步专业化，形成了以官方机构为主导、民间力量为补充的多元化主体参与模式，在难民和流民援助方面，也应鼓励多元化主体参与。在搜救方面，鼓励中国国际救援队为难民、流民所在国开展救援培训，有助于受援国提高应对危机的能力；在医疗救援方面，鼓励中国国际应急医疗队、中国海军"和平方舟"号医院船对难民、流民所在国开展卫生突发事件应对、卫生防疫控制、医疗巡诊、卫生培训等人道主义医疗援助；除此，民间组织和海外中资企业也是中国人道主义援助的积极有力补充。如蓝天救援队、爱德基金会、平澜公益基金会、深圳公益救援队等一批具有综合专业救援能力的民间力量，为官方海外紧急救援提供了补充，未来应积极发挥民间组织力量，在官方紧急救援较少涉及的难民地区的教育、日常医疗卫生、小型基础设施建设等方面发挥更多的作用。此外，中资企业在项目驻地自发形成了辐射周边社区的救援网络，应进一步鼓励企业在中国使领馆的指挥下，积极捐资捐物，协助救援物资分发、提供应急通信和电力道路抢修等技术支持。

（三）进一步发挥多边组织优势，加强人道主义援助合作

一直以来，中国以双边援助为主，随着南南合作援助基金的顺畅使用，多边渠道对双边渠道发挥了较好的补充作用。在难民援助中，往往面临几个情形：受援国战乱或存在内部冲突，如叙利亚、也门、黎巴嫩、南苏丹等；受援地区偏远且受援国政府分发能力弱，如乌干达东北卡拉莫贾省、埃塞俄比亚与索马里边界地区、索马里北部等；受援群体所需粮食在中国国内难以采购并提供，如面向婴儿的营养强化剂和营养棒等。鉴于上述挑战，由于多边机构在当地具有庞大的可用资源网络（包括政府、反对党派、军方、民间机构、其他发展机构、志愿者等），可快速收集大量信息、援助方式灵活多样、物流体系完备等优势，建议日后加大与多边组织的合作，有利于中国在复杂、脆弱地区开展人道主义援助，使援助取得更佳效果。

第五章 减贫导向的儿童发展合作

儿童是一个国家的未来，也是世界的未来。儿童与成年人一样拥有生存、健康、关爱等需要。在年龄、体型、地位和心智等方面，成年人占更大的优势，掌握更大的权利。在自然灾害、冲突、战争等环境下，儿童更容易陷于被虐待、拐卖、雇佣、分离、创伤等丧失基本权利的脆弱处境。国际儿童发展援助初始于第二次世界大战末期，逐渐由面向战后国家的紧急人道主义行动扩展到响应全球所有发展中国家儿童和母亲的长期需求。1959 年，联合国大会通过了《儿童权利宣言》，主张儿童享有受保护、教育、医疗、住房和良好营养的权利。20 世纪 90 年代，《儿童权利公约》逐步获得联合国各成员国批准，成为第一部具有法律约束力的有关保障儿童权利的国际性约定。2000年以来，从联合国千年发展目标（MDG）到 2030 年可持续发展目标（SDG），各国均制定了可衡量的目标，并签署、承诺达成目标。其中，儿童发展是两项发展目标的重要议题，已成为世界各国的普遍愿望和共识。

新时期，中国作为新兴经济体在南南合作中发挥了越来越重要的作用，其应对全球发展赤字、治理赤字的经验受到国际社会广泛关注。作为世界人口大国，中国自身注重儿童事业发展，取得了斐然成就，积累了宝贵经验。当前，世界正处于大流行、大变革、大调整时期，儿童发展议题的重要性愈加突出且任务艰巨，对中国未来深度参与国际发展合作提出挑战。本章旨在总结儿童领域国际发展合作的趋势和特点，分析中国国际儿童发展合作的概况，解读中国在儿童发展合作领域的多双边合作模式、比较优势和面临的挑战，并结合儿童发展需求和挑战，提出相关政策建议。

第一节　国际儿童发展合作需求分析

儿童议题重要性突出，儿童发展在阻断代际贫困传递、积累人力资本等方面的作用成为国际共识。然而，儿童发展仍面临十分严峻的挑战。本节具体分析国际儿童发展合作的重要性、国际儿童发展合作面临的形势以及新时期中国参与儿童发展合作的必要性。

一、国际儿童发展合作的重要性

经过近一个世纪的理念宣传和学科研究，儿童发展的重要性得到多层次的探讨和阐述，许多观点在国际上已形成充分共识。

首先，从人类发展角度看，国际社会认为，儿童早期是大脑发育和能力形成的敏感期，充分的营养和学习刺激将促进大脑结构和功能发育，为应对挑战、社会交往和情感发展奠定良好基础。

其次，从社会发展角度看，儿童发展是积累人力资本、提高劳动生产率、阻断贫困代际传递的关键途径。儿童发展投入越早，其成本越低，回报越高（见图5-1）。其中，对于儿童的早期投资是发展圈公认"性价比"极高的做法。全球多个干预项目跟踪研究显示，儿童早期发展阶段每投入1美元，将获得4.1~9.2美元的回报。儿童发展水平是未来人力资本水平的决定因素，根据世界银行的人力资本指数估计，因教育、健康、营养等缺失，部分发展中国家儿童成年后的生产力仅达其潜力的56%。在当前全球致力于实现可持续发展的关键时期，忽视对贫困地区儿童的干预，即是错过对未来人力资本的投资和开发。当被忽视的儿童数量达到数以万计时，对国家发展和全球减贫事业将是不可挽回的损失。

最后，从可持续发展目标角度看，儿童发展能推动教育、健康、社会平等、社会资本等多方面的改进。2000年至今，联合国千年发展目标和可持续

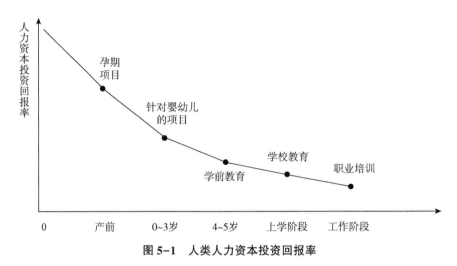

图 5-1　人类人力资本投资回报率

资料来源：Heckman J J.（2008）. School, Skills and Synapees, *Economic Inquiry*, 46（3）：289-324.

发展目标的提出，意味着儿童发展议题从个别发展中国家的问题演变为全球问题。在 17 个可持续发展目标中，儿童发展议题至少涉及诸如减贫、消除饥饿、确保体面工作等 10 个以上目标①，各国共同制定了可衡量的目标，并签署、承诺达成目标。毫无疑问，儿童发展能够为可持续发展提供宝贵资源和不竭动力，在全球发展挑战严峻形势下，投资儿童是促进实现 2030 年可持续发展目标的关键抓手。

二、国际儿童发展合作需求的紧迫性

新冠肺炎疫情暴发之前，全球已有约 10 亿儿童面临至少一种严峻挑战，如缺乏教育、营养不足等。在当前疫情、气候变化和战争冲突等多重挑战叠加的背景下，很多国家的儿童实现 2030 年可持续发展目标面临诸多困境。疫情下的贫困儿童人数增加 1.5 亿人，疫情叠加气候危机导致 2 亿人流离失所，

---

① 例如，目标 1 消除贫困；目标 2 消除饥饿；目标 3 保证生命体健康；目标 4 保证终生学习机会；目标 5 保证性别平等；目标 8 确保人人有体面工作；目标 10 减少国家内部和国家间的不平等；目标 11 建设包容、安全、有风险抵御能力和可持续的城市及人类住区；目标 12 确保可持续消费；目标 16 促进社会和平；目标 17 促进目标实现的伙伴关系。

社会不平等现象日益加深。在 11 个深陷人道主义危机的国家中，3.57 亿儿童生活在冲突中，新生儿死亡率居高不下。全球健康、气候变化、粮食安全、性别平等、教育可及性等重大国际发展议题中，儿童往往最先受到波及。

在儿童教育方面，即使是新冠肺炎疫情之前，全球教育也面临着教育发展不平衡的困境，贫困地区、农村地区的教育率远低于经济发达区域。2019年全球贫困地区的小学教育率仅达 61%，其中非洲中西部国家的贫困区域教育率低至 29%（见图 5-2）。同年，全球贫困地区中学教育率仅为 42%，其中，非洲国家贫困区域的中学教育率低至 13%~14%（见图 5-3）。新冠肺炎疫情加剧儿童教育困境，16 亿儿童和年轻人受到学校关闭的影响，4.63 亿人无法获得远程学习机会。随着投入卫生领域的资金增加，各国政府公共财政压力加大，教育资金在一定程度上受到挤压，到目前为止，低收入和中等收入国家政府刺激计划中只有不到 3% 的经费分配给了教育，弱势群体错失教育机会的风险增大。2021 年 12 月，世界银行、联合国教科文组织和联合国儿童基金会发布的《全球教育危机现状：复苏之路》报告显示，在低收入和中等

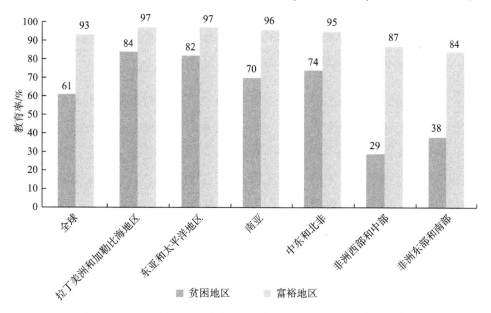

图 5-2　2019 年（新冠肺炎疫情前）全球小学教育完成率情况

资料来源：根据联合国儿童基金会数据库制图。

收入国家，大部分国家缺乏学校紧急关闭期间部署远程教育的能力，处于学习困境中的儿童比例达70%。受疫情影响，这一代学生的终身收入总值按现行面值计算或将损失17万亿美元，相当于目前全球GDP的14%。

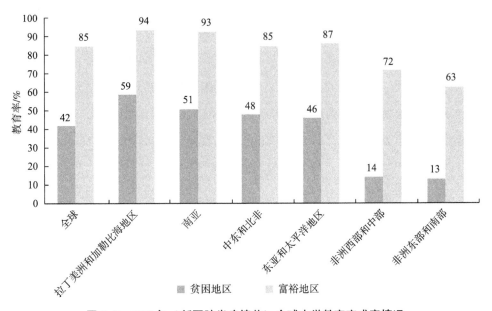

图5-3 2019年（新冠肺炎疫情前）全球中学教育完成率情况

资料来源：根据联合国儿童基金会数据库制图。

在儿童健康方面，近30年，全球健康卫生干预有效性得到很大提升，儿童健康与营养发展取得长足进步。全球新生儿死亡率较30年前下降40%，5岁以下儿童死亡率较30年前降幅达50%以上。值得注意是，当前，全球儿童健康发展仍存在区域性不平衡问题，撒哈拉沙漠以南非洲、中亚和南亚、大洋洲（除澳、新两国）等地区面临儿童死亡率居高不下的困境。以非洲为例，受医疗落后、粮食不足、传染病高发等原因，2020年该地区新生儿死亡率达27/1000，5岁以下儿童死亡率达74/1000（见图5-4、图5-5）。新冠肺炎疫情后，新冠疫苗更是挤占了儿童疫苗的资源和渠道。

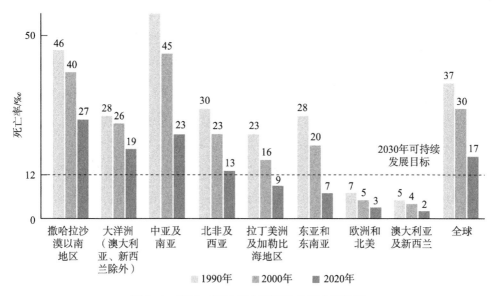

图 5-4　1990—2020 年全球新生儿死亡率情况

资料来源：根据联合国儿童基金会数据库制图。

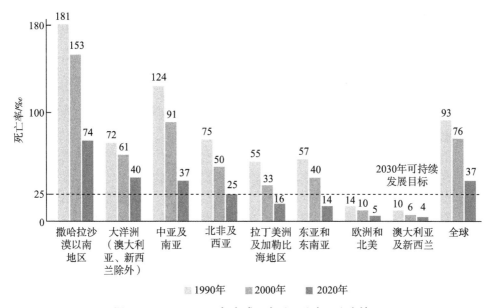

图 5-5　1990—2020 年全球 5 岁以下儿童死亡率情况

资料来源：根据联合国儿童基金会数据库制图。

在儿童营养方面，时至今日，全球 1/3 的 5 岁以下儿童仍无法获得成长所需营养，营养不良等重负担问题日益凸显。第一，生长迟缓和消瘦是儿童发育不良的明显信号，威胁儿童生存、发育与成长，它既是一个国家贫困的症状，也是未来致贫的指征。在全球 5 岁以下儿童中，仍有 1.5 亿儿童出现生长迟缓、近 5000 万儿童处于消瘦状态，尤其是南亚和西非国家。第二，3.4 亿儿童面临缺乏必需的维生素及矿物质，即处于"隐性饥饿"状态。隐性饥饿危害妇幼健康，例如，缺铁降低儿童学习能力，缺铁性贫血增加产妇分娩期或产后死亡风险。第三，超重问题正在快速发展，目前，全球 5.7% 的儿童面临肥胖问题，主要分布在中东和北非、北美、东欧等区域国家，引发儿童早发 2 型糖尿病、心理健康等问题。

随着新冠肺炎大流行进入第三个年头，全球范围内的贫困和不平等加剧，儿童的处境更加艰难。为了应对近年来拉大的人道主义需求，2021 年底，联合国儿童基金会发起了一项创纪录的 94 亿美元紧急救助基金募捐呼吁，旨在惠及全球受人道主义危机和新冠肺炎疫情大流行影响的 1.77 亿儿童①，这是联合国儿童基金会有史以来规模最大的一次。紧急救助基金规模的大幅度增长，是基于联合国系统对当前全球疫情叠加气候变化、战争冲突等复杂因素局势的判断和认知。联合国儿童基金会执行主任亨利埃塔·福尔指出，当前新冠肺炎疫情和各类危机交织，儿童的健康和福祉面临严重危机，非常时期应采取非常手段来应对危机。

三、中国参与国际儿童发展合作的必要性

面对世界百年未有之大变局，如期实现"不让任何一个人掉队"的全球可持续发展目标任重道远。新形势下，重视和投资国际儿童发展合作对中国具有新的现实意义。

---

① 此次资金分配方案特别点名部分国家和议题，其中，20 亿美元将提供给阿富汗的 1300 万儿童，尤其是在阿富汗卫生系统濒临崩溃时营养不良的儿童群体；9.33 亿美元将分配给"获取抗击新冠肺炎工具加速计划"（ACT-A），用于新冠肺炎疫情的测试、治疗和疫苗的研发和生产；超 7 亿美元将用于人道主义救援叙利亚难民和埃塞俄比亚流离失所的儿童。

（一）国际儿童合作是展现人类命运共同体、全球发展倡议的窗口

党的十八大以来，习近平主席提出打造人类命运共同体的重要理念，这是中国对世界发展大势的准确把握和对人类前途命运的深刻思考，表达了中国与世界各国携手推动和平发展、合作共赢的真诚愿望和大国担当。面对新冠肺炎疫情席卷全球局势，习近平主席于 2021 年 9 月 21 日的第 76 届联合国大会上提出全球发展倡议，强调坚持发展优先、坚持以人民为中心、坚持普惠包容等要求，致力于增强民众的幸福感、获得感、安全感，构建更加平等均衡的全球发展伙伴关系。

人类命运共同体理念和全球发展倡议为中国参与国际儿童合作指明了现实的、具体的发展路径。儿童是人类的未来和希望，国际儿童发展合作功在当代、利在千秋，是实现维护人类普遍发展的举措和重要途径。作为世界第二大经济体、最大的发展中国家，中国应以一以贯之的正确义利观，在新理念和新倡议指导下，凝聚可持续发展共识、全力支持国际儿童事业发展，通过"儿童"使发展成果惠及家庭、社会、国家以至全人类。

（二）国际儿童合作是探索转化中国经济发展和减贫经验的突破口

稳步的经济发展是推动儿童事业发展、提升儿童国际合作水平的重要基础。改革开放以来，中国经济发展和社会进步取得巨大成就，综合国力和国际竞争力大幅提升。2021 年，中国的经济总量突破 110 万亿元，稳居世界第二。其国内生产总值由 1978 年的 3645 亿元，攀升至 2021 年的 114.4 万亿元，人均 GDP 从 1978 年的 153 美元，增长至 2021 年的 1.25 万美元。新时期，中国把逐步实现全体人民共同富裕摆在更加重要的位置，将促进全体人民共同富裕作为为人民谋幸福的着力点，更好满足人民日益增长的美好生活需要。作为南南合作大国，中国自身稳步发展为增强国际发展合作能力、赋能全球儿童发展奠定了基础。

中国减贫成就斐然，对国际儿童发展合作具有启示意义。贫困是制约儿童、家庭和社会发展的关键原因，反贫困是儿童发展的必经之路。自 2012

年，中国组织实施了人类历史上规模空前、力度最大、惠及人口最多的脱贫攻坚战，到 2020 年底，近 1 亿中国农村贫困人口全部脱贫。按照世界银行国际贫困标准，中国减贫人口占同期全球减贫人口的 70%以上，为世界减贫事业作出了重要贡献。经济和社会发展、消除贫困和社会不平等是应对全球妇女儿童事业发展的根本途径，中国以人为本、促进共同富裕的理念和成就为世界减贫增添了信心。同时，发展中国家期待中国充分发挥全球第二大经济体和最大发展中国家的独特作用和影响力，积极转化适用减贫经验，将新理念、新模式转化成真正实惠的发展红利。对此，中国应把握机遇，迎合期待。

（三）国际儿童合作是统筹供给能力、输出儿童发展经验的新机遇

中国坚持儿童优先发展原则，在长期儿童发展事业实践中积累了大量经验，已具备自身发展经验转化和资源供给能力，能为新时期南南合作注入新动力。中国约有 2.8 亿儿童，是世界上儿童人数最多的国家之一。中国历来高度重视儿童权利保护工作，先后制定实施了三轮中国儿童发展纲要，积极落实第 27 届儿童问题特别联大的承诺、履行《儿童权利公约》及相关议定书，有力推动了儿童事业与经济社会协调发展。根据《中国儿童发展纲要（2011—2020）》，截至 2020 年底，中国婴儿、5 岁以下儿童死亡率分别从2010 年的 13.1‰、16.4‰下降到 5.4‰、7.5‰；学前教育毛入园率从 2010年的 56.6%上升到 85.2%，九年义务教育巩固率从 2010 年的 91.1%上升到95.2%，高中阶段毛入学率从 2010 年的 82.5%上升到 91.2%；农村留守儿童、困境儿童等弱势群体得到更多关爱和保护。由此，儿童发展和儿童事业取得了历史性成就，国内供给能力得到巩固、提升。

从内部看，中国儿童事业发展具备自身发展特点，在长期实践中形成鲜明的比较优势。基于国情特点，中国儿童事业着力点在于反贫困，落脚点是投资儿童生存、发展、受保护和参与权利，努力重点是降低儿童死亡率、改善儿童营养健康、优化基础教育、促进儿童保护等方面的综合发展。其中，儿童早期发展被认为是回报率最高的人力资本投资，母婴保健、婴幼儿喂养、

疫苗规划等一系列服务于生命早期①的投资模式得到长期耕耘，奠定了儿童综合发展基础。基于几代人的努力，中国儿童发展事业积累了许多有益经验和技术产品，具有普世价值，应积极总结、加以转化和运用。

从外部看，世界各国儿童发展状况还不平衡，还有众多儿童正饱受贫困、疾病、战乱、暴力、环境恶化带来的痛苦。加强儿童权利保护与福利体系建设，实现与儿童相关的联合国千年发展目标，是世界各国的共同任务。过去，中国在南南合作框架下，通过对外援助向发展中国家的儿童发展提供了大量支持，覆盖医疗卫生、粮食安全、教育、人道救援等领域，帮助大量受援家庭应对贫困、改善民生。也应当看到，虽然中国对外援助经过70多年的发展，成就斐然，但在儿童领域的国际合作还未形成"主流化"态势。未来还需进一步对儿童合作进行效果总结，以及开展系统的领域规划、国别规划。

当下发展中国家倚重中国国际化发展带来的新机遇，对中国援助提出更高、更多要求。随着中国的综合国力不断提高，有能力通过加大国际合作，将国内鲜活有效的儿童发展经验转换成"中国方案"、创造性用于发展中国家。特别是应探索在优势领域增加国际公共产品供给，帮助其他发展中国家改善儿童发展环境，提高民生质量，推进实现2030年可持续发展目标。

第二节　中国儿童国际发展合作模式

中国倡导人类共同发展理念，致力于通过国际发展合作普惠发展成果，促进全球减贫、增进儿童福祉。在过去70多年的对外援助历程中，中国恪守《联合国宪章》《世界人权宣言》《儿童权利公约》等国际公约，秉持国际主义和人道主义精神，向广大发展中国家的妇女儿童提供力所能及的帮助，为促进全球减贫、维护妇女儿童权益作出贡献。中国儿童发展合作模式的演变与

---

① 生命早期1000天是指从女性怀孕的胎儿期（280天）到宝宝出生之后的2岁（720天），这1000天被世界卫生组织定义为一个人生长发育的"机遇窗口期"。

对外援助的发展变化息息相关。在形式上，由过去双边援助向多双边并举转变，逐渐重视联合国等多边机构在儿童领域的专业优势；在方式上，由传统的硬件援助转向"软硬"兼施，重视儿童生存和环境的技术传授和能力建设；在融资上，由过去的纯援助资金向多元化资金发展，诸如全球发展和南南合作基金、中国—联合国和平与发展基金①、中国—联合国粮食及农业组织南南合作信托基金、私人部门资金等发挥了补充作用；在合作伙伴上，由传统的双边政府合作，发展为由政府为主导，多边机构和民间组织、企业等多方力量共同参与的新模式。

一、中国儿童国际发展合作：双边援助

从援助总量上看，双边援助是中国投入儿童发展合作的主要形式，具体方式主要包括成套项目、物资项目、技术合作项目、人力资源开发合作、派遣援外医疗队、紧急人道主义援助等，既有公共设施等"硬项目"，也有能力建设、技能培训等"软援助"。

（一）成套项目援助

成套项目是中国对外经济技术援助的重要方式，传统实施模式为"交钥匙"方式，即由中方承担项目的设计和组织实施任务，在建成后移交给受援国政府。成套项目的规模、功能、选址一般由受援国提出，经中方委托专业团队对项目必要性、建设条件和方案、可持续发展方案等进行综合可行性研究后，双方协商立项。2013 年至 2018 年，中国共建设成套项目423 个，其中社会公共设施占 306 个，重点集中于基础设施、农业等领域②。学校、医院、打井等民生设施是对外援助的重点，由中国政府无偿资金支持（见表 5-1）。

---

① 中国—联合国和平与发展基金开展了 80 多个项目，使用资金规模达 6770 万美元，为联合国维和、反恐、能源、农业、基建、教育等领域工作提供支持。今日中国：http://www.chinatoday.com.cn/zw2018/zgysj/202011/t20201130_800228439.html.

② 《新时代的中国国际发展合作》白皮书，2021。

表 5-1 2013—2018 年中国对外提供成套项目援助的数量

行业		项目数量	行业		项目数量
社会公共设施		306	农业		19
其中	医院	58	其中	农业示范中心	5
	学校	86		农田水利	2
其中	民用建筑	19	其中	农业加工	6
	打井供水	20		其他	6
	公用设施	60	工业		5
	其他	63	应对气候变化		13
经济基础设施		80	其中	风能、太阳能	10
其中	交通运输	56		沼气	1
	广播电信	13		小水电	2
	电力	6			
	其他	5			
总计			423		

资料来源:《新时代的中国国际发展合作》白皮书,2021。

为支持发展中国家开展基础教育,中国向发展中国家援建了小学、中学、校舍、体育场跑道、图书馆等,并提供相应配套的课桌、计算机、教具等设施,同时注重学校外围条件建设,例如修建通往学校的小型道路、提供打水供井、小水电设施等,力求设施间搭配适用、使用便利。中国在中非合作论坛、"一带一路"高峰论坛等机制下,宣布了多次援建学校计划,仅 2013—2018 年,中国已对外援建了 86 所学校。

为支持发展中国家建设卫生医疗体系,特别是保障妇女儿童、残疾儿童的健康,中国在医疗设施援建和升级改造项目方面加大投入。中国通过联合国系列峰会、中非合作论坛、"一带一路"国际合作高峰论坛等契机,宣布卫生健康相关重大援助举措,援建了综合医院、妇幼医院/诊所、诊疗中心、基层卫生中心、抗疟中心、药品仓库、医学院、实验室、疾控中心、儿童康复医院等成套项目。2013—2018 年,中国已实施完成了 80 个援建医院,其中大部分项目在亚洲国家。

为提高发展中国家家庭妇女的养育技能，中国支持建设了妇女儿童活动中心、培训中心等，为当地妇幼群体丰富文化、体育、艺术、科技等活动提供了场所。2008 年，中国为马里援建了 10 个妇女儿童活动中心，致力于提高妇女地位、改善妇女儿童福利。

基于中国自身的发展路径经验，基础设施被认为是发展中国家经济发展的主要瓶颈。过去，中国充分发挥技术成熟和人力成本相对低廉的优势，积极参与发展中国家的基础设施建设，为弱势群体提供了大量学校、医院、供水等设施。

（二）物资援助

物资援助是指向受援国提供所需生产生活物资、技术性产品或单项设备，并承担必要的配套技术服务。中国提供的物资涉及机械设备、医疗设备、检测设备、交通运输工具、办公用品、食品、药品等众多领域。2013—2018 年，中国共向 124 个国家和地区提供物资援助 890 批，主要包括机械设备、检测设备、交通运输工具、药品以及医疗设备等。

其中，中国对发展中国家妇女儿童提供的物资援助涉及医疗、教育、能源、营养等方面。在医疗物资方面，中国向受援国捐赠了包括救护车等运输工具、CT 机、多普勒彩超仪、超声乳化仪、超声诊断仪、血细胞分析仪、母婴检测仪等设备器械，防护服、人工晶体、试剂等耗材，以及防治埃博拉出血热、黄热病、寨卡、疟疾、霍乱、甲型流感、腹泻等威胁儿童生命疾病的药品和疫苗，这其中包括价值约 10 亿元人民币、总量约 4000 万人份的青蒿素抗疟药品。

在教育物资方面，中国向发展中国家提供学校配套资源，包括课桌椅、媒体教学设备、技术性教学示范设施、儿童娱乐设施、体育文化用品、书包、文具等。

在能源物资方面，中国向发展中国家赠送了 LED、太阳能设备、储能设备等，在医院、学校、避难所、培训中心等场所使用，项目目的是缓解妇女儿童清洁与用电需求。

目前，中国物资援助主要通过双边形式开展，由受援国提出援助需求，援助物资移交给受援国政府后即基本上完成援助项目。后续物资的分发、使用、受益效果跟踪等项目管理环节相对薄弱。

（三）技术合作

中国注重提升受援国自主发展能力，技术合作是促进这一目标的关键方式。技术合作是指由中国派遣专家，对已建成成套项目后续生产、运营或维护提供技术指导，就地培训受援国的管理和技术人员；帮助发展中国家为发展生产而进行试种、试养、试制，传授中国农业和传统手工艺技术；帮助发展中国家完成某一项专业考察、勘探、规划、研究、咨询等。技术合作涉及领域广泛，包括工业生产和管理，农业种植养殖，编织、刺绣等手工业生产，文化教育，体育训练，医疗卫生，沼气、小水电等清洁能源的开发和规划。技术合作期限一般为1~2年，必要时应对方要求可以延长。

中国在妇女儿童领域的技术合作覆盖范围广、形式多样，体现在卫生健康、教育、营养、保护等和儿童发展息息相关的领域。

卫生健康技术合作方面。一是派遣医疗队。中国援外医疗队是全球唯一一支由援助国政府组织派出，为发展中国家无偿、长期提供医疗援助的规模较大的援外医疗队伍[①]，在全球独树一帜。医疗队所覆盖的临床专业广泛，除了大多数受援国急需的妇科、产科、儿科、骨科、大外科、大内科、麻醉科和放射科等，也包括神经、心脏和泌尿等专科内外科室，以及具有中国特色的中医科。少数医疗队还配备了公共卫生专家，如流行病学、营养学、微生物学专家，将医疗队的工作从针对个体患者延展到社区。医疗队的工作范畴广泛，包括提供妇幼等专科的临床服务，走进社区、乡村和学校，开展义诊、巡诊和卫生宣传活动，捐赠药品和卫生用品等。

二是推动妇幼临床学科建设。依托中国援建医院、驻外医疗队、卫生领域专家、对口医院合作机制等，帮助受援国完善或建立妇幼儿童等专业科室

[①]　其他援助国政府主要派遣短期临床技术组、紧急救援医疗组等，较少长期派遣医疗人员，长期医疗服务主要由民间机构组织。古巴政府派遣长期医疗队，但实为劳务派遣，并非无偿援助。

的能力。近年来，中国已帮助 20 多个国家的医疗机构加强或建立了重症医学、妇产科、泌尿外科、病理科、肿瘤科、神经科、中医科等科室以及消化内镜中心、心脏中心、创伤中心、微笑中心、远程医疗中心等临床中心，目的是帮助受援国提供医学能力保障。

三是开展妇幼创新型项目。针对儿童唇腭裂、先天性心脏疾病、新生儿护理，中国专家组织了"微笑行""爱心行""妇儿保健"创新性活动，为病患儿童进行筛查和救治，并开展药品和耗材赠送、临床带教、课题演讲、操作演示和疑难病例会诊等医疗活动。

四是开展公共卫生干预项目，助力公共卫生体系建设。妇女儿童是疟疾、血吸虫病、乙肝等传染性疾病的重点传播人群，也是全球卫生健康专家重点干预对象。中国近年加大在上述公共卫生领域的援助力度，开展了疾病监测预警、实验室能力建设、重点疾病干预等项目。以非洲疾控中心（ACDC）项目为例，项目的核心内容是帮助非洲实现传染病监测预警能力以及提高应急反应能力，包括疾病监测和信息、应急和响应、实验室体系、信息系统和公共卫生研究等五大板块工作。目前，中国已推进多项工作，包括组织专家多次赴非盟总部和区域中心参与调研、规划和现场评估；派出疾控专家在 ACDC总部工作，提供技术支持；帮助培养公共卫生人才，通过"走出去"和"请进来"相结合的方式培训非洲公共卫生官员和技术人员，分享中国在疾病防控领域，尤其是疾病监测体系建设方面的经验等。

在教育技术合作方面，中国支持受援国开展师资培训、教材开发、平台搭建，以及加强汉语教师和汉语教学志愿者的队伍派遣。目前，合作对象有两类，一是与中国已援建的职业技术学校开展技术合作，受益群体主要是当地接受职业教育的青少年。职业教育是中国具有比较优势的领域，此类援助项目的目的是促进知识技能传授、促进就业率提升和工业化发展。二是对乡村校长和教师开展技术合作，包括开发教材、管理和教学方法培训等。

（四）人力资源开发合作

人力资源开发合作是指中国为发展中国家举办各种形式的政府官员研修、

学历学位教育、专业技术培训等，涉及经贸、公共管理、党政、外交、制造业、建筑业、交通运输、能源矿产、科学研究、商务服务、农业、金融、教育、医疗卫生、水利和环境管理、计算机电子信息、文化体育等近 20 个领域，其中又下分百余个分支专业。

针对妇女儿童发展，中国为发展中国家举办了粮食安全、教育、医疗等领域的研修班，受益群体主要覆盖受援国从事食品与营养加工、储藏和管理的技术人员，儿科医生、护理人员和社区工作者，学校老师和学校管理人员等。

第一，医疗培训方面。中国针对妇幼卫生健康领域开展了大量的人力资源开发合作项目，累计在华培训受援国医疗卫生领域官员、管理者和技术人员 2 万多人次，主要项目领域包括卫生体系管理、医院管理、传染病防治、护理、全科医生、妇产科、儿科、急救、微创外科、脑血管疾病、农村卫生、现场流行病学、环境卫生、医学影像技术、设备维修管理、医药投资合作、疫苗生产、免疫规划、慢性病治疗、重症医学、临床检验、卫生项目设计与评估等。近年来，中国为孟加拉国、越南、阿尔及利亚、乍得、赞比亚、肯尼亚、突尼斯、利比亚、塞拉利昂、南苏丹、也门、几内亚、乌干达、格鲁吉亚、亚美尼亚和牙买加开展涉及妇幼医疗卫生管理和技术培训班，目的是通过一系列讲座和实践考察活动，将中国的妇幼医疗技术、临床经验、管理方法等介绍给发展中国家。

第二，教育技术合作方面。中国通过培训项目向发展中国家宣传了中国的教育发展概况、教育政策、课程设置与改革、校企合作、教育国际合作等方面的内容。应发展中国家要求，中国针对学前和中小学教育领域开展了相应培训，覆盖幼儿园和学前教育环境、中小学信息化教育、中小学艺术教育、中小学管理能力、农村教育研究、职业教育、汉语文化、教育宏观政策等主题的研修班，同时还专门针对学前教师、中小学教师、高校教师、校长和其他教育官员开展了教师培训班。

第三，妇幼儿童营养技术合作方面。目前，中国主要从粮食安全角度对发展中国家开展营养技术合作。为发展中国家官员、技术人员举办了农产品安全加工和储藏、儿童营养包普及、谷物育种技术与应用、农业灌溉技术、粮食储藏技术、食材烘干技术、谷物制粉技术、饲料加工技术等主题研修班，目的是促进粮食生产技术和管理经验转化，以缓解饥饿、摄入成分失衡带来的儿童消瘦、发育迟缓、体重不足等营养问题。

（五）紧急人道主义援助

为帮助受灾国开展紧急救援、减少人员伤亡和财产损失，中国通过双边渠道向受灾国家提供紧急人道主义援助，包括提供紧急救灾物资或现汇援助、根据实际需要派遣救援队和医疗队等具体方式，受益群体覆盖灾民、难民、流离失所者等脆弱人群中的妇女儿童。主要体现在以下方式。

一是响应自然灾害紧急救援，为受地震、飓风、泥石流、洪涝、干旱、火山喷发等严重自然灾害的国家提供紧急人道主义救援，提供现汇援助，捐赠帐篷、折叠床、清洁水、应急灯、便携发电设备、冲锋舟等救灾物资，派遣搜救和医护人员。

二是应对境外重特大突发公共卫生事件，中国先后针对西非埃博拉疫情、安哥拉黄热病疫情，苏里南和委内瑞拉寨卡疫情，马达加斯加鼠疫疫情，缅甸 H1N1 流感疫情，南苏丹、也门和刚果（布）霍乱疫情等，第一时间向受灾国提供紧急人道主义援助，援助方式包括提供物资和现汇、派遣医疗救援队、培训当地医护人员、援建实验室和治疗中心等。目前，中国已有 4 支应急医疗队获得世界卫生组织认证。

三是支持灾后恢复与重建。在紧急救援阶段结束后，中国继续向受灾国家提供人道主义援助，帮助其开展灾后恢复重建工作，特别是针对与民生息息相关的学校、医疗、道路等场所和公共设施。例如，在 2013 年菲律宾台风"海燕"救灾行动之后，中国在重灾区塔克洛班市第一时间启动重建工作，与菲律宾红十字会开展合作，在当地选择 11 所受灾较为严重的学校，共援建了 166 套临时校舍，总计 10000 平方米。

四是提供粮食援助。为缓解受援国严重干旱、洪涝等引起的饥荒、教育中断等紧急态势，中国向受灾国家提供紧急人道主义粮食援助。中国通过多双边渠道对外提供粮食援助，主要覆盖亚非自然灾难多发国家。从规模上看，目前双边人道主义援助仍是主要形式，规模远大于多边援助。

二、中国儿童国际发展合作：多边援助

中国的多边援助始于 20 世纪 80 年代在发展中国家间技术合作（TCDC）框架下与联合国有关机构合作实施相关人力资源开发项目，期间项目形式相对单一，资金规模有限。新时期，其对外援助的体量增大，外界对援助效果期待更高，这要求更丰富的援助形式、多元的援助主体、多样的技术专业。为超越传统双边援助局限性，多边援助的比较优势逐渐得以重视，特别是联合国系统的发展机构为补充传统双边援助日益发挥作用。目前，中国在多个层面开展了多边援助探索，以下是多边援助的具体情况。

（一）推动妇女儿童国际交流合作

中国与联合国发展系统、二十国集团以及其他多边发展机构不定期开展政策交流与对话，从国际交流合作层面与国际社会探讨妇女儿童发展合作理念、促进政策优化、推动多元合作。近年来，中国积极参与了二十国集团早期儿童发展倡议[1]、亚太地区儿童权利国际合作高级别会议、全球妇女峰会、《儿童权利公约》颁布 30 周年高级别会议、"每个妇女、每个儿童"倡议高级别会议、联大促进和保护儿童权利议题一般性辩论等，旨在与国际机构加强儿童发展的政策沟通与对接，推动全球儿童发展事业向前迈进。

（二）向多边组织提供资金支持妇女儿童发展

中国的多边援助不仅限于近年国际社会熟知的"全球发展和南南合作基金"，还包括向多边组织提供的国际组织会费，国际组织捐赠、摊款，国际组织股金、专项基金等款项，这些资金中的很大部分带有对外援助性质。近年，中国向多边组织增资的情况具体如下：第一，加大对联合国的资金投入，

---

[1]　G20 Initiative for Early Childhood Development.

2018 年中国成为联合国第二大会费国，2016 年中国跃居联合国第二大维和摊款国；第二，在联合国设立以发展为目标的基金，例如，2015 年设立"中国—联合国和平与发展基金"（10 亿美元），2015 年为联合国粮食及农业组织南南合作项目追加 5000 万美元捐赠，2018 年在农发基金设立南南及三方合作基金；第三，设立区域性、领域性发展基金，例如，设立 3 亿美元的澜湄合作专项基金、200 亿元人民币的气候变化南南合作基金；第四，向联合国专门机构捐赠（不包括联合国会费），例如对世界卫生组织、国际农业发展基金、联合国教科文组织、联合国儿童基金会等机构进行资金捐赠；第五，向多边开发金融机构捐款，例如，2016 年向国际开发协会第 18 次增资捐款 6 亿美元，倡导设立新发展银行、亚投行等新机构，作为对现有多边开发金融机构的补充。

以上对多边国际组织的支持资金设立在中国财政部国际组织预算科目中（即 20204 科目），与专门的对外援助科目（20203 科目）区分。国际组织科目的资金并未全部算作多边援助，根据 OECD 的标准，多边发展援助需要满足两个标准：第一是以政府为成员的国际机构或组织，或有此类机构自主管理的基金会，第二是所有或部分活动以促进发展为主旨，这需要从机构的章程、活动安排和预算等多个维度进行衡量。总体来看，根据 OECD 的多边援助标准，财政部、卫生健康委、农业部负责的国际组织资金大部分援助成分较大。

（三）全球发展和南南合作基金支持妇女儿童发展

全球发展和南南合作基金是中国提供多边援助的专项基金之一，不等同于全部多边援助。该基金于 2015 年设立，其宗旨是支持其他发展中国家实现可持续发展目标，截至 2022 年，基金的总量为 40 亿美元。南南基金列在财政部对外援助科目（20203 科目）项下。

目前，南南基金主要资助联合国等有关多边机构实施指定用途的民生援助项目，具体来看，覆盖了农业与粮食安全、防灾减灾、女性与儿童发展、难移民援助、卫生健康、生态环保、投资贸易便利化等民生领域。截至 2021 年，中国通过南南基金在亚非拉等 53 个发展中国家开展了 105 个项目，惠及 2000 多万民众，其中妇女儿童在以上多个领域项下成为受益群体，特别是南南基金支持的女性与儿童发展领域、农业与粮食安全领域、防灾减灾领域、难移民援助领域等四个方面，成为最大受益群体。以下为四个领域援助的具体情况。

第一，女性与儿童发展领域。南南基金在女性与儿童发展领域的援助以提供医疗服务、赠送物资、修建设施、开展能力建设、提供发展机会、知识交流等形式为主，执行机构主要包括联合国儿童基金会和联合国人口活动基金会。南南基金资助上述机构在乌干达、加纳、孟加拉国、尼泊尔、津巴布韦、黎巴嫩、埃塞俄比亚等国实施了降低孕产妇死亡率、支持能源获取、商业发展促减贫、预防宫颈癌、卫生保健和营养服务等项目。具体来看，为降低孕产妇死亡率，加强妇女儿童身心健康，基金项目向孕产妇和新生儿提供了医疗和保健服务、疫情预防与控制知识、营养不良筛查和防治、预防水疾病传播等援助；为促进儿童保护和教育，基金提供了预防儿童暴力和性虐待、儿童教育服务、早期发展经验普及等援助；为促进家庭女性经济赋权，提高女性养育儿童能力，基金提供了可持续能源、金融服务、农业和商业培训、优化性别政策支持等援助（见表5-2）。

表5-2　南南基金在女性与儿童发展领域的项目情况（部分）

序号	项目名称	实施机构
1	中非合作促进非洲八国孕产妇、新生儿及儿童健康：2020—2021年	联合国儿童基金会
2	中国—塞拉利昂—联合国儿童基金会2019年冠状病毒病疫情预防与控制知识共享和经验交流会议：2020年	联合国儿童基金会
3	降低津巴布韦孕产妇的死亡率	联合国人口基金
4	助力新冠肺炎后恢复，促进黎巴嫩商业发展，减少妇女及青年贫困项目	联合国开发计划署
5	乌干达、加纳、孟加拉国预防产后出血，降低孕产妇死亡率	人口与发展南南合作伙伴组织
6	改善尼泊尔女性的健康状况：为女性提供宫颈癌预防和治疗服务	联合国人口活动基金会

资料来源：根据公开资料制表。

第二，农业和粮食安全领域。南南基金对农业和粮食安全领域的援助以提供粮食、农业技术合作、营养能力建设等形式为主。执行机构主要包括世界粮食计划署，联合国粮食及农业组织，联合国贸易和发展会议、联合国儿童基金会和联合国工业发展组织（UNIDO）。南南基金资助上述机构在埃塞俄比亚、津巴布韦、吉布提、贝宁、莫桑比克、刚果（布）、刚果（金）、南苏丹、马达加斯加、缅甸、柬埔寨等国实施了粮食援助、营养品援助、机械化农业、学校营养餐、传统产品纳入全球价值链、抵御气候变化等项目。具体来看，为帮助受援群体减少饥饿、减缓营养不良情况，基金提供了粮食、营养食品、组织种植营养作物等援助；为提高受援群体的农业生产力，改善妇女儿童贫困状况，基金提供了农业资产和服务、组织农村家庭参与建设农业生产、建立农户与市场的联系、开展农业培训等援助（见表5-3）。

表5-3 南南基金在农业和粮食安全领域的项目情况（部分）

序号	项目名称	实施机构
1	向受严重急性营养不良影响的索马里儿童和妇女提供拯救生命的紧急援助：2017—2018年	联合国儿童基金会
2	支持埃塞俄比亚的机械农业化系统	联合国贸易和发展会议
3	利用地理标志（GI）提高缅甸和柬埔寨农村社区将其传统产品纳入全球价值链的能力	联合国工业发展组织
4	刚果（布）等国粮食援助项目	世界粮食计划署

资料来源：根据公开资料制表。

第三，防灾减灾领域。南南基金防灾减灾领域的援助以提供救灾物资援助、灾害响应技术合作、应对风险能力培训等形式为主。执行机构主要包括联合国开发计划署、世界粮食计划署和联合国儿童基金会。南南基金资助上述机构在卢旺达、津巴布韦、马拉维、莫桑比克、苏丹、古巴、吉尔吉斯斯坦、哈萨克斯坦等国实施了灾后重建、灾害风险管理、降低温室气体排放、提高城市抵御能力、绿色村庄等项目。具体来看，一是开展救灾响应，包括安置受灾群众，提供食物、生活物资、安全用水、营养治疗等支持，提供必要教学教具，为受灾的儿童提供关键和适当的保护服务；二是促进灾后城市复原力，包括提供灾害风险管理工具和设备、修缮基础设施、管理固体废物和医疗废物；三是提高防灾能力，包括优化当地灾害响应的政策和标准，开展应对灾害风险培训（见表5-4）。

表5-4 南南基金在防灾减灾领域的项目情况（部分）

序号	项目名称	实施机构
1	向马拉维、莫桑比克和津巴布韦受"伊代"气旋影响的人口提供人道主义援助：2020—2021 年	联合国儿童基金会
2	提高哈瓦那城市抵御能力	联合国开发计划署
3	防范与气候变化有关的自然灾害：加强政府在灾害风险管理方面的能力	世界粮食计划署
4	津巴布韦灾后重建项目	联合国开发计划署
5	卢旺达建设绿色村庄	联合国开发计划署

资料来源：根据公开资料制表。

第四，难、移民人道援助领域。南南基金对难、移民领域的援助以提供避难所和物资，支持医疗服务、清洁用水、难民儿童教育等形式为主。执行机构主要包括联合国难民署、国际移民组织、红十字国际委员会、红十字会与红新月会国际联合会（IFRC）和联合国儿童基金会。南南基金资助上述机构为索马里、阿富汗、叙利亚、黎巴嫩、约旦、巴勒斯坦、尼日利亚、吉布提、南苏丹等国难民和流离失所人员提供援助，实施了应急避难物资援助、教育支持、医疗健康服务、难民保护等项目。具体来看，为改善难移民妇女儿童的生活条件，基金项目提供了粮食和生活物资、提供避难所和改善住房条件、提供紧急庇护和服务、建设存水池等援助；为保护难民生命健康，基金提供了医疗用品、药物、采血服务、医务人员培训、营养补充等援助；为支持难民儿童获得教育机会，基金提供了修缮校舍，提供教材、教具等援助（见表5-5）。

表 5-5　南南基金在难移民人道援助领域的项目情况（部分）

序号	项目名称	实施机构
1	援助黎巴嫩境内的叙利亚难民儿童：2017—2018 年	联合国儿童基金会
2	向索马里国内弱势无家可归难民及回国人员提供救助和非食品物资援助项目	联合国移民组织
3	向尼日利亚东北部受冲突影响人群提供人道主义援助	联合国移民组织
4	应对新冠肺炎疫情向阿富汗受冲突影响的脆弱群体提供应急避难物资和教育支持	联合国难民署
5	为南苏丹境内的苏丹籍难民提供保护和援助	联合国难民署
6	保障黎巴嫩境内的叙利亚难民获取拯救生命的医疗卫生转诊服务	联合国难民署

资料来源：根据公开资料制表。

第三节　中国儿童国际发展合作案例分析

卫生、教育等领域与妇女儿童权益息息相关，事关一个国家的民生发展和减贫进程。上述领域是中国在国际妇幼合作方面的关切和努力重点。本节通过不同领域、不同形式的实践案例，呈现中国在卫生和教育领域的具体做法。

一、卫生领域妇女儿童合作案例分析

医疗卫生体系薄弱是阻碍发展中国家实现全民健康覆盖的关键因素，也是实现妇女儿童权益的关键瓶颈。经过几十年努力，中国自身在健康促进、妇幼保健等方面取得长足进步，全国孕产妇死亡率、婴儿死亡率、5 岁以下儿童死亡率等指标逐年改善。① 在理念上，中国重视以人为本，以发展为导向，长期以来在提升自身卫生健康水平的同时，注重转化经验，致力于向需要帮

---

① 2020 年，中国人均预期寿命达 77.8 岁；全国孕产妇死亡率下降到 16.9/10 万；婴儿死亡率下降到 5.4‰；5 岁以下儿童死亡率下降到 7.5‰。环球时报：https://new.qq.com/omn/20211029/20211029A01DHK00.html.

助的国家提供医疗卫生人才、技术、培训等方面的支援。

中国医疗卫生援助重点针对健康水平较低、医疗卫生体系较为脆弱的国家。截至2018年，中国积极开展医疗卫生领域对外援助，累计支持建设医疗卫生基础设施项目150多个，派出医疗队员2.5万人次，诊治患者2.8亿人次，捐赠医用物资数百批次、青蒿素抗疟药4000多万人份，开展医疗卫生紧急人道主义援助60多次，在华培训各类医疗卫生相关人才2万多人次，派出医学志愿者140多人。[①] 以下4个案例，为了解中国在妇女儿童卫生基础设施、卫生技术合作、人力资源开发合作等方面实施方式以及成效作参考。

案例一：援塞内加尔妇幼医院

塞内加尔是世界最不发达国家之一，医疗资源紧缺、基础医疗设备缺乏。2020年3月，新冠肺炎疫情在塞内加尔暴发，这是对当地医疗卫生条件的重大考验。

为落实中非合作论坛北京峰会"八大行动"举措[②]，中国援塞内加尔妇幼医院，建设期只有短短13个月。2020年3月25日中塞签署交接证书正式移交。医院综合楼整体建筑面积为3720平方米，设有84张床位和3间手术室，并配套了柴油发电机组、低压配电室、医用气体用房等设备用房及必要的医疗设备，是塞内加尔唯一一家基础设施较完善、医疗设备较先进的综合性妇幼医院。疫情暴发后，塞卫生部立即将此指定为新冠肺炎隔离治疗定点医院。

案例二：援桑给巴尔血吸虫防治项目

血吸虫病是全球公共卫生问题，在热带和亚热带地区流行，尤其是无法

---

① 数据参考2021年《新时代国际发展合作白皮书》、2021年《新时代的中非合作白皮书》。
② 具体指"八大行动"中的"健康卫生行动"，内容包括：中国决定优化升级50个医疗卫生援非项目，重点建设非洲疾控中心总部、中非友好医院等旗舰项目；开展公共卫生交流和信息合作，实施中非新发再发传染病、疟疾、血吸虫、艾滋病等疾控合作项目，为非洲培养更多专科医生，继续派遣并优化援非医疗队；开展"光明行""爱心行""微笑行"等医疗巡诊活动；实施面向弱势群体的妇幼心连心工程。

获得安全饮用水和适当环卫设施的贫穷社区，至少90%需要进行血吸虫病治疗的患者生活在非洲，特别是学龄儿童，从事农业、渔业、家务劳务（比如洗衣服时与疫水接触）的妇女尤其容易受到感染。

桑给巴尔是血吸虫病重度流行区，严重危害着当地妇女儿童的健康，桑给巴尔国家卫生规划将血吸虫病防治作为重点工作之一，迫切希望国际援助以缓解血吸虫疾病负担。

该项目重点落实习近平主席于2015年在中非合作论坛约翰内斯堡峰会宣布的中非公共卫生合作计划等援助举措[①]，参与非洲疾控中心等公共卫生防控体系和能力建设，加强包括专业科室建设、妇幼保健在内的医疗援助。

中国专家开展了实验室建设、入户调查、现场采集、实验室检测、药物治疗、药物灭螺、健康教育、培训桑方人员正确操作等工作。截至2017年底，已查病15809人，检测样本2万多个；调查水塘95个、溪水4万多米，查螺近270万平方米。

案例三：湖南省儿童医院承办加纳农村医疗研修班

人力资源开发合作的实施管理单位是商务部国际商务官员研修学院，其中儿童卫生研修班的承办单位以湖南省儿童医院为主。湖南省儿童医院于2006—2015年共承办了24期援外医疗技术培训班[②]，主题包括儿科危重症、新生儿救治、常见病防治、传染病防治、护理技术、心脏外科等，期间来自亚、非、美、欧50多个国家的660名儿科医生受益。

2017年，应商务部委托，湖南省儿童医院承办加纳农村医疗在华研修班，对儿童常见疾病、诊治护理方法等开展经验交流和技术传授，针对加纳儿童卫生发展需求，研修班设置了儿童皮肤科、肺炎、脑膜炎、疟疾等课程培训。研修班成员不仅通过讲座课程进行儿科诊治技术学习，还通过实地参观和交

---

① 公共卫生合作计划援助举措主要包括参与非洲疾控中心等公共卫生防控体系和能力建设，支持中非20所医院开展示范合作，加强包括专业科室建设，继续派遣医疗队员，开展包括"光明行"、妇幼保健在内的医疗援助，为非洲提供一批复方青蒿素抗疟药品。

② 例如，2015年非洲英语国家儿童常见病防治技术培训班、2015年发展中国家防治母婴传播疾病研修班、2015年非洲国家新生儿及早产儿救治技术培训班。

流，观摩中国在医院管理、生物科技、医药器械等方面的经验，了解中国农村医疗发展路径。

案例四：中塞妇儿保健创新项目

2010 年，塞拉利昂政府宣布了一项雄心勃勃的计划——免费医疗倡议，在公共医疗设施中为孕妇、哺乳期妇女和幼儿提供免费护理。但实际情况是：因经济水平有限、医疗卫生发展落后，埃塞孕产妇和婴幼儿死亡率排名世界前列。2014 年埃博拉疫情发生后，塞拉利昂的孕产妇死亡率增加了 74%。塞拉利昂政府迫切希望国际社会支持孕产妇、新生儿、儿童和青少年健康的发展，加大在妇幼领域的基础设施配套和医学人才的培养。

依托中国 2009 年援建的中塞友好医院、中国友好固定生物安全三级实验室的基础设施优势，以及中国长期驻塞拉利昂医疗队的人力优势，中国于 2016 年发起了"中塞妇儿保健创新项目"。项目由中国国家卫生健康委员会主办、湖南省卫生计生委和省人民医院承办，项目旨在帮助推动塞方医护人员能力建设，降低新生儿、孕产妇死亡率。

创新项目援助具体内容包括：为塞拉利昂培养一批专业技术人员，其中包括接收 2 名妇产科医师、2 名儿科医生到湖南省人民医院进行培训；在塞拉利昂举办"中塞妇儿保健学术论坛"，为当地妇女、儿童免费义诊和普查 100 例；协助中塞友好医院建立妇儿保健门诊，协助建立规范性的技术指导和工作流程；为塞拉利昂捐赠包括胎心监护仪、脐血流检查仪、儿童无创呼吸机在内的一批设备、耗材及药品。

从上述案例可见，中国在医疗领域的援助项目背景、项目目标、项目形式各不相同，这和受援国医疗水平发展阶段、受援国援助需求以及中国自身比较优势等多个因素息息相关。

第一，中国医疗卫生援助最为集中的是撒哈拉以南非洲地区，非洲国家的医疗发展特点是基础设施十分薄弱，大部分地区缺乏最基础的医疗卫生服务体系。近二三十年，诸如医院、医疗设备等，是非洲受援国向中国提出的最迫切、最优先的援助需求。而中国的对外援助讲求"受援国提出、受援国同意"原则，在此原则指导下，"优先发展基础设施"成为契合受援国需求的重要方向之一。

第二，中国在自身医疗发展过程中，十分重视医疗设施建设，医疗设施被认为是保障生命健康的重要基础。这一理念正向影响"基础设施优先"的决策。

第三，在立项阶段，中国援建的医院考虑针对性地"解决地区性主要疾病负担"，这也在很大程度上推动了医疗援助方式多样化发展。例如，对非洲中低收入国家，援建的综合医院致力于促进解决腹泻、下呼吸道感染、母婴健康相关疾病和营养不良等基础性健康问题，对此，妇幼保健科、内科、外科等科室通常是重点规划科室。对与中国接壤的东南亚、南亚、西亚、中亚和蒙古，除了援建综合性医院，中国也重视诸如疟疾、血吸虫病、寨卡病毒病、脊髓灰质炎等传染病的防控与治理，对此，通常以技术合作形式开展援助。对中东欧洲地区等医疗条件相对较好的国家，通过人力资源开发合作等形式促进双向合作。可以看到，"硬件设施优先"的前提下，近年中国有针对性地增加了医疗技术合作，包括医院对口合作能力建设、专项型医疗合作（如唇腭裂、心脏、残疾康复、脊髓灰质炎等）、人力资源开发合作、依托中国派出的医疗队开展就地医护人员培训等。对技术合作的重视是近年来中国在医疗援助领域发生的明显变化。

第四，中国医疗援助也存在提升的空间。如何提高援建医院和设施的利用率，是多年来中国面临的挑战之一。总体来看，中国援建的医院规模大、配套全，且每个医院项目建成后均有 1～2 年的质保期（承建企业技术人员驻在医院指导维护设施），但质保期后，医院能否得到较好运营维护，受到多方面的因素影响，包括受援方当地对医院后续的资金、人力等资源的配套，是否有足够的医护人员、稳定的医护水平，院方的管理水平等。虽然中国派驻的医疗队以及相关技术合作可以解决上述部分问题，但如何促进医院的可持续发展，还需要探讨更多元的解决方案。

二、教育领域儿童合作案例分析

中国认为支持教育进步、促进文化交流是与发展中国家共同应对发展问题、促进民心相通的重要途径。中国教育文化领域的对外援助涉及基础教育、高等教育、职业教育和特殊教育等方面，方式上包括为发展中国家提供文化体育类基础设施、技术合作、政府奖学金等。

除政府援助支持以外，中国的公益机构、民间组织以及具有发展援助性质的基金会，也开始参与到支持发展中国家基础教育的事业中。如中国和平发展基金会在2012年向缅甸曼德勒第二十一中学捐赠数字教学设备①，中国扶贫基金会和中国灵山公益慈善促进会在苏丹开展"微笑儿童"项目，为几所公立小学受饥儿童提供免费早餐，以吸引当地贫困家庭儿童入学②。以下选取教育技术合作和援建学校案例，为了解中国儿童教育合作实施方式作参考。

案例一：南苏丹教育综合发展项目

南苏丹教育水平落后，教学设施匮乏。文盲率为73%，6岁以上儿童入学率为37%，72%学龄前儿童辍学，近100万学龄儿童流离失所，其中大多数在联合州、上尼罗州、琼莱州、西赤道州和湖泊州，南苏丹是世界上儿童辍学率最高的国家。英国国际发展部发布的报告数据显示，2008—2009年，15%的小学辍学学生认为，课本的短缺是其辍学的主要原因。南苏丹没有自己的课程体系，多采用乌干达、肯尼亚和苏丹的课程体系，没有统一规划、设计。经过多年战乱，南苏丹政治、经济、社会、教育等各方面亟待发展，而教育更是被列为仅次于国防的重点发展领域，居于国家战略投入第二位。作为新成立的国家，南苏丹政府希望从根本上对教育进行全面改革、创新，从教育体制机制、教学资源、教学语言等方面摆脱原来苏丹政府的影响，体现并满足南苏丹人民和政府的利益和价值诉求。南苏丹政府启动"新国家，新教育"战略，需要搭建面向世界、面向未来的现代教育综合发展体系。但

---

① 中国驻缅甸曼德勒总领事馆，http://mandalay.chineseconsulate.org/chn/xwdt/t933015.htm.
② 中国扶贫基金会，苏丹"微笑儿童"项目，http://www.fupin.org.cn/project/GJProject.aspx?id=51.

由于南苏丹教育事业底子薄弱，具体表现有师资力量低下、教材严重匮乏等，南苏丹方面希望获得中方援助，帮助他们搭建现代教育综合发展体系。

2016 年 11 月 23 日，由中国商务部立项主导、中南出版传媒集团具体承担的综合性教育援外项目实施协议在南苏丹首都朱巴签署，这是中国首个综合性"教育援外"项目。结合南苏丹国情特点和教育现状，项目从顶层教育规划、教师培训、教材开发、ICT 教师培训中心建设、教材印刷 5 个模块切入。

根据援助计划，中方完成了《南苏丹教育发展考察报告》《南苏丹教育现代化建设指南》和《南苏丹教育信息化建设指南》等三项顶层设计产出，该项产出同时为项目各板块的联系结合提供了指导。项目共开展 3 期管理培训，参训人员 198 名，包括 58 名骨干教师、59 名课程教材专家和 29 名 IT 技术人员、52 名课程教材专家和教学督导，培训教材得到了南苏丹基础教育指导部审定认可。

项目完成小学一年级英语、数学和科学教材编写工作，编写团队通过多种渠道和方式对教材编写工作进行把关和改进，设计符合国际先进教育发展理念和南苏丹实际需求，内容贴近南苏丹文化习惯和生活场景。教师用书配备了教学光盘。在教材开发的过程中，项目专门聘请了国内义务教育课程标准编制核心人员，来自北京大学、西南大学、湖南师范大学、北京教育科学研究院基础教育教学研究中心等机构的高级专家，并多次组织中外专家研讨，将现代教育理念和学科教育研究成果充分融入教材编写工作。设计开发的课程尽可能地考虑了南苏丹的文化特征，如书本中儿童的姓名选择了当地不同部落儿童的姓名，以提升学生认同感，儿童的形象非常贴近南苏丹人的外貌特征，动物和建筑的插图设计也更贴合当地特征；充分考虑了教材与学生、教师、设施的适应度，语言简洁明了，教学活动生动有趣，教学材料易于收集；课程大纲在充分搜集南苏丹教育信息和文化信息的基础上进行了修改编制。教材开发结束后，为 30 名南苏丹骨干教师举办了为期 1 周的教材使用培训。

教材印刷方面，实施企业按照南方临时提出的要求，增印了教学大纲

5000 册，共计 130 万册教材。ICT 教师培训中心方面，实施企业因地制宜完成工程勘察、施工、改造、配套设备安装等工作，同时组织现场培训和讲解，为南苏丹技术人员和官员提供了使用培训。

案例二：援刚果（布）中学项目

2009 年中非合作论坛第四届部长级会议在埃及沙姆沙伊赫举行，中国领导人宣布了"加强人力资源开发和教育合作，为非洲援助 50 所中非友好学校"等内容的中非合作八项新举措。刚果（布）中学项目是落实新八项举措的成果之一。

项目内容包括在刚首都布拉柴维尔北部第六区马桑果建设一所中学，包括初中部和高中部，可容纳 1500 名学生的教学规模，建筑面积约 8500 平方米，主要包括综合教学楼（教学区、办公区、试验区、图书馆、多用途教室）、教师公寓、简易操场、设备用房等，配套建设大门围堵、道路系统、水电设施，并提供主要教学设备及教具。

刚果（布）教育法规定，小学、初中实行义务教育制，但是现有学校不足、设施陈旧，同时面临人口增长过快的社会问题挑战。在刚果（布）中学建设之前，马桑果区仅有少数私人开办的小规模学校，刚方对援建中学项目的要求十分迫切。中国援建的项目设有 36 个教室，2019 年招有 762 名中学学生（未包括 2019 年即将新招的学生）。学校有 49 名教师，共设 9 门学科，包括数学、地理、法语、英语、哲学、体育、历史、物理和计算机。2018 年首批毕业生参加了高考，高考率达到 74.8%，2019 年第二批学生参加高考，成绩是布拉柴维尔第一名，高考率提升至 89.5%。

上述例子可见，中国在基础教育领域的援助主要以援建学校、提供设备和物资为主，并进行相关技术合作（如教材开发、人力资源发展合作）。目前，教育领域的援助以硬件设施为主，其中主要原因类似上文所述（医疗援助部分），与受援国发展阶段、受援国援助需求、中国基建优势等因素相关。同样，如何保证建成学校的利用率、促进儿童教育水平，也受多方面因素影响，包括：家庭是否支持儿童入学，师资力量是否充足、是否配备必要教材和设备、校园水电等设施的投入等。从中国已援建的校园使用情况看，校园的教师、操场等物理空间能得到较好利用，配备的计算机、课桌椅等设备也得到较好使用。近年来，中国还通过人力资源开发合作和技术合作渠道，对部分受援国的校长和教师开展能力建设。总体上看，由于中国自身教育发展程度处于爬坡阶段，有能力、有意愿"走出去"参与当地教育建设的人员有限，目前在基础教育技术合作方面，主要停留在校长/教师来华培训、个别受援职业技术学校和中国学校对口合作，技术合作还未成为教育领域的主要援助形式。

但应当看到，长期看，教育质量受多方面因素的综合影响，在已建成的设施基础上，未来可以投入的资源可以更多，例如校园营养餐、强化师资能力建设、图书教材开发、基础性数字化建设等软性配套。日后应思考如何利用多双边援助，撬动更多教育资源，提高教育援助效果。

第四节　中国儿童国际发展合作展望

儿童发展合作是中国支持其他发展中国家实现可持续发展的关键途径，是中国践行真实亲诚理念和正确义利观的重要体现。总体来看，中国对妇女儿童援助以消除贫困、改善民生为落脚点，聚焦卫生、教育、营养、人道主义等领域，提供医院、学校、紧急粮食援助、传染病应对、防灾减灾、能力建设等受援国急需的社会福利项目，受益直接、见效快。

一、中国儿童发展合作面临的挑战

应当看到，中国儿童发展合作也存在较大提升空间。第一，目前中国对妇女儿童的援助更多停留在项目层面，还未形成独立的援助政策或发展议程，缺乏具有指导性、针对性的地区/国别规划政策，儿童援助的匹配性、精准性、持续性有待提高。

第二，中国儿童对外援助管理机制存在分散和"碎片化"特点。例如，国家国际发展合作署（简称"国合署"）负责学校、医院等传统性成套项目，项目立项和管理分散在国合署地区处室，在立项时不可避免缺乏"以妇女儿童需求为导向"的援助视角；国家卫生健康委员会（简称"卫健委"）主要负责卫生方面的技术合作援助，包括医疗队、专家派出等，但总体看，卫健委自主可支配的援助规模有限，且尚未有专门针对妇女儿童卫生援助的部门，统筹力度不足；对外援助跨部门协调机制虽然下设了"卫生分委会"，但其协调功能有待于进一步发挥。

第三，中国对外儿童援助的形式多样，不同援助方式间的"黏合度"还需提高。例如，卫生方面，部分受援国财力、人力有限，援建后的医院运营资源配套不足，精密仪器维护不当等现象屡有发生，医院运行的可持续性欠缺；教育方面，部分学校缺乏教师资源，入学率不足，学校空间利用率"打折扣"。多数学校在使用过程中均有能力建设、人文交流等软援助需求，现阶段，中国在教育方面的援助还处于偏硬件投入阶段，软性援助投入还需加强。

第四，从总量上看，中国对儿童的援助以双边为主，多边援助、民间援助尚未成规模。传统的双边援助在妇女儿童专业性、援助联动性、"最后一公里"等方面存在短板。以人道主义援助中的粮食赠送为例，粮食援助到达受援国政府后，后续的物流、发放、效果等方面缺乏信息反馈机制，援助效果难以保证。

第五，具备有比较优势且相对成熟的产品、技术、经验，尚未得到充分挖掘和利用，还未惠及更多受援群体。例如，营养包在中国婴幼儿群体中广泛使用，其成本低、质量好、使用简易，目前仅个别发展中国家予以采购短期使用，其普惠性和实用性还未引起发展界的关注。

二、对中国参与国际儿童发展合作的建议

（一）提出儿童发展政策主张，促进儿童议题主流化

儿童议题无利益冲突、政治敏感度低、受益面广、溢出效应强，可以成

为发展合作的优先发力点。通过上文研究，中国过去在南南合作框架下向妇女儿童提供了大量援助，但还尚未形成有专项性的、识别度高的"儿童援助品牌效应"。其立项的依据大部分来源于领导人的各项民生援助举措，呈现碎片化和分散态势。鉴于儿童议题的重要性，有必要总结儿童发展经验，提出针对儿童的发展政策主张，一方面，在顶层设计方面赋予儿童"主流化"角色，通过政策引导带动更有针对性的儿童投资。另一方面，在项目设计和管理层面引入妇女、儿童等社会因素的考量，例如，在基建领域中，注重妇幼、母婴和儿童的友好型服务。

（二）增加多双边交流沟通，促进儿童发展战略对接

战略对接要求伙伴之间加强沟通与协调，从宏观上寻求合作的最大公约数，找准共同行动的方向，实现儿童利益最大化发展。首先，应加强与受援国的双边沟通。一方面，充分了解受援国民生发展规划体系、理解地区/国家儿童发展诉求，主动加强引导，形成儿童发展需求对接方案。另一方面，中国儿童发展规划经过多年发展已形成了自身特色，中国除了儿童发展纲要，还专门制定了针对贫困地区的儿童发展方案，提升儿童反贫困的"精准性"。科学的规划方法，以及落实规划的具体经验，都可以为发展中国家提供借鉴。其次，除了传统的双边沟通，还需加强与国际组织、区域组织的对接，重点考虑与联合国机构的儿童保护、妇幼健康发展等战略规划对接，重视联合国对投资儿童的资金呼吁。最后，加强与美、日等发达国家，以及巴西、印度等发展中国家在儿童方面的双边对话与合作，汲取有益经验，增进儿童发展共识。

（三）重视联合国发展机构优势，与中国对外援助相互借力

在国际儿童发展合作体系中，儿童基金会等联合国发展机构一直是举足轻重的行为主体。一方面，儿童基金会等多边机构在发展战略上以儿童利益为导向，在儿童发展领域具有独到的发展视角和强大的专业能力，在儿童发展议题设定、发展筹资等方面是国际规范和标准的主要制定者和推动方，可

以有效弥补双边援助在"最后一公里"、儿童软性援助等方面的短板。另一方面，中国在转型发展、减贫过程中积累了丰富鲜活经验，联合国机构欢迎中国为不同类型国家解决减贫和发展问题提供参考借鉴。今后，中国与联合国等多边机构应相向而行，在儿童领域进一步开展深化发展合作，携手应对风险挑战，共同促进实现 2030 年可持续发展目标。

（四）加大儿童发展融资力度，凝聚各方资金力量

上文表明，近年涉及儿童发展的融资渠道增多，由过去的纯双边援助，拓展为双边、多边、民间等多元化资金。尽管如此，与儿童相关的可持续发展目标的实现存在巨大资金缺口，增加融资力度迫在眉睫。第一，现有的援助政策和资金应更多向儿童发展倾斜，在减贫、公共卫生、气候变化、粮食安全等投入中，需优先保障妇女儿童的权益。第二，发挥援助的杠杆作用，调动更广泛的发展资源，包括国际金融机构、中外工商企业、非盈利基金会、与其他援助国开展三方合作等，以实现"聚沙成塔、汇滴成海"的效果。第三，加强政府在顶层的整体规划和引导作用，使各界资源投入有方向、有重点、有合力。

（五）进一步加强"软硬结合度"，提高援助综合效益

在"受援国提出、受援国同意、受援国主导"的对外援助原则下，学校、医院、供水等基础设施项目是近年中国投资儿童发展的重点。未来，应提升已建成的医院、学校等设施的利用率，特别是重视能力建设、人文交流等软援助的需求。可探讨以项目为切入点，开展单个项目的一揽子发展计划，嵌入能力输出、理念输出等软性援助，提升援助整体效益。以教育领域为例，可结合现有援建学校，加大提供教育规划咨询、教师进修和培训、教育信息化建设、校园营养改善等软性援助。医疗领域，可在现有援建医院基础上，加大临床医疗、药学、妇幼保健、传染病等防控能力的培训，提高当地医疗救助能力。"软硬结合"既有助于输出知识技能和理念，也有助于将援助引导向最具有可持续性的能力建设和制度建设，逐渐增强受援国对援建项目的

"责任感"和"所有感"，达到"选好、建好、用好"的援建目的。在这一过程中，可调动多方力量的投入，包括前方驻地人员、工商企业、国际机构人员、民间组织等，共同进行需求调研、协调资源配置。

（六）发挥比较优势，推动成熟技术产品走出去

中国儿童发展与中国整体的脱贫攻坚相向而行。在反贫困过程中，中国儿童发展事业已衍生了一批对内可供给、对外可输出的经验和产品，特别是在妇幼健康、环境卫生设施、儿童营养、学前教育、安全饮用水等领域的相关技术产品具备相对比较优势，例如，中国已有900多万名贫困地区儿童受益于儿童营养改善项目，校餐、营养包成本低、效果好。但重要的是，我们还需要打造一套完备的供给系统，使优势产品能达到真正的受益人群，这包括产品评估、需求对接、市场可行性调研、面向养育人和社区的宣传和能力建设等多方面的考量。

第六章　促贸援助：可持续发展的着力点

促贸援助是官方发展援助的重要组成部分。对于欠发达国家来说，贸易发展对经济增长和可持续发展至关重要。促贸援助的出发点是帮助发展中国家改善出口货物和服务的能力，使其有效融入多边贸易体系、增加市场准入机会。近年来，促贸援助的杠杆作用拓广至减贫、就业等方面，被国际社会视为推进联合国可持续发展目标（SDG）的重要工具。本章结合世界贸易组织和 OECD 联合发布的《2022 年促贸援助概览报告》①，梳理促贸援助的产生背景、实践经验以及在促进 SDG 中的作用，为把握国际促贸援助趋势和特点提供参考和借鉴。本章分为三节，第一节介绍促贸援助的形势和特点，后两节分析促贸援助对 SDG 的重要性及政策建议。

第一节　国际促贸援助形势和特点

一、促贸援助产生背景

促贸援助源于经济全球化和国际贸易自由化。在贸易自由化过程中，相较发达国家，发展中国家面临更多挑战与风险，尤其体现在其经济性基础设施、贸易知识、政策空间等方面的不足。为帮助发展中国家发挥资源禀赋优

---

① WTO, OECD, Aid for Trade at a Glance 2022: Empowering Connected, Sustainable Trade, https://www.oecd.org/dac/aft/aid-for-trade-at-a-glance-22234411.htm.

势，更好融入国际贸易体系，促贸援助应运而生，并不断取得发展。

第一，萌芽阶段。促贸援助可追溯至 20 世纪 90 年代。1997 年 WTO 成员方采纳了非洲各国贸易部长关于加强最不发达国家贸易能力的建议，并建立了"对最不发达国家提供与贸易有关的技术援助综合框架"（以下简称"综合框架"）①，旨在通过贸易政策、人力资源和管理体制等方面的改善，帮助发展中国家提高对国际贸易体制的理解。为推进落实"综合框架"，国际社会首次确立了以六个多边组织②为核心的运行机制，负责推动贸易与受援国的国家发展规划相结合，以及协调受援国间的贸易相关援助活动。但彼时与贸易相关的援助还不成体系，促贸援助一词尚未作为一个专门概念被提出。

第二，起步阶段。随着最不发达国家对贸易相关援助的期待攀升，进一步改革升级"综合框架"的需求愈加迫切。2005 年 149 个 WTO 成员方签署了《香港宣言》，决定实施升级版的"综合框架"，即"促贸援助计划"，并专门成立了"促贸援助特别工作小组"，这成为促贸援助正式步入历史舞台的标志。促贸援助特别工作小组决定，在原有"综合框架"的基础上，增加三方面的努力，包括增加促贸援助资金、将贸易与受援国的发展规划和减贫战略相结合以及改善"综合框架"的决策和管理结构。2005 年以来，"促贸援助计划"在世界范围内受到广泛关注，逐渐成为国际社会重视的援助领域和政策工具。上述三个努力方向也成为国际促贸援助的行动标杆。

第三，发展阶段。随着发展中国家尤其是最不发达国家对国际贸易的需求增加，"促贸援助计划"被寄予更多期望。十几年来，国际促贸援助金额增长两倍，参与促贸援助主体从 28 个增加至 88 个，极大地弥补了援助资金的不足。在战略方面，大部分援助方将促贸援助纳入国际发展合作战略，陆续制定了专门的促贸援助政策、倡议，或以白皮书独立的章节呈现。例如《欧盟贸易援助联合战略》《日本贸易发展倡议》《芬兰支持发展中国家的贸易能力》等政策性文件为各援助方提供政策依据和行动指南。OECD 指出，促贸

---

① Integrated Framework for Trade-Related Technical Assistance to the Least Developed Countries.

② 国际货币基金组织、国际贸易中心、联合国贸发会、联合国开发计划署、世界银行以及 WTO。

援助在带动贸易增长方面比传统援助手段更有效，每1美元的援助带来8~20美元的出口增长。总体来看，自"促贸援助计划"实施以来，最不发达国家的出口增长一直高于全球平均水平，而且出口结构开始趋向多元化，从以传统的初级产品出口为主逐渐过渡到轻工业产品出口为主，出口主要对象也从发达国家向其他发展中国家转移。

二、促贸援助的内涵

（一）促贸援助的定义

目前，国际社会对促贸援助的定义尚未统一。《香港宣言》在公布启动"促贸援助计划"之初，并未对促贸援助做出明确的定义。根据WTO广义的定义，促贸援助是指帮助发展中国家提高利用贸易促进经济发展的能力，特别是帮助最不发达国家提高其参与全球贸易的能力。

（二）促贸援助范围

促贸援助的范围可划分为四类（见图6-1）。一是与贸易相关的基础设施建设，包括交通运输、电信网络等经济性基础设施。二是与贸易相关的生产能力建设，包括农业、采矿业能力、支持私营部门推动本国出口多样化。三是贸易政策和规则，包括贸易政策制定、贸易谈判、贸易业务培训等。四是贸易相关调整，包括关税削减、调整贸易条件等。总体来看，前两类是迄今最主要的促贸援助方式，其规模一直占贸易援助额的95%左右。

（三）促贸援助统计方法

促贸援助的数据从OECD的债权人报告系统数据库（Credit Report System，CRS）中提取。CRS是国际常用的官方发展援助数据库，以该数据库为基础提取贸易援助成分，不仅被认为"相对客观"，而且节约时间成本。

为跟踪、统计促贸援助规模，OECD采用两个步骤开展统计工作。首先，设立促贸援助指标库。OECD于2007年开始设立并使用"促贸援助指标库"。

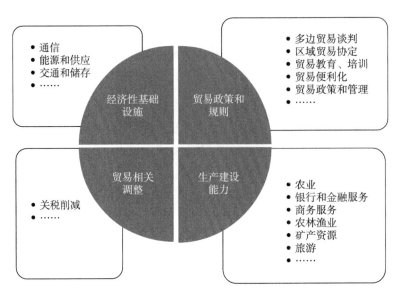

图 6-1　国际促贸援助四大类别情况

该指标库以 CRS 原有援助内容为基础，最大化提取与促贸援助相关的援助内容。目前包含 CRS 中的经济性基础设施援助（CRS 代码 210/220/230/231/232/233/234/235/236，即交通和储存、通信、能源生产等领域），贸易政策和规则以及贸易相关的调整援助（CRS 代码 331，即贸易政策和管理、贸易便利化、区域贸易协定等领域），以及生产能力建设援助（CRS 代码 240/250/311/312/313/321/322，即银行和金融服务、商务服务、农林渔业、旅游等领域）。其次，将援助项目和指标进行比照。指标库对每个代码项下的具体内容进行描述，例如，将代码 210 下设的"水上运输"描述为"港口码头、港口引导系统、船舶、内河及其他内河运输、内河驳船和船舶"。具体操作层面，若援助方提供港口建设项目、船舶赠送等项目，即可视为促贸援助，或部分促贸援助。但就如何识别项目与促贸的"相关度"或"成分"，OECD 指出由于促贸援助定义的广泛性，在准确核算全球贸易援助量方面存在一定困难。目前，促贸援助数据主要依赖援助方的汇报，OECD 认为援助方最清楚各援助项目和活动的特点。

三、促贸援助发展现状

自 2005 年，促贸援助计划已持续实施 17 年。作为官方发展援助的内容之一，促贸援助主要有两个来源：一是由援助国直接通过双边渠道提供给受援国；二是通过多边或区域机构协调安排援助资金。多边、双边援助额各占约 50%。

2020 年官方发展援助达历史最高纪录 1612 亿美元，2021 年攀升至 1789 亿美元，援助规模的增长源于各方加大应对大流行病的支持，特别是 2021 年初，疫苗捐赠、医疗物资、IT 设备等援助，不但为抗击大流行病发挥作用，同时带动商品贸易的反弹，使大量参与全球供应链的发展中国家受益。其中，促贸援助流量也发生较大变化。2006—2020 年的 15 年间，CRS 显示 88 个捐助方共提供了 5560 亿美元的促贸援助。其中，2020 年促贸援助额提升至历史新高 487 亿美元，约占同年官方发展援助总额的 26%（见图 6-2）。根据 OECD 估算，将近 2/3 促贸援助流入发展中国家，持续增长的援助对推动最不发达国家进入全球贸易体系作用日益凸显。

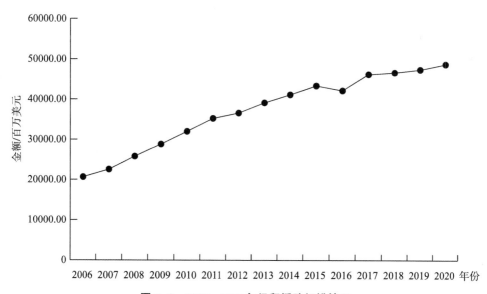

图 6-2 2006—2020 年促贸援助规模情况

资料来源：根据 WTO 促贸援助数据库制图。

在援助国别方面，2020 年，十大促贸捐助方分别是日本、世界银行、欧盟、德国、法国、英国、亚洲开发银行、中美洲经济一体化银行、美国和非洲开发银行，占全球促贸援助总额的 84%。日本一直是最大的促贸资金提供国，其大量的官方发展援助资金投向了经济性基础设施建设。美国的促贸援助以支持受援国中小企业发展为主，关注受援国贸易便利化和标准化。近年美国的促贸援助规模排名下降，由 2011 年稳居前二持续降至 2020 年第 9 名（见图 6-3）。

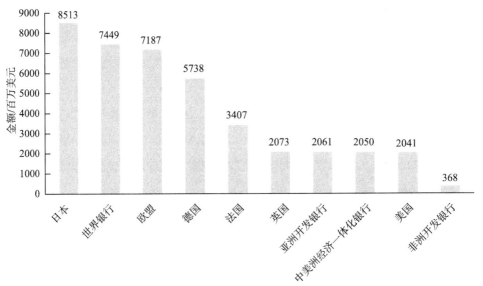

图 6-3　2020 年前十大促贸援助提供方

资料来源：根据 WTO 促贸援助数据库制图。

2020 年十大受援国分别是印度、孟加拉国、埃及、埃塞俄比亚、肯尼亚、越南、巴基斯坦、摩洛哥、缅甸和印度尼西亚，共接受全球促贸援助总额的 32%。印度一直是最大的促贸援助接受国，2006—2020 年共接受促贸援助 360 亿美元，其中 2020 年为 27.4 亿美元。印度方面认为该数据与实际情况不符，指出印度在促贸领域更多基于"双边合作"，而非单向的接受"纯援助"。① 印度对数据的"存疑"反映了新兴国家在发展转型时期的普遍关切，

① https://www.business-standard.com/article/economy-policy/india-got-highest-aid-for-trade-from-developed-countries-in-2020-122072801217_1.html.

即新兴国家已陆续兼具援助国和受援国的双重身份，一方面具备了向欠发达国家提供援助的能力；另一方面仍需要发达国家的部分援助或合作，全球已不再是富裕国家和贫穷国家的简要划分，统计数据对"援助成分"和"合作成分"的识别亟须再调整和创新，以符合援助向合作转型的国际背景和趋势。

在援助资金部门流向方面，96%的促贸援助流向了基础设施和生产能力建设。其中，基础设施方面，能源生产和供应占25%，运输和存储占23%，通信占2%；生产能力建设方面，农林渔业占19%，银行和金融服务占16%，工业占6%，商务服务占5%，矿产占2%；除此，仅4%的资金流向贸易规则、政策相关援助。随着愈来愈多的贸易协定陆续生效以及数字化不断推进，国际社会呼吁应更加注重促贸援助在政策法规的支持作用。

在资金地区流向方面，非洲和亚洲一直是促贸援助最大受益方，2020年分别接受援助总额的38%和35%，其次分别是美洲10%、其他发展中国家10%、欧洲6%、大洋洲1%（见图6-4）。从收入水平分配看，最不发达国家（LDCs）接受援助196亿美元，中低收入国家（LMICs）接受援助250亿美元，中高收入国家（UMICs）接受援助71亿美元。此外，自"促贸援助计

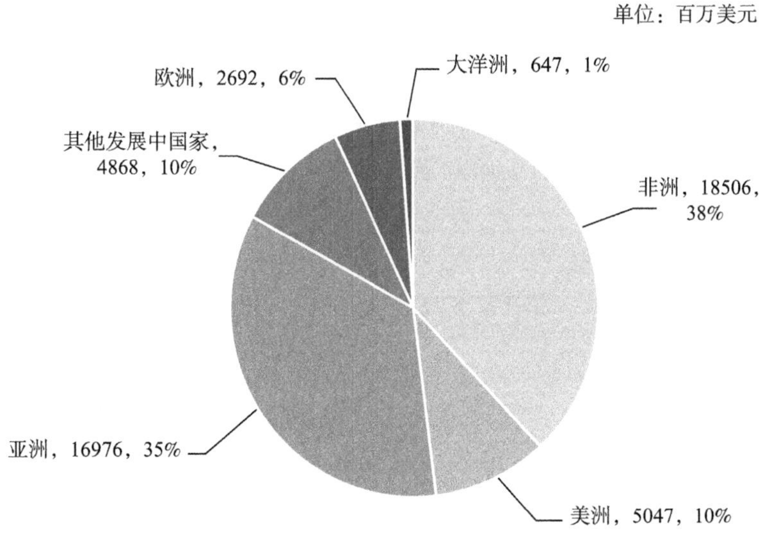

单位：百万美元

图6-4 2020年促贸援助地区分布

资料来源：根据WTO促贸援助数据库制图。

划"提出以来，促贸援助的优惠程度一直走低。自 2011 年起，促贸援助中的优惠贷款份额已超过赠款部分，这一趋势在 2020 年持续保持并继续放大。2020 年，赠款占总援助额的 37%，优惠贷款占 63%（见图 6-5）。国际社会担心优惠度的降低将对不发达国家带来进一步的债务风险。

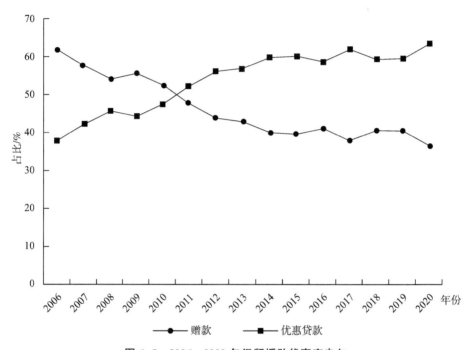

图 6-5 2006—2020 年促贸援助优惠度走向

资料来源：《2022 年促贸援助概览报告》。

第二节 促贸援助对促进 SDG 的影响

本节选取国际贸易、气候变化、数字经济化和女性平等发展议题，分析促贸援助在促进 SDG 中的重要性，为中国探索撬动资源、促进受援国经济增长和可持续发展提供参考借鉴。

进入 21 世纪以来，联合国千年发展目标（MDG）和 SDG 相继提出，标志着国际社会在一定程度上形成了对全球发展的共识。一方面，基础设施建设在经济发展中的作用被广泛认同，发展中国家期待通过基础设施加快工业化进程，以期融入国际市场，促进经济增长。另一方面，发展中国家也强调减贫、粮食安全、公共卫生、气候变化等方面的协同发展。作为发展共识的载体，SDG 成为各国制定政策、协调发展合作的主要依据。

一、贸易在 SDG 中的角色

根据 WTO 和 OECD 已发布的 8 份《全球促贸援助概览》①的相关评议，受援国和援助国认为贸易能帮助提高国家生产力，从而实现可持续发展目标。促贸援助的关键作用在于降低贸易成本，以提高受援国的出口和就业水平、增强出口产品的多样化以及激发国内私人部门投资活力。这与 SDG 强调的"经济、社会和环境协调发展"理念一脉相承。

细究 SDG 169 个子目标，其中直接与贸易有相关性的目标超过 30 个，诸如"WTO、商品、出口、市场、关税"等贸易相关主题成为 SDG 内容的高频词。这些目标的推进对一个国家融资能力、商品供应能力以及商品和劳务的国际竞争力产生积极影响，对经济增长和可持续发展意义重大（见表 6-1）。

表 6-1　与贸易相关的 SDG 子目标（部分）

SDG 目标	与 SDG 相关的贸易目标
目标 2：消除饥饿，实现粮食安全	2.b 根据多哈发展回合授权，纠正和防止世界农业市场上的贸易限制和扭曲，包括同时取消一切形式的农业出口补贴和具有相同作用的所有出口措施
目标 3：确保健康的生活方式	3.b 支持研发主要影响发展中国家的传染和非传染性疾病的疫苗和药品，根据《关于与贸易有关的知识产权协议与公共健康的多哈宣言》的规定，提供负担得起的基本药品和疫苗

---

① OECD 和 WTO 于 2007 年启动了促贸援助概览工作，每两年发布一次概览报告，至 2022 年共发布 8 次。

续表

SDG 目标	与 SDG 相关的贸易目标
目标 8：促进持久、包容和可持续经济增长，促进充分的生产性就业和人人获得体面工作	8.2 通过多样化经营、技术升级和创新，包括重点发展高附加值和劳动密集型行业，实现更高水平的经济生产力 8.3 推行以发展为导向的政策，支持生产性活动、体面就业、创业精神、创造力和创新；鼓励微型和中小型企业通过获取金融服务等方式实现正规化并成长壮大 8.9 到 2030 年，制定和执行推广可持续旅游的政策，以创造就业机会，促进地方文化和产品 8.a 增加向发展中国家，特别是最不发达国家提供的促贸援助支持，包括通过《为最不发达国家提供贸易技术援助的强化综合框架》提供上述支持
目标 10：减少国家内部和国家之间的不平等	10.b 鼓励根据最需要帮助的国家，特别是最不发达国家、非洲国家、小岛屿发展中国家和内陆发展中国家的国家计划和方案，向其提供官方发展援助和资金，包括外国直接投资
目标 14：保护和可持续利用海洋和海洋资源以促进可持续发展	14.6 到 2020 年，禁止某些助长过剩产能和过度捕捞的渔业补贴，取消助长非法、未报告和无管制捕捞活动的补贴，避免出台新的这类补贴，同时承认给予发展中国家和最不发达国家合理、有效的特殊和差别待遇应是 WTO 渔业补贴谈判的一个不可或缺的组成部分
目标 17：加强执行手段，重振可持续发展全球伙伴关系	17.10 通过完成多哈发展回合谈判等方式，推动在 WTO 下建立一个普遍、以规则为基础、开放、非歧视和公平的多边贸易体系 17.11 大幅增加发展中国家的出口，尤其是到 2020 年使最不发达国家在全球出口中的比例翻番 17.12 按照 WTO 的各项决定，及时实现所有最不发达国家的产品永久免关税和免配额进入市场，包括确保对从最不发达国家进口产品的原产地优惠规则是简单、透明和有利于市场准入的系统性问题

资料来源：作者根据 SDG 子目标整理。

二、促贸援助对 SDG 目标的促进作用

促贸援助对 SDG 的作用不仅仅局限于纯粹的贸易领域。受新冠肺炎疫情影响，全球经济增长动能不足，粮食安全、气候变化、人道危机等非传统安全威胁持续蔓延，各国正在不断寻求多元化、开放型和高性价比的发展渠道。为适应世界大变局，贸易援助从优先支持"出口促进和贸易便利化"拓展至更广泛的可持续发展目标，特别是在应对大流行病危机、气候变化，推进经

济数字化、包容性伙伴关系等全球关键发展议题发挥杠杆作用。《2022 年促贸援助概览》报告显示，促贸援助对所有可持续发展目标都有贡献，其中，2020 年贸易援助总额的 18% 用于支持 SDG7（可负担的清洁能源），17% 支持 SDG9（工业、创新和基础设施）、16% 支持 SDG8（体面工作和经济增长），8% 支持 SDG13（气候变化），3% 支持 SDG5（性别平等）（见图 6-6）。本书选取 3 个发展议题，分析促贸援助对推进 SDG 的意义。

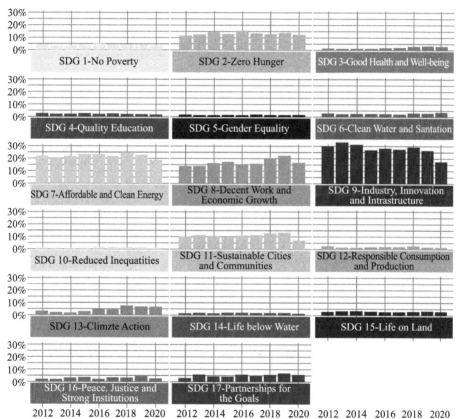

图 6-6 2012—2020 年促贸援助贡献 SDG 的资金流向

资料来源：《2022 年促贸援助概览报告》。

（一）促贸援助对气候变化的影响

现阶段，国际社会应对气候变化意识提升，越来越多的环境条款被纳入国家发展战略、区域贸易协定、项目方案和合同①，以实现减污降碳，支持发展中国家环境转型，尤其体现在清洁能源、绿色制造、低碳运输、节能建筑等重点行业。"促贸援助计划"实施以来，包含气候目标的贸易援助承诺持续增加，2020 年促贸援助承诺中超过一半（51%）用于支持气候相关目标，其中，44%和 29%分别流向亚洲和非洲地区。与气候有关的促贸援助主要集中在能源、运输和储存以及农林渔业部门，占援助额的 85%。以能源部门为例，相比 2019 年，分配给可再生能源的促贸援助增加了 36%（从 33 亿美元增加到 45 亿美元），对不可再生资源的援助减少了 26%（从 16 亿美元降低至 12 亿美元）。此外，近年与气候适应目标相关的援助承诺逐渐增加，表明促贸援助应对气候变化的重要性将不断攀升（见图 6-7）。

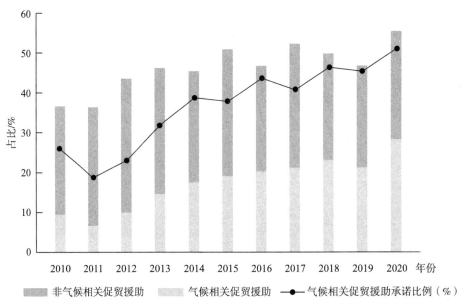

图 6-7　2010—2020 年促贸援助与气候变化目标的相关性

资料来源：《2022 年促贸援助概览报告》。

---

① 例如 COP21 的《巴黎协定》、WTO 框架下的塑料污染和环境可持续塑料贸易非正式对话（IDP）、化石燃料补贴改革（FFSR），2022 年 6 月达成的 WTO 渔业补贴协议越来越多的区域贸易协定等，都将环境条款纳入考虑，以推进贸易相关的环境利益最大化。

（二）促贸援助对女性发展的影响

增加妇女在劳动力市场的参与，可以提高国家的生产力，进一步促进经济多样化、创新和减少贫困。促贸援助通过支持妇女赋权和推进性别平等，在推动经济增长、支持可持续发展方面发挥重要作用。促贸援助对女性的帮助主要体现在电子商务、农林渔业等行业。其中，数字平台特别是电子商务的发展对增加妇女就业产生重要影响，同时，电子商务可以避免传统就业市场中对女性的性别歧视。

自 2007 年以来，"促贸援助计划"的援助方和受援国已逐步将性别问题纳入其贸易援助战略。最新报告显示，84% 的贸易援助战略以及 85% 的发展战略都在关注妇女的经济赋权[①]。总体上看，与性别有关的促贸援助集中在若干部门，2020 年对交通和储存的促贸援助中，有 41% 具有女性赋权成分，农林渔业为 24%，银行和金融服务为 13%。从地区看，48% 促贸援助中的女性关注流向亚洲，主要体现在交通和其他基础设施项目中对性别的关注；28% 流向非洲，主要体现在农林渔业中对妇女的支持。

（三）促贸援助对数字经济化的影响

发展中国家的产业发展仍以劳动密集型为主，数字技术具有提高劳动生产率、培育新市场和产业新增长点等多重功能，长期内可为发展中国家减贫和可持续发展增添新动力。作为数字化经济的典型形式之一，数字贸易为中小企业创造了机会、有助于将最不发达国家纳入全球价值链，对于推动全球包容性增长具有重要意义。与传统贸易相比，数字贸易是以信息通信技术赋能，以数据流动为关键牵引，以现代信息网络为重要载体，以数字平台为有力支撑的国际贸易新形态。新的商业模式也伴随着复杂的交易环境和政策问题，例如受援国运输、物流、电子支付等条件受限，跨境监管存在分歧和互操作性欠缺等挑战。特别是在发展中国家的农村和偏远地区，电信基础设施

---

① https://www.wto.org/english/tratop_e/womenandtrade_e/a4t_women_e.htm.

的普及、信息技术的利用、认知度等方面的进展依然缓慢，弥合数字鸿沟成为长期挑战。在此背景下，促贸援助对数字经济的杠杆作用体现在两方面。

第一，促贸援助支持信息通信、海关、智能交通等基础设施建设，这奠定了数字经济发展的物质基础。从实践角度看，一方面，OECD 成员在数字基础设施的援助上进展比较缓慢，2020 年，DAC 成员在通信领域的援助额仅为 2.6 亿美元，占官方发展援助总规模的 0.21%、占促贸援助总额的 2%。但随着数字发展合作的重要性提升，DAC 成员也加大了对促贸援助的承诺，2020 年承诺额增加了 32%。另一方面，在数字基础设施领域，世界银行、中国、日本等传统基建援助方表现突出，以中国为例，过去为亚非国家援建了大量通信、互联网、电子政务、智能交通、卫星等方面的基础设施，助力中非、中国—东南亚数字贸易向好发展。新冠肺炎疫情形势下，受国际运输停滞、国际货运价格激增等因素制约，中非传统贸易模式受到一定影响，但蓬勃发展的电子商务为传统贸易转型提供突围机遇，为中非贸易持续增长发挥关键作用。2021 年，非洲地区对中国出口贸易额达 1059 亿美元，同比增长 43.7%。

第二，促贸援助支持数字贸易的政策、规则和监管环境的改善。数字贸易的快速发展与国际规则制定相对滞后之间的矛盾日益突出。大多数发展中国家在监管能力、产业基础、贸易权益等方面较为薄弱，更关注制度环境与监管协调的改善。促贸援助通过"贸易政策和法规的技术援助"以及"贸易相关调整"对发展中国家的政策环境困境进行协调，具体体现为对跨境数据流动规则制定、贸易便利化、市场准入、关税与数字税、数据跨境流动、知识产权保护、可信赖的互联网环境和数字营商环境等方面的谈判和技术援助。近年来，世界各地签署的自由贸易协定数量大幅增加①，这种演变强调了贸易援助在支持贸易政策环境的重要性。2015—2020 年，贸易政策相关的援助额平均仅增长了 1.1%，占促贸援助额平均不到 1%。2020 年，贸易政策相关的援助支付额攀升了 24%，约为 15 亿美元（见图 6-8）。2022 年 6 月 WTO 推出电子

---

① 如在亚洲签署的《区域全面经济伙伴关系协定》和《全面与进步跨太平洋伙伴关系协定》，在非洲签署的《非洲大陆自由贸易区协议》。

商务能力建设框架，旨在提供广泛的技术援助、培训和能力建设，支持各国参与电子商务谈判。该框架是通过促贸援助调整贸易政策环境的典型案例。

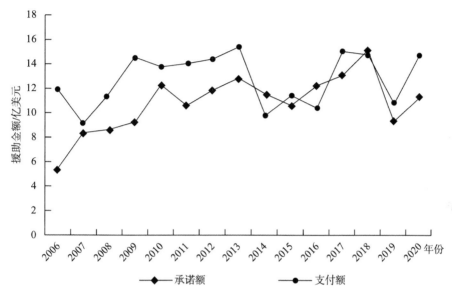

图 6-8 2006—2020 年促贸援助支持贸易政策的规模

资料来源：《2022 年促贸援助概览报告》。

第三节 新形势下促贸援助的建议

中国一直支持以 WTO 为核心的多边贸易体制，致力于维护全球产业链供应链安全稳定，让发展成果更好惠及各国人民。作为 WTO 促贸援助倡议的积极参与者，过去中国通过提供贸易相关基础设施、生产性项目、促贸物资、贸易培训、零关税措施、在 WTO 内设立"中国项目"等方式，为发展中国家促进贸易便利化、更好融入全球供应链作出贡献。

当前，单边主义和保护主义势力抬头，由疫情引发的产业链受阻、供应链中断等问题对世界各国特别是发展中经济体造成负面影响。新局势下，发展援助仍然至关重要，特别是对贫穷国家而言。为进一步支持发展中国家疫后经济复苏和长远自主发展，中国需加大可持续发展筹资力度，充分发挥对外援助的先导和撬动作用，推动援助、投资、贸易等各种发展资源的整合。

第一，依托 WTO，加强在国际贸易政策和规则的领导力，优化有利于发展中国家参与多边贸易体制的环境。第二，进一步通过技术合作和人才培训等方式帮助发展中国家提高生产效率，优化贸易结构，扩大贸易规模，提高其参与全球经贸合作的能力。第三，建立国家间和地区间的产业集群，帮助发展中国家融入全球价值链。特别是通过产业链、自贸区、工业园区等方面的合作，推动已有基础设施发挥更大成效。第四，抓住数字经济发展新机遇，加强和发展中国家在电子商务、数字设施、数字能力建设等方面的合作，积极推动数字贸易开放发展与互利合作。第五，提高促贸援助透明度。中国现有的援助内容与 OECD 促贸援助指标关联度较高，建立以中国为主的统计标准，有利于促贸援助品牌建设、展现国际合作大国形象。

第二部分
新形势下的全球发展合作路径

随着国际发展合作形势发生深刻变化，西方发达国家在全球发展合作的战略和政策、管理机制、发展筹资、重大议题布局、项目管理模式等方面进行相应调整。本部分选取OECD发展委员会的若干成员国进行研究，分析和总结瑞士、澳大利亚、韩国等发达国家的国际合作新动向和特点，探究美国、日本和英国在提升发展合作有效性方面的做法。

第七章　澳大利亚国际发展合作

第一节　国际合作政策动向

一、政策发展演变

澳大利亚发展援助政策可追溯到 1950 年的《科伦坡计划》，早期援助对象主要集中于收入较低的英联邦国家，如巴布亚新几内亚和印度等。20 世纪60 年代，越来越多的殖民地国家逐渐走向独立，为提高在亚太地区的政治影响力，澳大利亚开始扩大与亚太国家的联系和交往，逐步加大对外援助投入。

2014 年 7 月，澳大利亚发布最新对外援助政策《澳大利亚援助：促进繁荣、减少贫困、提高稳定性》，还配套了相应的执行框架《重视执行力：提高澳大利亚援助问责和有效性》，澳大利亚援外政策的变化体现在以下 3 个方面，一是将援助目标定位于促进经济可持续增长和减贫，其中强调了援外促进贸易；二是重点区域集中转向印度洋—太平洋区域，90% 的援外资金将投入此区域的国家；三是在实施方式上创新与私营部门的合作关系，发挥私营部门经济创收的杠杆作用；四是在援助领域方面强调了增加对妇女权益的援助力度，以实现促进人类发展这一预期目标。新政策强调更好地监控纳税人资金，注重援助效果，其援外执行框架在战略层面提出 10 个执行目标，包括援助项目促进经济繁荣、私人部门参与、减贫、妇女权益、投入于印度洋—太平洋区域、与最有效的伙伴国合作、反腐败等；在合作伙伴国层面设立表现基准，确保受援国政府对执行援助项目切实负起责任；针对援外项目，建立质量管理体系，确保项目质量最优化。

二、最新动向与发展趋势

2017 年 11 月，澳大利亚外交贸易部发布《2017 外交政策白皮书》。这是2003 年以来澳大利亚的第一份外交政策白皮书。白皮书提出五大目标：一是保证印度洋—太平洋地区的开放、包容及繁荣；二是通过打击贸易保护主义，最大限度地为澳大利亚企业和工人提供机会，实施开放、具有竞争力的经济政策；三是在面对恐怖主义威胁时，确保澳大利亚公民的安全、安定与自由；四是促进公平规则与强有力的合作，以确保所有国家的权利得到尊重；五是增加对太平洋地区的支持。

为服务外交工作，澳大利亚总体上延续了 2014 年的对外援助政策，未来援助重心依然集中在印度洋—太平洋地区，特别是聚焦印度尼西亚、巴布亚新几内亚等太平洋地区国家。白皮书指出，澳大利亚对外援助的目标是促进印度洋—太平洋地区的减贫和可持续经济发展，以维护澳大利亚自身利益。在援助领域方面，未来，澳大利亚一是帮助受援国提高政府治理、教育、卫生和清洁用水等方面的能力建设；二是促进提高农业和渔业生产能力；三是发展基础设施促进贸易；四是促进性别平等，提高人均收入；五是增加人道主义援助、提高灾害恢复能力；六是重点支持私营部门创新增长，促进就业。白皮书还提出，在援助资金分配中，澳大利亚将遵循 4 个参照指标：受援国是否与本国的利益相关，援助是否会促进包容性增长和减贫，援外资金能否起到资金撬动作用以及援助是否发挥"物有所值"效应。总体而言，虽然澳大利亚不同时期援外战略政策有所不同，但总体目标都是帮助受援国减贫，维护澳大利亚的国家利益。

新冠肺炎疫情暴发以来，澳大利亚迅速将工作重点转向应对疫情危机。澳外交部于 2020 年 5 月发布应对新冠肺炎疫情发展合作政策《促进复苏伙伴关系：澳大利亚的新冠疫情应对》[①]，指出当前发展合作的重心是共同应对疫

---

① https://www.dfat.gov.au/sites/default/files/partnerships-for-recovery-australias-covid-19-development-response.pdf.

情危机，澳大利亚将采取全政府参与方式，帮助邻国抗击疫情、复苏经济。政策指出，卫生安全、稳定和经济复苏是澳大利亚三个核心行动领域，其中，开展卫生领域的紧急人道主义援助成为首要任务。澳大利亚再次强调，本国的稳定繁荣与印太地区国家紧密相连，需将发展资源集中投向对澳大利亚最具影响力的印太国家，其中，太平洋岛国、东帝汶和东南亚国家被认为是"一级优先"援助对象（见图7-1）。

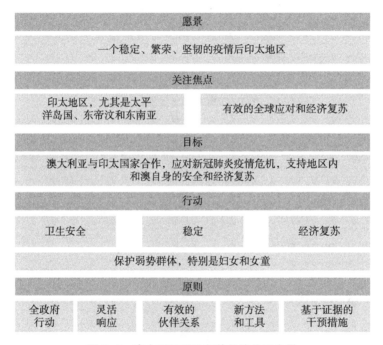

图 7-1　澳大利亚促进复苏伙伴关系全景

资料来源：根据澳大利亚外交贸易部资料制图。

第二节　国际发展合作概况

一、援助资金规模

澳大利亚自由党——国家党联盟于 2013 年赢得澳联邦大选并蝉联执政，澳对官方发展援助预算进行了多次削减，近十年澳大利亚官方发展援助规模总体呈下降趋势，2020 年降低至 26.69 亿美元，比 2019 年下降 10.6%。2020 年援助规模在 DAC 成员中下滑至第 21 位，ODA/GNI 占比低至 0.19%（见表 7-1）。2018 年，澳大利亚设立官方发展援助上限，将支出限制在 40.44 亿澳元（28.1 亿美元），并决定不再将发展援助预算与通货膨胀挂钩。为应对新冠肺炎疫情，澳 2020 年开始设立专门的新冠疫情应对资金，年度规模约为 3 亿美元，其中，2022—2023 财年专项资金为 4.6 亿澳元（约 3.2 亿美元）。为使官方发展援助预算维持在 40.44 亿澳元上限内，澳将新冠疫情应对资金和常规援助资金分开管理和拨款。新冠疫情应对资金被认为是指定性、临时性、补充性的资金，不纳入澳对外援助总规模。

表 7-1　2014—2020 年澳大利亚援助净交付额

指标	2014	2015	2016	2017	2018	2019	2020[1]	2020[2]
ODA/亿美元	43.82	34.94	32.78	30.36	31.49	29.49	26.69	26.69
ODA 占 GNI 比重	0.31	0.29	0.27	0.23	0.23	0.22	—	0.19

注：DAC 从 2018 年开始采用新的统计口径——赠与等值法（grant equivalent）统计其成员的援助数据。表中 2020[1] 的数据为传统的净交付额数据，2020[2] 为赠与等值法的数据。

资料来源：OECD/DAC 数据统计系统。

二、援助方式

澳大利亚对外援助主要通过双边渠道展开，2019 年其双边援助占比 77%，远高于 OECD/DAC 59% 的水平，也反映了澳对印太地区国家的优先考虑。从具体援助实施方式看，澳主要是开展项目援助（CPA），其次是人道主义和粮食援助、难民援助、行政支出、债务减免、支持非政府组织、奖学金等方式。

值得注意的是，2019 年之前，澳的官方援助资金多为赠款形式，2019 年澳大利亚太平洋地区基础设施融资机制（AIFFP）启动后，开始以贷款的形式向太平洋地区实施官方发展援助，国际社会认为这标志澳开始从赠款援助的发展计划转向贷款援助，或将加重印太国家的债务困扰。2022—2023 财年，澳计划将 AIFFP 的贷款额度翻一倍，从 15 亿澳元增加到 30 亿澳元。

三、援助地理分布

长期以来，亚太区域是澳大利亚对外援助的主要对象，近年来进一步聚焦印度洋—太平洋地区的发展中国家。2020 年，澳大利亚对南亚和中亚地区的援助比例为 18.9%，对其他亚洲国家和太平洋地区 ODA 占比达 63.8%，对撒哈拉以南非洲国家 ODA 占比由 2019 年的 7.6% 略增至 2020 年的 8.4%，对中东和北非国家的援助比例为 6.1%（见图 7-2）。

2020 年，巴布亚新几内亚、印度尼西亚和所罗门群岛仍然是澳大利亚双边官方发展援助的最大受援国，分别获得双边官方发展援助的 19%（4.15 亿美元）、8%（1.88 亿美元）和 5%（1.20 亿美元）。除上述 3 个国家，排位前十的受援国还有阿富汗、东帝汶、孟加拉国、菲律宾、柬埔寨、缅甸和越南。澳大利亚正逐步减少受援国的数量，援助资金和发展资源更加集中。根据澳大利亚 2021—2022 年以及 2022—2023 年官方发展援助预算，上述绝大部分受援国仍然是澳大利亚援助的优先对象，其中，印度尼西亚和巴布亚新几内亚已连续多年位居澳大利亚最大受援国。

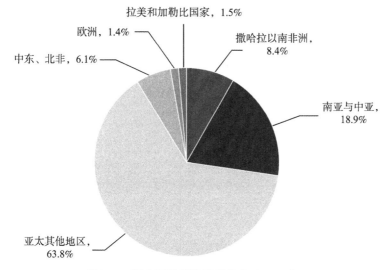

图 7-2 澳大利亚援助地理分布（2020 年）

资料来源：OECD/DAC 数据统计系统。

四、援助领域分布

根据 OECD 统计，澳大利亚的援助领域主要集中在社会与行政基础设施方面，主要包括对教育、健康和政府治理与公民社会等方面的援助。2020 年，澳大利亚投入在社会与行政基础设施领域的资金占双边援助的 42%。此外，经济基础设施占比为 9.8%，人道主义援助占 9.5%（不包括抗疫援助），农业占 6.3%，工业与其他生产部门、商品与项目援助分别占 2.3% 和 2.0%（见图7-3）。

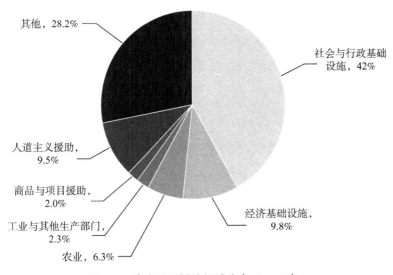

图7-3 澳大利亚援助领域分布（2020 年）

资料来源：OECD/DAC 数据统计系统。

第三节 国际发展合作管理机制

一、主要管理机构与协调机制

1974—2013 年，澳大利亚对外援助主要执行机构是澳大利亚国际发展署（AusAID），负责确定对外援助政策、规模以及实施。2013 年底，为更好地将外交、贸易、发展合作融合，AusAID 正式并入澳大利亚外交贸易部（DFAT），援外工作直接由 DFAT 负责。原 AusAID 负责援外政策和项目的工作人员相应并入 DFAT 发展司、地区司等，专门负责外交工作中的援外事务。目前，DFAT 在首都堪培拉、州和领地办事处以及海外拥有 6078 名员工。在 DFAT 内部，共有 5 组团队负责外交不同事务，其中，对外援助由"全球合作、发展与伙伴关系小组"（GPG）负责，该小组下设 4 个发展部门，包括人类发展与治理司（HGD）、印太卫生安全中心（CHS）、多边政策司（MDP）以及合同和援助管理司（ACD）（见图 7-4）。DFAT 于 2019 年 12 月进行重组，对一半以上的分支机构进行调整和重新命名，其中，全球卫生政策处被纳入人类发展与治理司，负责卫生政策和全球卫生基金的融资。原援外有效性办公室

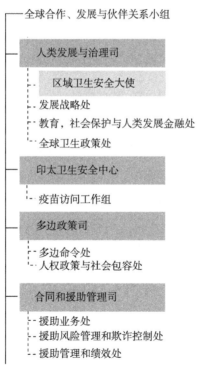

图 7-4　澳大利亚外交贸易部负责对外援助工作的小组①

资料来源：根据澳大利亚外交贸易部资料制图。

----

① 2019 年 12 月重组后。

（ODE）也纳入人类发展与治理司，更名为援助管理和绩效处（MPB），负责援外评估工作。

除了 DFAT，澳大利亚许多其他部门也参与援外工作，关系较为密切的部门有总理和内阁部、财政部、国库部、卫生部、教育部、农业部与环境部等。此外，非政府组织和高校、研究人员也积极参与援外事务，是援外工作的重要力量。部际和民间相关工作人员定期就援外工作展开正式或非正式对话与沟通，已形成较完善的全政府协调机制。

二、政策制定流程

澳大利亚实行全政府参与的发展援助体系，总理与内阁部是最高的决策者，具体过程由 DFAT 负责协调。澳大利亚制定援外政策长期遵守四个标准，即受援国的贫困情况、国家利益相关度、施加影响的能力以及现有的援助水平和有效性。

为确保援外政策符合澳大利亚国内利益、受援国利益以及全球发展需求，DFAT 需展开内外协商，力求保持政策一致性。协商渠道一是通过与驻外使馆探讨国别需求，拟定双边援助资金规模、优先领域等；二是与国内相关部门、多个跨部门委员会协商发展事宜，包括与 DFAT 签订"战略性伙伴协议"（SPAs）的 13 个援外相关部门，以及其他跨部门机构，如发展有效性指导委员会（DESC）、二十国集团政策小组委员会、2030 年可持续发展议程部际委员会等。经各相关机构提议、意见汇总、DFAT 修改后，由 DFAT 部长上交总理和内阁部审批生效。

三、援外法律制度

澳大利亚没有专门针对对外援助的立法。2011 年澳大利亚政府发布的《援助有效性评估报告》认为，有无专门的立法并不会影响对外援助项目的有效性。由于缺乏对外援助方面的专门法律，澳大利亚主要依赖政策框架来指导和规范对外援助行动。尽管政策框架不具备法律的高稳定性和强规范性，却具有灵活性和较强的环境适应能力。例如，澳大利亚政府通过发布白皮书、对评估报告进行反馈、公布年度对外援助预算文件和年度报告、制定《透明度章程》等文件，对对外援助的政策和目标、援助的重点领域和资金分配以及执行和监督措施等进行指导和规范，并加强与国内民众的沟通。DFAT 在其网站上也公布了近 40 项适用于对外援助的项目管理办法，援助项目的执行也同样受到各种行政程序规定的制约。

此外，作为联合国和经济合作组织发展援助委员会（OECD/DAC）等国际机构的成员之一，澳大利亚在开展对外援助时还需要遵守联合国安理会的制裁决议并与其他国际组织的决议进行协调。澳大利亚也是二十国集团、亚太经合组织、太平洋岛国论坛等区域性组织的积极参与者。澳大利亚致力于2030 年可持续发展目标的实现，是《巴黎宣言》《阿克拉行动议程》《凯恩斯条约》《国际援助透明度倡议》等的签字国。因此，除国内法律法规外，澳大利亚的对外援助一定程度上也受国际条约的协调和规制。

四、预算管理流程

澳大利亚财政年度是从 7 月 1 日至次年 6 月 30 日，预算制定流程如下：

第一，制定预算建议。10—11 月，制定预算提案，提出新的倡议。

第二，支出审查委员会（ERC）决定预算优先事项。内阁的支出审查委员会（由总理、国库部长、财政部长和其他部长组成）在 11 月举行会议，确定预算的优先事项。根据这些优先事项，DFAT 和其他部门开始准备资金申请。

第三，DFAT 准备和制定预算。12 月到次年 2 月，DFAT 准备总体预算提案和具体预算项目的申请。这个过程结束时，DFAT 部长将部门预算要求提交给内阁的 ERC。

第四，ERC 审查预算草案和部门资金。3 月到 4 月下旬，ERC 定期开会，审查整体预算草案、分配部门资金。根据分配给 DFAT 的总体预算，DFAT 部长对部门预算分配做出最终决定。

第五，议会审查预算。财政部长通常在 5 月的第二个星期二宣布预算

（称为"预算之夜"）。在 5 月和 6 月之间，议会召开听证会，对预算进行辩论和正式审查。DFAT 部长接受议员的质询，就外交及援外预算相关问题做出说明。公众可以参加旁听，并可通过一定方式进行提问，有关新闻媒体进行报道和直播。

第六，议会批准预算。经过审查和辩论，议会在 6 月正式批准政府的预算。在整个财政年度，DFAT 对尚未分配使用的资金去向拥有自由裁量权。

五、宣传与国际交流合作

DFAT 官方网站是澳大利亚公开援助项目信息的主要渠道，信息包括对外援助政策、计划、结果、评估、研究报告等。为提高援外透明度、提高公共参与意识，DFAT 在官网发布与发展合作相关的各种报告，内容涉及私人投资、促贸援助、创新、妇女权益等话题。此外，澳大利亚积极通过国内外媒体宣传援外项目取得的效果，如通过推特、脸书，以及广播、报纸等传统媒体展开宣传，驻外使馆也会及时在相应的国别网站发布重要援外信息和新闻。

为扩大国际影响力、参与国际发展规则制定，澳大利亚与世界银行、联合国、亚洲开发银行、全球基金、全球环境基金等国际组织合作开展多边援助。2019 年，澳大利亚对多边组织的捐款主要分配给联合国、世界银行集团和区域开发银行。这些捐款共占澳大利亚对多边系统支持总额的 85.0%。其中，联合国系统获得了 34.6%，共计 4.053 亿美元，主要是指定用途捐款，排名前三的联合国受赠机构分别为世界粮食计划署（9450 万美元）、联合国难民署（5810 万美元）和联合国开发计划署（4330 万美元）。自新冠肺炎疫情发生以来，澳大利亚重视全球疫苗免疫联盟（GAVI）对疫情响应的影响力，通过直接捐款以及国际免疫融资机制（IFFIm）为 GAVI 捐款。2020 年全球疫苗峰会上，澳大利亚承诺向 GAVI 提供 3 亿澳元资金。同年 8 月 26 日，澳大利亚进一步向新冠肺炎疫苗实施计划预先市场承诺机制（COVAX AMC）认捐 8000 万澳元，用于改善印太、东南亚地区国家获得安全、有效和可负担的疫苗途径。

澳大利亚积极与国际组织、发达国家、新兴国家开展三方合作，现已与联合国开发计划署、世界银行、德国、智利等建立了三方合作伙伴关系。主要方式包括提供资金支持、技术支持、联合培训、派遣专家、提供奖学金、志愿者项目等，涉及领域包括和平与安全、反腐败、粮食安全、卫生、水利、政府治理等。澳大利亚特别重视在亚太国家开展三方合作，如与联合国和世界银行分别在东帝汶、所罗门群岛、巴布亚新几内亚开展政府治理三方合作项目，与联合国在亚太区域开展反腐败和和平与安全三方合作项目等。

第四节　发展合作项目实施管理

一、项目管理周期

（一）制定援外政策和行动框架

澳大利亚根据全球发展议题、国家利益和受援国需求，制定相应援外政策，明确总体战略目标、重点区域、重点投资领域。援外政策文件出台后，政府制定推出相应的行动框架，内容包含具体的执行目标、项目管理方法等。

（二）制定国别援助计划

在援外政策指导下，DFAT 与受援国政府、私人企业、NGO、国际组织、区域组织等利益相关方展开协商，制订以结果为导向的年度援助投资计划（Aid Investment Plan），内容具体到项目预算、项目实施方式、项目实施主体、实施项目的行为基准等，这些与项目完成后的评估息息相关。

（三）项目评估

澳大利亚十分重视项目评估，2019 年 12 月部门重组前，DFAT 的发展有效性办公室是发展援助评估的主要部门，负责制定评估政策、监测和评估澳大利亚援助项目的质量和影响。发展有效性办公室在工作层面独立运行，直接向 DFAT 副部长报告。另外，发展有效性办公室接受独立评估委员会（IEC）的指导、建议和监督。IEC 成立于 2012 年，包括外交贸易部部长指定的 3 名部外成员和 1 名部内代表。发展有效性办公室有独立的预算分配权，2015—2016 财年的评估预算为 170 万美元，占发展援助预算总额的 0.04%。

2019 年 12 月部门重组后，原援外有效性办公室 ODE 纳入人类发展与治理司，更名为援助管理和绩效处，下设发展评估组（EVU）负责援助评估业务，主要职责包括制定评估指南、开展评估培训、审查评估计划和报告、提供评估咨询以及负责执行若干特殊评估，澳大部分评估由外部评估人员执行。

澳援助评估方法多样，主要有主题评估、机构行为评估、领域评估、方案评估、国别评估、政策和战略评估、项目和活动评估。所有评估报告都要求公布在 DFAT 官网上，评估情况对援外预算产生重要影响。DFAT 每年都编制年度发展援助评估计划，2021 年共完成了 42 项发展援助评估。

二、政企合作方式

（一）政策支持

2014 年澳大利亚首次在援外政策中提出创新与私营部门的合作关系，2015 年外交贸易部发布相关政策性文件《私人部门参与海外援助与发展：通过伙伴关系共创价值》，文件指出，为提高与企业的合作，DFAT 提出 3 个倡议，一是建立企业伙伴关系平台，支持企业资金融合，推进澳大利亚发展项目进展；二是建立与澳大利亚全球契约网络（Global Compact Network Australia）的伙伴关系，动员企业加强与国际社会的交流与合作，促进企业在经济全球化背景下的可持续发展；三是加强与全球报告倡议组织（Global Reporting Initiative）的伙伴关系，支持企业以和社会对话的方式解决可持续发展问题，特别是提升企业在印尼、菲律宾、斯里兰卡和巴布亚新几内亚的行为表现。

（二）合作原则和方式

企业与 DFAT 的合作需遵循以下原则：优势互补、创造价值最优化、回馈等于或大于投资、行为透明性、履行企业社会责任。

DFAT 与企业的合作建立在价值共享的基础上，为了提高企业效益，以 DFAT 为代表的政府部门向企业提供有利于项目实施和相关商业投资的条件，包括搭建企业网络平台、收集受援国的商业信息和法律法规、支持创造良好的商业运营环境、提供催化资金。企业则向 DFAT 提供相应投资领域的知识、创意、能力和资源，帮助提升援助有效性。为实现这种价值共享，澳大利亚实行两种政企合作方式，一是合作（Collaborating）；二是伙伴关系（Partnering）。

合作是指寻找机会共同解决面临的可持续发展问题，达成合作愿望。主要包括支持企业分享全球性平台，如联合国系统、二十国集团、亚太经合组织和各种贸易倡议；帮助企业接触澳大利亚 NGO，如与澳大利亚国际发展委员会展开沟通、合作；帮助企业参加相关商业委员会、协会，寻找合作机会。例如，DFAT 借助澳大利亚全球契约网络，动员企业加入联合国全球契约组织，推动企业遵守并实施全球契约组织关于人权、劳工标准、环境和反腐败 4 个领域的行动原则，加强企业与国际社会的交流与合作。

伙伴关系是指正式的、有义务性的高标准合作行为，参与方需签订正式的备忘录或合同，通常涉及资金的分配、风险承担。例如，"西太平洋银行集团伙伴关系"（Westpac Corporate Partnership）是澳大利亚政府为帮助提高巴布亚新几内亚和斐济当地妇女权益而设立的，西太平洋银行通过扩充当地女性中小企业家融资渠道，帮助她们提高经济效益，增加发展机会。

第八章　韩国国际发展合作

第一节　国际合作政策动向

一、政策发展演变

2009 年 11 月，韩国加入经济合作组织发展援助委员会，成为 DAC 第 24 个成员，是继日本之后的第二个亚洲国家。此后，韩国得到西方援助阵营的承认和接纳，国际角色完全由受援国转变为援助国。成为 DAC 成员之前，韩国的发展援助战略和政策比较分散，仅有若干年度战略和计划，如《2008—2010 年国别援助中期统一战略》《ODA 综合改进计划》《年度援助计划》等文件，均未提升为韩国发展援助的总体战略。加入 DAC 后，韩国政府随即出台了《国际发展合作框架法》(以下简称《框架法》)，要求相关部门以《框架法》为指导，制定系统化的发展援助战略。2010 年 10 月，韩国发布《国际发展合作战略规划》，提出发展援助总体战略，主要内容包括：一是对 DAC 成员国角色负责任；二是实现官方发展援助（ODA）规模增长承诺；三是建立完善的发展援助体制机制。近年来，依据总体战略要求，韩国陆续发布了中期政策、国别战略、白皮书等一系列具有指导意义的政策文件，发展援助的顶层设计工作已迈向正轨。

韩国 2015 年发布的《中期 ODA 政策（2016—2020）》和 2017 年《韩国官

方发展援助白皮书》指出，实现国际可持续发展目标要求新的全球伙伴关系，韩国将致力于推动"双赢"的国际发展合作。白皮书提出韩国发展援助的5个新方向，包括扩大ODA规模、增强部际协调、鼓励私营部门参与、提高援助有效性和加强公众支持度。需特别指出的是，为促进ODA总体规模，韩国计划以每年16%的增速扩大贷款规模，同时寻求与国际组织、多边金融机构加强联合融资，以此推进援助地理范围由重点国别向区域层面延伸（见表8-1）。

表8-1　2010年以来韩国发展援助主要政策文件

政策文件名称	发布时间	主要内容
《国际发展合作战略规划》 Strategic Plan for International Development Cooperation	2010年10月	（1）目标：提高ODA/GNI比例、提高非捆绑ODA比例； （2）国际发展合作三大战略
《中期ODA政策（2011—2015）》 Mid-term ODA Policy（2011—2015）	2010年12月	（1）赠款：增加项目援助、增加培训与志愿者项目、提高紧急救灾预算、提高非捆绑援助比例； （2）优贷：加大支持绿色增长、建立公私伙伴关系
《国家伙伴关系战略》 Country Partnership Strategies（CPS）	2011—2013年	与26个优先国家建立伙伴关系
《韩国ODA模式计划方案》 Establishment Plan for Korean ODA Model	2012年9月	（1）用韩国自身发展经验指导援助项目； （2）ODA执行模式探讨
《提高ODA有效性计划》 Plans to Improve the Effectiveness of ODA	2013年8月	提高ODA实施有效性，加强部际协调性
《韩国官方发展援助白皮书（2015）》 Korea ODA White Paper（2015）	2015年1月	援外历史、政策、规模与分配、公私伙伴关系、国际合作、发展方向
《中期ODA政策（2016—2020）》 Mid-term ODA Policy（2016—2020）	2015年11月	5年内的ODA年度增长目标、ODA区域分配原则，与国际机构、企业、学术机构的伙伴关系战略
《韩国官方发展援助白皮书（2017）》 Korea ODA White Paper（2017）	2017年7月	援外历史、制度、政策、发展方向

政策文件名称	发布时间	主要内容
《国际发展合作战略规划（2021—2025）》 Strategic Plan for International Development Cooperation（2021—2025）	2021 年 1 月	ODA 战略、ODA 规模，优先目标、重点伙伴国

资料来源：根据韩国官方资料制表。

二、最新动向与发展趋势

韩国于 2021 年初发布第三个《国际发展合作战略规划（2021—2025）》。新战略的主要内容包括：一是侧重通过战略性的官方发展援助支持全球新冠肺炎疫情响应；二是强调加强与伙伴国家的团结和伙伴关系，支持可持续发展目标和脆弱国家；三是重视将发展合作与国家外交战略相结合，利用援助实施韩国新南方政策和新北方政策；四是呼吁加强公私伙伴关系与全球利益相关者开展信息共享，扩大全球联络网。新战略提出 12 个优先发展目标，包括加强全球健康风险应对、增加人道主义援助、发展韩国的绿色新政、促进发展资金多元化、加强与民间社会的伙伴关系等。

目前，韩国国际协力机构（KOICA）成立了专门委员会制定 2030 年机构转型新计划，委员会将就如何通过发展援助促进实现 2030 年可持续发展目标提出建议。

第二节　国际发展合作概况

一、援外资金规模

近年来，韩国对外援助规模逐年增加，但 ODA 占 GNI 比重仍远低于 DAC 成员国平均水平。据 OECD 统计，2020 年韩国对外援助规模为 24.50 亿美元，较 2019 年实际减少 8.6%，在 DAC 国家中排在第 27 位。2020 年韩国 ODA 占 GNI 比例为 0.14%，相比 2015 年承诺的实现 ODA/GNI 占比 0.25% 的目标仍有较大距离（见表 8-2）。2020 年韩国支付 5.86 亿美元支持伙伴国家应对新冠肺炎疫情危机，其中 4.36 亿美元用于投资卫生健康，特别是提供给非洲和中东地区卫生系统脆弱的 34 个国家①，同时推迟 1.1 亿美元债务的到期期限。②

2021 年，韩国议会批准了 2022 年官方发展援助预算，最终预算为 37 亿美元，较 2021 年增长 19%，ODA 占 GNI 比例预计增长至 0.15%。这是韩国历史上第一次预算超过 30 亿美元。韩国政府还承诺未来三年将官方发展援助金额翻一番，达到 70 亿美元，到 2030 年将国民总收入的 0.3% 用于官方发展援助。根据目前韩国 ODA 发展趋势以及新冠肺炎疫情带来的经济压力，实现上述承诺面临巨大挑战。

表 8-2　2014—2020 年韩国援助净交付额

指标	2014	2015	2016	2017	2018	2019	2020[1]	2020[2]
ODA/亿美元	18.57	19.15	22.46	22.01	24.20	25.21	24.50	24.06
ODA 占 GNI 比重	0.13	0.14	0.16	0.14	0.14	0.15	—	0.14

注：DAC 从 2018 年开始采用新的统计口径——赠与等值法（grant equivalent）统计其成员国的援助数据。表中 2020[1] 的数据为传统的净交付额数据，2020[2] 为赠与等值法的数据。

资料来源：OECD/DAC 数据统计系统。

二、援助方式

韩国对外援助主要通过双边渠道展开，2019 年，双边援助占对外援助方式的 77.1%，多边援助占 22.9%。近几年，韩国 80% 以上的双边援助通过国家和地区的项目援助（CPA）实施，其次通过难民援助、人道主义和粮食援助、行政支出等方式实施。

从资金方式看，韩国的发展援助资金主要分为赠款和优惠贷款。相对其他 DAC 成员国，韩国优惠贷款比例较高。自 2012 年，韩国赠款和优惠贷款基本保持在 6∶4，2020 年占比分别为 67.3% 和 32.7%，优惠贷款占比远高于

---

① 包括也门、苏丹和莫桑比克，以及欧洲和中亚的 10 个国家、美洲的 12 个国家和亚洲及太平洋的 9 个国家。

② https://carnegieendowment.org/2020/12/15/coronavirus-pandemic-and-south-korea-s-global-leadership-potential-pub-83408.

DAC 成员国平均水平。韩国维持高比例的优惠贷款，原因是韩国政府认为，在韩国作为受援国的历史中，优惠贷款是促进融资发展的有效工具，因此对其他受援国的减贫和发展也将发挥重要作用。尽管韩国政府内部对贷款造成的高债务风险有些争论，但总体态度趋向保持稳定的、高份额的贷款规模，贷款投入主要集中在运输、能源等经济基础设施部门。

三、援助地理分布

从资金分布看，亚太地区一直是韩国发展援助的重点，超过一半的双边援助资金流向亚太国家。2019 年，韩国 40.7%的双边援助流向前十大受援国，分别是越南、孟加拉国、巴基斯坦、缅甸、柬埔寨、菲律宾、埃塞俄比亚、乌兹别克斯坦、老挝和埃及。2021—2025 年，韩国计划将援助规模的 70%分配给 27个重点援助国，包括 16 个亚洲国家，7 个非洲国家以及 4 个拉美国家。近年来，韩国国内认为应增加对非洲、拉美地区的援助份额，以扩大援助覆盖面和影响力。2016—2020 年，韩国对非洲和拉美地区的援助规模逐步增加，其中对撒哈拉以南非洲的援助比重从 2016 年的 27.9%增至 2020 年的 30.1%，对拉美和加勒比国家的援助比重从 2016 年的 9.7%增至 2020 年的 12.9%（见图 8-1）。

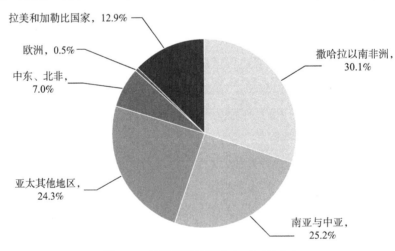

图 8-1　韩国援助地理分布（2020 年）

资料来源：OECD/DAC 网站。

四、援助领域分布

2020 年，韩国援助主要分布在社会与行政基础设施和经济基础设施领域，分别占韩国双边援助总额的 45.0% 和 25.4%，其中，交通、卫生、教育和供水是上述两大领域的援助重点。除此之外，工业和其他生产部门的援助占1.9%，农业和人道主义领域的援助分别占 4.8% 和 4.5%（见图 8-2）。2017年《韩国官方发展援助白皮书》指出，韩国未来将逐步加大在社会与行政基础设施领域的援助。

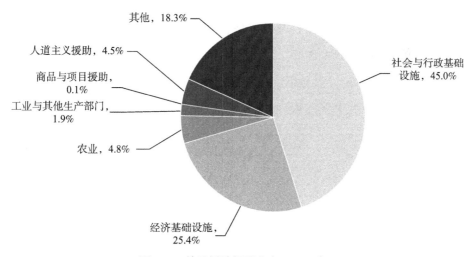

图 8-2　韩国援助领域分布（2020 年）

资料来源：OECD/DAC 网站。

第三节　国际发展合作管理机制

一、主要管理机构与协调机制

国际发展合作委员会（CIDC）是韩国对外援助的总协调机构，统一部署韩国发展援助的目标战略，制定对外援助政策以及总体协调援外工作。具体工作由副总理领导的工作委员会开展。

韩国外交部（MOFA）和韩国企划财政部（MOSF）分别是韩国无偿援助和优惠贷款的决策部门，相应的执行机构分别是韩国国际合作局（KOICA）及经济发展合作基金（EDCF）。

具体来看，MOFA 主要负责制定双边援助中的赠款政策，并负责对联合国机构的认捐；其执行机构 KOICA 负责实施和管理对发展中国家的无偿援助和技术合作项目、参与项目可行性研究、参与政策对话、与合作伙伴国签署协议、对外派遣专家及管理志愿者。

企划财政部负责制定韩国发展援助的年度预算、制定双边优惠贷款政策，并负责韩国对多边开发银行的捐款。其执行机构 EDCF 主要向合作伙伴国提供发展项目贷款和设备贷款，是优惠贷款的主要部分，由韩国进出口银行运作，受企划财政部管理和监管。

此外，还有约 30 个其他部、局和地方政府参与发展援助，按援外资金性质受部际赠款委员会和部际优贷委员会的协调（见图 8-3）。

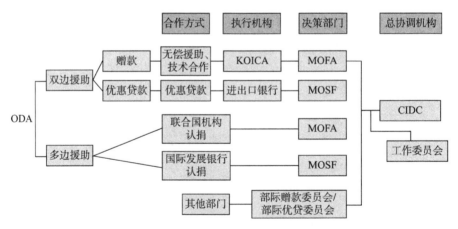

图 8-3　韩国对外援助管理与协调框架

资料来源：根据韩国官方资料制图。

二、决策制定流程

CIDC 是韩国制定援外政策的主要机构，由总理直接领导，共有 25 名成员，包括副总理、各部部长、相关执行机构负责人和民间专家。通常由副总理领导的 CIDC 工作委员会对拟通过的政策文件召开讨论会，修改形成报告后，CIDC 根据《框架法》召开委员会会议，经一半以上成员表决通过后，政策文件生效。自 2006 年成立至 2021 年 7 月，CIDC 共举办 37 次委员会会议，每次会议都通过了与对外援助相关的政策，内容涉及年度援助计划、伙伴国关系战略、人道主义援助、援外评估、援助中期政策等。

三、援外法律制度

韩国对外援助法律主要是 2010 年生效的《框架法》。该法是 2010 年韩国政府在加入 DAC 后，为更有效地管理对外援助而制定的一部总体原则性的框架法律，是韩国对外援助最重要的一部法律，是韩国制定援外战略和政策的根本依据。

《框架法》规定了韩国援外原则，即：（1）遵守联合国宪章的所有原则；（2）支持自力更生和提高合作伙伴的能力；（3）尊重合作伙伴发展的必要性；（4）促进共享发展经验；（5）推进与国际社会的和谐关系与合作；（6）增强双边发展合作与多边发展合作的联系、无偿援助与贷款的联系，加强国际发展合作的政策实施连贯性以扩大援助效果。在这六项原则指导下，《框架法》指出对外援助的四大目标：一是消除发展中国家贫困、提高当地生活水平；二是支持伙伴国优化环境；三是加强与发展中国家友好合作关系；四是促进解决全球发展问题。

《框架法》还包括韩国国际发展合作的基本理念、优先合作伙伴的遴选、国际发展合作的评估、向国际发展合作民间组织等提供支持、国民参与的公共关系、培训专门人才、加强国际交流与合作、国际发展合作的统计、驻外使领馆的作用、授权和委托等内容。

四、预算管理流程

韩国援外管理部门相对分散，ODA 预算涉及部门较多。通常，韩国援外预算工作几乎与 ODA 年度计划同时进行。首先由韩国驻外使领馆、海外办公室向 MOFA 反馈当地援助需求。ODA 赠款和向联合国机构认捐部分，由

MOFA 和各部委共同计划预算，经部际赠款委员会协调后，汇报至 CIDC；ODA 优惠贷款和向多边开发银行认捐部分，则由 MOSF 与部际优贷委员会协调后，向 CIDC 汇报。CIDC 分别审批两种资金预算后，统一由 MOSF 直属的预算部门制定援外预算总盘子，最后上交国会审批。在 CIDC 协调下，预算分别由 KOICA、EDCF 等相关部门执行（见图 8-4）。

　　总体来看，MOFA 和 MOSF 承担大部分的 ODA 预算，其他部门承担比例较小。值得提出的是，MOSF 直属的预算部门虽受 CIDC 监督与协调，但仍有直接批准项目的权利，这导致有些未列入年度计划的项目占用援外预算。OECD 建议韩国加强预算规范标准，增强 CIDC 对援外预算的总体协调能力。

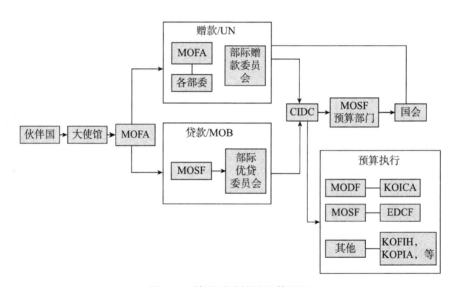

图 8-4　韩国对外援助预算流程

资料来源：根据韩国官方资料制图。

五、宣传与国际交流合作

　　韩国于 2009 年建立"全政府参与提升 ODA 公共意识战略"，CIDC 任务小组建立了多种宣传渠道，包括 2010 年起把 ODA 观念引入中小学生课本、2011 年建立了韩国 ODA 品牌标识、2012 年建立了韩国 ODA 官网（www.oda-korea.go.kr）发布相关数据。此外，韩国援外白皮书、KOICA 和 EDCF 的年度报告、援外评估文件、高校和研究机构的研究成果、媒体等都是促进公众了解 ODA、提升参与意识的重要渠道。韩国国际经济政策研究院 2011 年的调查显示，90% 的韩国受访者支持本国 ODA 工作。

韩国在进行双边援助的同时，重视与国际多边机构联合开展对外援助，通过与世界银行、IMF、联合国机构、亚洲开发银行、二十国集团等合作，促进国际交流，积累先进经验、了解学习国际规范规则。韩国通过援助有效性高级别论坛（釜山会议）推进本国在国际发展合作领域的影响力。继 2011 年在釜山举行的第四届援助有效性高级别论坛（HLF-4）之后，韩国定期举办"釜山全球伙伴关系论坛"，将利益相关方聚集在一起，共同讨论全球可持续发展重大议题。韩国于 2020 年加入了全球有效发展合作伙伴关系（GPEDC）指导委员会。

近年来，为促进南南合作，提高发展中国家经济社会发展水平，韩国与新加坡、以色列、埃及、墨西哥、巴西、葡萄牙、泰国、土耳其、玻利维亚和智利等国家开展三方合作，主要方式是开展联合培训、促进技术转移和能力建设。

第四节　发展合作项目实施管理

一、项目周期管理

（一）制定政策计划和项目清单

CIDC 制定的《中期 ODA 政策》和《国家伙伴关系战略》（CPS）是韩国实施援助项目的基本依据。相关部委每年 7 月前完成受援国需求评估、项目可行性调查，向 CIDC 工作委员会提交 ODA 项目清单，经 CIDC 工作委员会协调，综合调整重叠预算的项目，保留可以发挥协同效应的项目。项目清单是年度预算的重要依据。

（二）项目实施和监管

韩国援助项目执行机构较为分散，有各自的执行程序，但所有机构都需以《国家伙伴关系战略》为准则，将非捆绑援助、跨领域问题、以结果为导向的管理等作为项目实施过程中的考虑因素。另外，援助项目实施过程受执行机构本身和 CIDC 监督，CIDC 于 2011 年建立了一站式数据系统，要求每个机构将项目的详细情况反馈到此系统，包括项目实施国别、方式、规模、周期和进展等内容，系统信息每 4 个月更新一次，可供伙伴国分享参阅。

（三）项目评估

韩国有两类对外援助评估体系。一是独立评估，由执行机构 KOICA 和 EDCF 负责，二者各有评估办公室、评估原则、中期和年度评估计划，以及反馈机制。其中赠款项目一般由项目执行组自行完成项目中期和完工时的评估报告，KOICA 评估办公室则在项目完工 6 个月或 1 年后对项目进行再次评估；EDCF 贷款项目也是先由项目管理方在完工时进行评估，项目完工 1 年后由 EDCF 评估处进行再次评估。KOICA 和 EDCF 及时在官方网站发布相关评估结果和报告，以提升透明度。

二是综合评估，由 CIDC 下设的评估小组委员会负责，由 4 个 ODA 专家和其他非政府专家组成，每年针对各部委执行的项目展开评估。CIDC 于 2009 年建立了《国际发展合作评估指南》，各部委根据指南对各自执行的项目进行总结，并反馈至 CIDC 评估小组委员会，小组委员会对总结报告的客观性进行审核。CIDC 评估小组委员会每年一般审核 20 份总结报告，开展 3 次主题评估。

二、政企合作方式

目前，与企业在发展方面的合作主要由 KOICA 和 EDCF 两个机构负责。

（一）无偿援助资金支持政企合作

KOICA 从 1995 年开始与民间社会组织开展 ODA 公私伙伴关系（PPP）

合作。随后 PPP 范围扩大至与高校、研究机构以及企业合作。在与企业合作方面，KOICA 提供无偿援助资金支持企业，或通过无偿资金帮助企业加强能力建设，企业则提供专业知识、技术和管理能力。政企合作目标是发挥私人资金补充作用，提高 ODA 有效性，促进就业和缓解受援国贫困，同时有助于提高企业社会责任感。

韩国主推三种政企合作方式，一是企业合作伙伴关系方案（BPP）；二是创新性合作伙伴关系方案（IPP）；三是能力建设方案（CBP）。其中 IPP 是 KOICA 提出的新型合作方式，目标侧重于援助项目给当地提供就业机会、促进可持续发展（见表 8-3）。如 2013—2014 年，KOICA 资助韩国希杰食品公司在越南开展烘培技术培训。

表 8-3　韩国以无偿资金支持政企合作的三种方式

方案	KOICA 支持内容	项目周期
企业合作伙伴关系方案（BPP）	大中型企业：不高于项目总价 50%的资金支持且不超过 5 亿韩元 小型企业：不高于项目总价 70%的资金支持且不超过 5 亿韩元	1~3 年
创新性合作伙伴关系方案（IPP）	大中型企业：不高于项目总价 50%的资金支持 小型企业：不高于项目总价 70%的资金支持	商议
能力建设方案（CBP）	支持项目培训：加强项目管理和政策开发能力	短期

资料来源：KOICA 官网。

（二）EDCF 优惠贷款支持政企合作

EDCF 通过优惠贷款促进韩国企业投资发展中国家，为企业提供项目设计、融资、承建和运营等投资海外的机会。典型的模式是由 EDCF 提供优惠贷款、韩国进出口银行提供出口信贷，二者形成混合资金，用于在发展中国家开展规模较大的基础设施建设，包括交通、能源、水利等领域。目前，混合资金支持下的公私合作在越南、菲律宾和印度尼西亚已取得良好成效。

第九章　瑞士国际发展合作

第一节　国际合作政策动向

一、政策发展演变

一直以来，瑞士发展合作讲求中立性，注重人道主义精神，关注联合国发展决议。除相关法律以外，1994 年瑞士联邦政府通过的《南北准则》（North-South Guidelines）是瑞士第一份囊括发展合作内容的文件，《南北准则》指出南北国家的互相依赖作用，提出四个发展重点，包括和平与安全、人权和民主、社会平等和保护自然环境。

2002 年，瑞士加入联合国，致力于与多边组织共同推动千年发展目标，其发展合作的重点仅体现在瑞士的外交政策上，尚无专门的发展合作战略。2006 年，瑞士议会督促联邦委员会出台独立的发展合作战略。2008 年，负责发展合作业务的瑞士发展合作署（SDC）与隶属于瑞士经济、教育和研究部的经济事务秘书处（SECO）首次联合向联邦委员会提交《2008 年发展框架》（2008 Development Framework），明确了瑞士三大发展战略重点：一是促进千年发展目标和减贫；二是促进人权和降低风险；三是促进全球化。框架还提出发展的 6 个重点领域，包括促进优先国家减贫、缓解脆弱国家的战争与冲突、促进全球化、支持多边组织、加强公私伙伴关系以及加强跨部门合作。

该框架为瑞士日后定期制定发展合作战略奠定了重要基础。

2012 年，瑞士发布《2013—2016 年瑞士可持续发展战略》，这是瑞士首份针对发展合作的战略文件，由议会历时两年讨论得以通过。战略文件提出"为促进千年发展目标，2015 年瑞士 ODA 占 GNI 比重将达到 0.5%"的目标。至此，瑞士发展合作政策目标清晰、内容全面，重点领域和重点国家比较明确。

2015 年底，联合国通过 2030 年可持续发展目标（SDG），作为国际发展合作的重要贡献者，瑞士迅速将其发展合作和 SDG 密切联系起来。2016 年 9 月，瑞士联邦议会通过了《2017—2020 年瑞士国际发展合作战略》，指出瑞士发展合作的目标是消除世界贫困、实现和平、促进可持续发展。为推进发展合作战略，瑞士设定了 7 个子目标：一是建立解决全球性挑战国际框架，促进可持续发展；二是预防和处理危机、冲突和灾难；三是促进人类可持续性地享有资源和服务，特别是就业、粮食、水、健康和教育等方面；四是增加就业和提高生产力，促进可持续经济增长；五是提高国家治理水平；六是保护人权和自由；七是促进性别平等、保护女性权益。虽然瑞士的发展合作政策以不同的文件形式呈现、重点内容也不同，但中心目标基本围绕减贫促发展，为瑞士自身发展创建有利的国际环境。

二、最新动向与发展趋势

联邦委员会和议会每四年更新一次国际发展合作战略方针。2020 年 2 月，联邦委员会公布最新的《2021—2024 年国际发展合作战略》。第一，战略明确了 4 个优先发展主题，包括创造体面的就业机会、应对气候变化、减少被迫性流离失所，以及促进法治法规建设。联邦委员会指出，减贫和可持续发展是瑞士国际发展合作任务的核心，上述优先主题有助于减少贫困、落实2030 年可持续发展目标，同时也符合瑞士的长期利益，即建立一个公正和平的国际秩序、打造稳定安全的投资环境。第二，战略明确了未来 4 个优先合作区域，包括东欧，北非和中东，撒哈拉以南非洲，以及中亚、南亚和东南亚。联邦委员会认为，瑞士国际发展合作能够实现的附加值将与这些区域密切交织，虽然瑞士每年均设定优先合作国家名单，但还需将工作重点从国家层面辐射至区域层面，这有助于发展合作更具有灵活性、有效性，特别是可以按需及时应对优先国家以外的合作需求。

第二节　国际发展合作概况

一、援助资金规模

2016—2019 年瑞士官方发展援助连续下降，ODA/GNI 比例持续走低，这与近年来应对欧洲债务危机、收紧联邦财政预算息息相关。由于联邦委员会削减了援助主管部门 4.5 亿瑞士法郎预算申请，2017—2020 年的援助资金预算总额降低至 111 亿瑞士法郎。并且，瑞士《2021—2024 国际发展合作战略》的预算也未明显增加，目前联邦委员向议会申请的四年预算规模仅为 112.5 亿瑞士法郎。

瑞士 2020 年按赠款等值法计算的官方发展援助（ODA）总额有所增加，为 34.26 亿美元，较 2019 年增长 8.8%，ODA/GNI 占比增长至 0.48%，在 DAC 成员国中排名第九位（见表 9-1）。2020 年度的援助额增长与瑞士应对新冠肺炎疫情危机息息相关，2020 年，瑞士支付了 2.98 亿美元以支持伙伴国家的新冠肺炎疫情应对措施，其中 500 万美元用于与健康有关的投资。

表 9-1　2014—2020 年瑞士援助净交付额

指标	2014	2015	2016	2017	2018	2019	2020[1]	2020[2]
ODA/亿美元	35.22	35.29	35.82	31.47	30.97	23.80	35.85	34.26
ODA 占 GNI 比重	0.49	0.51	0.53	0.47	0.44	0.44	—	0.48

注：DAC 从 2018 年开始采用新的统计口径——赠与等值法（grant equivalent）统计其成员国的援助数据。表中 2020[1] 的数据为传统的净交付额数据，2020[2] 为赠与等值法的数据。

资料来源：OECD/DAC 数据统计系统。

二、援助方式

瑞士对外援助主要通过双边渠道展开。2019 年，瑞士双边援助占比

75.2%，多边援助占比 24.8%。从具体援助实施方式看，主要是开展国别项目援助（CPA）、人道主义和粮食援助、难民援助、行政支出、债务减免、支持非政府组织和奖学金。

三、援助地理分布

瑞士对外援助主要投入最不发达国家和脆弱国家，近年来逐渐增加了对撒哈拉以南非洲国家的援助。2020 年，瑞士对撒哈拉以南非洲国家的援助规模最大，占总额的 41.5%，达 9.7 亿美元。其次流向南亚和中亚国家，占总额的 17.9%（见图 9-1）。瑞士每年设有优先受援对象①，设定标准主要参照受援国贫困程度、国家安全性、瑞士经济和外交利益以及援助预期效果等要素。2019 年，瑞士的前十大受援对象为哥伦比亚、缅甸、孟加拉国、尼泊尔、布基纳法索、马里、约旦河西岸和加沙地区、莫桑比克、叙利亚和尼日尔。

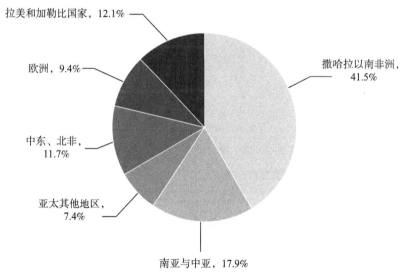

图 9-1 瑞士援助地理分布（2020 年）

资料来源：OECD/DAC 数据统计系统。

---

① 2019 年瑞士设定了 21 个优先受援国家和地区，包括孟加拉国、贝宁、玻利维亚、布基纳法索、中美洲（尼加拉瓜、洪都拉斯）、乍得、古巴、中非大湖地区、海地、兴都库什山脉地区、非洲之角地区、马里、湄公河地区、蒙古、莫桑比克、缅甸、尼泊尔、北非和中东地区、尼日尔、南部非洲地区、坦桑尼亚。

四、援助领域分布

根据 DAC 的援助领域划分，2020 年瑞士的援助主要集中在 5 个领域：一是社会与行政基础设施，包括教育、健康、政府治理与公民社会、水和卫生等领域的援助，占比 42.2%；二是人道主义援助，占比为 17.3%；三是经济基础设施，占比 5.2%；四是农业领域，占比 6.5%；五是工业与其他生产部门，占比 2.2%（见图 9-2）。

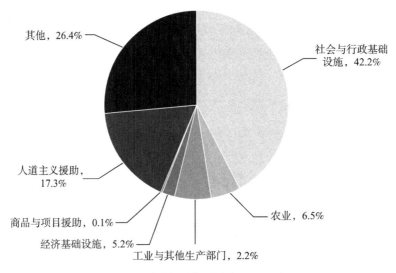

图 9-2　瑞士援助领域分布（2020 年）

资料来源：OECD/DAC 数据统计系统。

第三节　国际发展合作管理机制

一、主要管理机构与协调机制

瑞士的发展援助集中在人道主义援助、技术合作与财政援助、经贸发展合作、对东欧转型国家的援助与合作、促进和平与安全五大核心领域（见图 9-3）。一直以来，五大领域的援助工作主要由瑞士发展和合作署（SDC）和隶属于瑞士经济、教育和研究部的经济事务秘书处（SECO）分工负责管理。

其中，SDC 负责瑞士约 85% 的发展援助，主要包括人道主义援助、技术合作与财政援助、经贸发展的合作和对东欧转型国家的援助与合作等，同时也是瑞士制定与实施发展合作战略、国别和主题政策，进行项目实施与评估，开展国际交流等业务的主要推动方。SECO 主要负责与发展中国家的经贸合作，并与 SDC 共同负责与东欧国家在经贸领域的发展合作。随着全球和平安全形势愈发严峻，2016 年，瑞士联邦议会决定由外交部直属机构——人类安全机构（HSD），专门负责管理发展援助中的促进和平与安全事务。

除了上述 3 个部门，瑞士其他部门在援外决策中也起到咨询和建议的作用，如主管安全、卫生、教育的部门。

图 9-3　瑞士发展援助五大领域和相应负责部门

资料来源：根据瑞士官方资料制图。

二、决策制定流程

瑞士发展战略由 SDC、SECO 和 HSD 共同推进，决策流程如下：一是对国际形势进行分析，探讨发展合作新趋势、新需求；二是评估现有的发展战略执行情况，结合评估发现，对未来提出新的战略导向，形成新的发展战略初稿，由外交部会同经济、教育和研究部审核；三是进行为期 6 个月的跨部门建议咨询，广泛征求各部委、非政府组织、学术机构、私人部门等利益相关方的意见，修改战略初稿；四是发展战略终稿由瑞士联邦委员会批准、议会通过生效，此过程需要 5 个月的时间；五是发展战略生效以后，SDC、SECO 和 HSD 三个部门根据战略实施需要，分别制定重点国家国别战略、重点援助领域战略以及特定事务的发展政策。

三、援外法律制度

1976 年 3 月 19 日，瑞士通过《联邦发展合作和人道主义援助法》（以下简称《援助法》）（*Federal Law on International Development Cooperation and Humanitarian Aid*），确定了发展合作的原则和目标——通过发展合作推进瑞士与国际社会的团结，提高瑞士的国际地位，有效维护瑞士的长远利益。《援助法》指出瑞士的发展合作应服务于瑞士的五大战略目标，即：促进安全与和平；促进人权、民主与法制；增进共同繁荣；促进社会团结；保护自然与环境。1999 年瑞士制定新宪法，设立联邦委员会，宪法 54 条规定"瑞士需维护国家的独立性，保卫国家利益，帮助世界上的贫困人群，捍卫人权和民主、促进世界和平、保护自然资源"。宪法为瑞士在全球开展发展合作奠定了基础。

四、预算管理流程

瑞士对外援助预算采用跨年制。SDC、SECO 和 HSD 分别根据五大援助领域的需求制定四年预算框架。由瑞士外交部征集上述 3 家机构的援助申请额，汇总提交给财政部，经由瑞士联邦委员会审核、返回修改后，形成预算申请。议会通过国家整体预算后，援外预算生效，由财政部拨款。

根据《联邦财政监督法》，隶属于财政部的联邦审计局是国家最高财政监督部门，负责对联邦各行政机构和财政收支进行经常性监督检查。

五、宣传与国际交流合作

瑞士发展合作的公众参与度较高，瑞士政府支持国内非政府组织参与对外援助，积极的公众意识对瑞士发展合作起到十分重要的支持作用。外交部与经济、教育和研究部的官方网站是瑞士公开发展合作项目信息的主要渠道，通过发布发展合作战略、国别战略、年度报告、预算信息等文件，为国内外民众提供发展合作相关信息。同时，瑞士政府注重使用视频、报纸等媒体，推广发展合作成果。

瑞士善于通过多边渠道开展援助工作，这有助于瑞士借助国际组织平台在消除贫困和应对全球性危机的同时，积极植入本国理念，提高国际发展合作话语权。瑞士选择多边机构开展合作重视 4 个因素，一是瑞士的经济和外交政策利益；二是与瑞士发展政策的相关性；三是多边机构的实力和成绩；四是瑞士对多边机构的决策影响力。目前，瑞士共与 22 家多边机构建立了相对紧密的合作伙伴关系，支持多边机构的方式包括政治对话、提供资金和派遣专家。根据瑞士《2021—2024 年国际发展合作战略》，2021 年瑞士投入 7.8 亿瑞士法郎用于多边平台，其中 30% 投向联合国机构，主要包括联合国开发计划署、联合国近东巴勒斯坦难民救济和工程处（UNRWA）、联合国儿童基金会、联合国妇女署（UN Women）等；51% 投向国际金融机构，如国际开发协会、非洲发展基金（AfDF）、亚洲开发基金（ADF）等；其他 19% 投向绿色气候基金（GCF）、全球环境基金（GEF）、抗击艾滋病、结核和疟疾全球基金（GFATM）等国际组织。其中，瑞士分别是 UN Women 和 UNRWA 的十大捐赠国之一，也是联合国物资和服务的第五大提供方。通过与国际机构的活跃互动，瑞士已与多边援助平台形成积极参与、深入渗透、广泛影响的合作态势。

此外，瑞士也是开展援助三方合作较早的国家。目前已分别与英国、印度、中国、蒙古等开展了多项三方合作项目。

第四节　发展合作项目实施管理

一、项目周期管理

瑞士采用以结果为导向的项目周期管理模式（PCM），包括 4 个步骤：设计、计划、执行和评估。

（1）设计是指瑞士根据受援国需求，制定国别战略，针对重点援助领域规划援助方案和项目，设计方案和项目的预期产出。同时，设计项目的评估标准和方法，确保后期项目评估的有效性。

（2）计划是指制定详细的项目计划文件，具体包括项目预算、采购方法、实施方式、项目实施主体、实施合伙人、实施项目的行为基准等。

（3）执行是指项目资金获批后，项目进入实施阶段。项目实施主体需接受瑞士3个援外执行部门的监督，定期汇报项目进展情况。瑞士和受援国共同开展项目监督工作，对不符合项目计划文件的行为及时提出更正。

（4）评估是瑞士项目管理的重要环节。项目评估由两个部门负责：一是SDC下设的评估和联合管控处，2016年有5名评估人员；二是SECO下设的经济合作和发展处，2016年有4名评估人员。评估类型包括主题评估、跨部门评估、方案/项目评估、国别评估、政策评估等。通常情况下，两个部门可进行联合评估。

瑞士最新的《评估政策》发布于2018年，指出瑞士在DAC评估原则基础上，还需要遵守八个评估原则，包括评估实用性、可行性、准确性、高质量和可靠性、广泛参与性、公正和独立性、透明性以及注重伙伴关系。参与评估的部门在评估过程中应满足上述所有原则，并及时向公众发布评估方法、评估发现，积极应用评估结果，改善未来项目规划和设计。

二、政企合作方式

私人投资对推动发展中国家实现联合国2030年可持续发展目标意义重大。瑞士十分关注支持全球企业、基金会、社会组织、科研单位等私人部门分享技术和知识经验，共同促进社会、环境和经济的可持续发展。早在2013年，瑞士就提出"促进发展的公私伙伴关系"倡议（PPPDs），主要以两个渠道推进与瑞士和其他国家的私营部门合作：一是战略性对话合作，包括搭建私人部门网络平台、帮助了解政治环境和法律法规、创造良好的商业运营环境等；二是开展项目合作，瑞士政府派遣专家、提供设备、创新技术，并提供直接资金、混合资金或担保、风险投资等，支持瑞士和其他国家私人部门在发展中国家实施具有社会和经济影响的发展项目。

2016年，瑞士用于支持PPPDs倡议的官方发展援助资金为4500万瑞士法郎，占ODA总量比重虽小但效果突出。例如，SDC于2016年初提供960万瑞士法郎，支持 SWISSCOMPACT 基金会与突尼斯培训与就业部合作，在当地开展为期 3 年的职业培训，目的是培训当地青年人——特别是年轻妇女的职业能力，以填补突尼斯 15 万个空缺工作岗位。目前，已有大量培训者符合相关岗位要求并顺利就职。

《2021—2024 国际发展合作战略》中，瑞士再次强调了 PPPDs 倡议的重要作用，指出截至 2019 年底，SDC 与私营公司已建立约 60 个项目伙伴关系，其中大多是瑞士的大中型企业，它们拥有特殊的专业知识，可以为实现具体发展目标作出贡献（例如，促进粮食安全、减少农业用水量或水泥生产中的二氧化碳排放量）。近年来，瑞士调动的私人资金主要涉及工业、矿业、建筑业、能源，以及农业、林业和渔业部门的活动。气候变化相关领域占据瑞士调动私人资金总额的 20%。

第十章　提升发展合作有效性的国际经验

评估监督一直是国际发展合作管理的一个重要环节，是提升发展有效性的关键环节。绝大部分 OECD/DAC 成员国和其他国际机构的评估体系已经相对成熟，对发展援助的监督、评估、报告制度已有数十年的历史。近年来，西方发达国家的发展援助评估已不仅限于项目评估，还出现了对整体规划、分部门、按国别、对优先领域的政策性评估等丰富多样的评估类型。同时，在评估机制上也有一些新的变化和安排，主要体现在提高了评估部门的机构级别、陆续成立了独立的援助评估机构、培养了相对专业的管理团队和评估执行机构与专家，同时基于对评估附加值的认识，提供了较为充裕的评估资金。因此，本章对英国、美国、日本等国家在发展援助评估与监督领域的经验进行总结学习，为中国未来优化使用援外资金、提高援外有效性提供一定借鉴。

第一节　英国经验和特点

发展援助监督和评估一直是英国发展援助管理的一个重要环节，发挥着 4 个重要作用，一是用事实和数据考量资金的使用价值，以达到"物有所值"的效果；二是用高质量的事实依据，控制项目风险；三是使用评估发现，促进发展援助方法修订、方式创新以及必要时终止无效援助；四是帮助伙伴国提高能力建设，促进评估发现在当地的使用。目前，负责英国发展援助监督和评估的部门包括英国议会、英国国际发展部（DFID）①、援助影响独立评估委员会、国家审计办公室、财政部等，它们在援助监督和评估领域侧重点各不相同，发挥作用不同。

一、国际发展部——负责英国大部分援外项目/方案的监督与评估

DFID 是英国发展援助的主要管理机构，负责管理和执行 70% 以上的官方发展援助资金。DFID 下设了评估部，负责制定评估战略规划、政策制定、评估设计、评估执行、协调沟通、评估公开和使用、评估能力建设等工作。评估部从 DFID 的全局把控评估系统，其战略目标是满足 DFID "证据优先"的需求、保障英国援助评估的质量以及促进评估的使用和影响力②。目前，评估部有 16 名评估专家，评估的经费通常与项目绑定，约占项目预算的 2%，相当于 DFID 部门总支出的 0.48%。2018 年，评估部对 DFID 的 199 个双边援助项目开展了评估，覆盖年度双边项目 31% 的比例。③

评估类型方面。DFID 主要开展 3 种评估。一是影响评估，在方案/项目干预措施和相关影响之间建立因果联系，确认哪些影响可归因于 DFID 的干预措施；二是绩效评估，对方案/项目干预措施的有效性进行评估，确认哪些结果和影响可归因于 DFID 的干预措施；三是过程评估，判断项目完整性、相关性和连续性，为促进实施质量提供更深入的数据支持。

DFID 除开展基于方案/项目的评估外，还开展年度审计（review），主要针对论证书，对项目实施框架的相关指标进程进行评估，提出建议及对自我学习更新的分析。此外，DFID 也开展针对整体双边国别方案和多边组织的跨年度审查，通常每 3~5 年一次，对相关业务的开展、合作伙伴项目落实的有效性和效益进行评估，以此指导下一年度或几个年度的工作，对相关国别方

---

① 英国国际发展部（DFID）于 2020 年 9 月与英国外交和联邦事务部（FOC）合并，组建为外交、联邦和发展事务部（FCDO），本文对原 DFID 的评估做法进行分析。

② DFID Strategy Evaluation（2014—2019）：https://assets.publishing.service.gov.uk/government/uploads/system/uploads/attachment_data/file/380435/Evaluation-Strategy-June2014a.pdf.

③ 同②。

案/项目进行调整，如业务扩张或缩减甚至取消以及添加或淘汰一些伙伴。

评估标准和指南方面。DFID 主要采用 OECD/DAC 的评估标准①，即相关性（Relevance）、有效性（Effectiveness）、效率（Efficiency）、影响（Impacts）和可持续性（Sustainability）。此外，针对人道主义援助，DFID 制定了一致性、协调性和受益广泛性的援助标准（见表 10-1）。

为促进评估工作，评估部于 2005 年制定了《评估指南》②，以清晰地指导评估的设计、实施和使用。值得提出的是,《评估指南》制定了包含 8 项指标的评估标准表，以此来综合判断"必须评估""考虑需要评估"和"不需要完全评估"三大情景。总体来看，8 项指标覆盖了政策重点、援助规模、援助价值、项目/方案风险、创新需求、评估的可行性、使用性等因素。

表 10-1　DFID 评估标准

序号	指标	参照问题
1	战略重要性	该项目/方案是否对资金支出部门的战略目标有重要贡献？
2	优先级别	该项目/方案是否为 DFID 年度评估计划中的优先事项？
3	证据基础	从评估中获得的证据是否也有助于促进对发展有效性的认识和学习？
4	资金规模调整	评估结果是否可能对未来的援助预算调整产生影响？
5	规模/风险/创新	该项目/方案是否属于重大投资项目？针对预判风险或其他存在问题，是否需要更加深入、全面地开展风险调查？相关具有创新性的干预是否产生了效果，是否有证据支持？
6	需求和利用	关键合作伙伴是否要求开展评估？这些评估结果将在多大程度上被吸纳到政策制定和方案改进中？
7	可行性	评估是可行的吗？
8	时效性	评估能否在规定时间内完成，以按时用于政策调整？

资料来源：DFID《评估指南》，2005 年。

信息公开和评估使用方面。DFID 公开评估结果的渠道多样，包括在官网

---

① https://www.oecd.org/dac/evaluation/daccriteriaforevaluatingdevelopmentassistance.htm.

② Guidance on Evaluation and Review for DFID Staff, https://assets.publishing.service.gov.uk/government/uploads/system/uploads/attachment_data/file/67851/guidance-evaluation.pdf.

发布评估报告、以出版刊物方式发布案例研究、召开研讨会等，同时强调和受援国、合作伙伴分享和讨论评估结果，以鼓励利益攸关者共同促进项目有效性。DFID 重视评估结果的使用，其评估发现不但对项目监督、效果提升发挥重要作用，对政策决定、预算分配也产生重要影响。例如，2011 年，DFID 首次对多边组织开展评审①，评审发现联合国粮食及农业组织、国际移民组织、联合国教科文组织、联邦秘书处四个组织在机构运行能力、资金控制和透明度、项目质量方面的表现均低于 DFID 评审最低标准，DFID 随即停止了对这四个组织的核心捐款，并派遣专家指导其机构内部整改。2016 年，DFID 第二次多边评审报告②指出，得益于过去五年的机构整改和能力建设，联合国粮食及农业组织、国际移民组织和联邦秘书处的评审结果均显著提高，联合国教科文组织的机构能力建设进展依然缓慢，英国决定继续停止联合国教科文组织的核心捐款，并联合其他捐助国严厉敦促其向高标准看齐、促使资金使用透明化，同时继续协助其改善机构管理。另外，DFID 多边评审特别肯定了全球基金对英国援款使用的有效性，并决定未来三年对该组织的捐赠规模由 8 亿英镑增加至 11 亿英镑。双方还签订了详细的《援助行动扩展协议》，全球基金在协议中承诺日后将通过更加精细化的管理促进英国援款价值最大化。

内控方面。为加强发展援助资金安全性，DFID 建立了严格的内控制度，以防止公共资金受到损失。一是建立了《防止援助流失框架》，框架以保护纳税人资金为目标，明确了清晰的风险问责制和风险管理方法，还规定了 DFID 全员对反腐败、反洗钱、反贿赂、反恐怖主义融资等行为的要求和原则。二是 DFID 建立了"风险防控队"，以协助内部和海外办公室搭建风险管控管理架构、提供风险防控培训、防欺诈知识传播和分享，确保 DFID 全员更好实施《防止援助流失框架》。三是 DFID 内审局专门负责对 DFID 治理结构的适当性

①　Multilateral Development Review 2011, https://assets.publishing.service.gov.uk/government/uploads/system/uploads/attachment_data/file/67583/multilateral_aid_review.pdf.

②　Raising the standard: the Multilateral Development Review 2016, https://assets.publishing.service.gov.uk/government/uploads/system/uploads/attachment_data/file/573884/Multilateral-Development-Review-Dec2016.pdf.

和有效性以及风险管理和控制进行判定。内审局还下设了反欺诈处，负责查处欺诈、滥用和骚扰等违规行为。反欺诈处制定了《反欺诈和反腐败政策》，建立了专门反馈网络热线①，供员工和社会公民提出援助资金使用的潜在风险、举报违规行为。

二、援助影响独立评估委员会——独立的评估机构

为促进评估独立性，2011年，英国设立了可直接向议会汇报的独立评估机构——援助影响独立评估委员会（ICAI）②。根据议会要求，委员会主要职责是对英国发展援助资金使用的影响和价值开展独立评估，即英国发展援助所确定的援助主题、援助框架和援助方法是否能够促进国际发展援助，其根本目的是提高英国援助战略的合法性和可靠性。根据规定，委员会由一名全职理事、两名兼职理事、评估管理组和评估专家队组成，理事由竞选产生，任期四年。所有理事都需遵守英国制定的《公务行为准则》③，以保证评估工作的客观性、中立性和独立性。

委员会每年开展8~10个政策和主题评估。具体地看，评估对象覆盖了英国所有发展援助实施机构，包括DFID，外交和联邦事务部，卫生部，环境部，商业、能源与工业战略部等。委员会也对相关主题基金进行评估，如繁荣基金、全球卫生挑战基金、全球挑战研究基金、国际气候基金和牛顿基金等。通常，评估报告的内容除了评估发现，也包含对相关政府提出的建议。接到建议的所有援助支出部门都应当对委员会的审核和建议作出是否接受、部分接受或者拒绝接受的回应。各部门的回应均以报告方式呈现，所有回应的报告均可以在英国议会网站查看。

鉴于委员会的独立性，各相关部门在接受评估时表现出较好的配合，独立评估工作的协调性较强。比如，当委员会对DFID进行评估时，DFID通常指定一位高级官员作为联络员，负责向委员会提供快速、有效的信息，并在

---

① reportingconcerns@dfid.gov.uk.

② https://icai.independent.gov.uk.

③ https://www.gov.uk/government/publications/the-7-principles-of-public-life.

商定的时间内向委员会汇报评估管理情况。当委员会的独立评估涉及多个政府部门时，DFID 联络员也应积极参与跨部门协调工作。

委员会重视评估信息透明度，除了向议会报告，还负责向公众公开信息。委员会每四年向公众进行一次公开评估征集，选出若干公众最关切的主题。如 2019 年 1 月到 4 月，委员会收到来自非政府组织、高校、智库和民众对未来四年评估工作的建议，包括关切主题、对过去评估报告的意见、对评估实施的建议等。从 2011 年成立至 2020 年，委员会共开展了 83 次评估，所有的评估报告均发布在官网上供公民知晓和问责。[1]

三、英国国家审计办公室——独立审计援外资金使用有效性

英国国家审计办公室[2]在外部监督中也承担着重要的功能。审计办公室具有鲜明的独立性：其最高长官，即审计总长，是下议院的官员，完全独立于政府，其任命必须先由首相与下议院公共账目委员会（PAC）达成一致，然后向下议院全院大会提出动议，再由下议院呈请女王颁诏任命。要撤换也得经过两院一致同意并呈请女王下诏。国家审计办公室受审计总长的领导，工作人员不属于政府官员；审计办公室向公共账目委员会报告工作，其经费也由英国议会公共账目委员会审核后上报全院大会通过，不由政府拨款。审计办公室的独立性为开展客观公正的审计监督工作提供了重要的条件。目前，审计办公室在发展援助预算监督中承担以下两方面的工作：一是在下议院每年度的财政监督工作启动之前，对各发展援助部门实施审计，并由审计总长向公共账目委员会提交审计报告。公共账目委员会再依据审计总长的报告，启动自己的监督工作。二是在下议院每年度的财政监督工作结束后，审计办公室再检查相关部门的整改情况，并将结果报告议会。

2019 年 6 月，审计办公室公布了对英国援助跨部门战略的评估报告。英国援助跨部门战略目标是到 2020 年使英国 30% 的援助分流到 DFID 以外的其他部门。但是审计办公室的评估报告认为，其他部门的援助支出缺乏透明度，

---

[1]　https://icai.independent.gov.uk/reports.

[2]　https://www.nao.org.uk.

援助是否有效值得怀疑。报告还指出，目前英国政府哪个部门对援助总体战略负责有待进一步明确，并建议财政部在下一年度的援助预算分配前，对各部门的援助项目执行能力和有效性进行更细致的评估。

四、英国其他机构的评估和监督

英国财政部在预算分配之后，派遣一位首席会计官员常驻 DFID，首席会计官员在《管理公共资金办法》的指导下，对 DFID 发展援助资金的使用进行风险管理和问责。

除此，OECD/DAC 会对英国的发展援助进行定期评估。作为 OECD/DAC 的重要成员，英国的发展援助每 4~5 年就会接受一次 OECD/DAC 的同行评估。该同行评估的目的在于改善发展合作政策和体制的质量和有效性，提升良好的发展伙伴关系，达到在发展中国家中更好减贫和可持续发展的效果。OECD/DAC 对英国最近一次同行评估为 2020 年。

第二节　美国经验和特点

美国对外援助管理体系错综复杂，为促进对外援助公开透明、强化问责机制，美国从国会到其他对外援助管理和执行部门均建立了相应的监督评估体系。目前，负责美国对外援助监督评估的部门包括美国国务院、美国国际开发署（USAID）、千年挑战公司（MCC）、美国政府问责局（GAO）、美国国会研究服务部（CRS）等机构，各部门在对外援助监督评估方面各有侧重、各司其职。通过对美国在对外援助监督评估领域的总结学习，可以为中国未来优化监督和评估制度、提高援外有效性提供经验借鉴。

一、美国国务院：统筹指导各援助机构的政策制定

美国国务院直属的对外援助资源办公室是负责制定对外援助战略、跨部门政策协调、援助计划协调以及绩效管理的归口管理部门，可直接向美国国务卿汇报，在监督评估政策制定方面对全国具有指导性作用。目前，办公室

主要负责两大任务：一是对国务院开展的经济援助进行评估，如对经济支持基金、人权与民主基金、中东伙伴计划、移民与难民援助账户等援助方案的实施情况开展评估。评估形式多样，包括绩效评估、部门评估、方案/项目评估、主题评估以及跨部门评估等。二是对与美国国际开发署联合制定的战略规划、区域援助计划开展战略性评估。例如，对联合制定的《2014—2017 财年战略规划》中的具体战略目标进行逐一评价。

为提高对外援助透明性、加强问责机制，2010 年该办公室首次发布《项目设计、监督和评估政策》。该政策总体相对宏观，对其他发展援助相关部门具有指导作用，USAID 和千年挑战公司等部门的相关评估政策均以此为参考。

美国务院的评估结果均公布在官方网站上，评估发现广泛地运用于项目质量监督、预算分配和政策决定。例如，美国国务院对萨尔瓦多、危地马拉和洪都拉斯开展了援助评估。考虑到外交和安全因素，美国决定终止向上述三国提供约 5.5 亿美元的经济援助，重新分配 2018 财年经国会批准的中美洲援助资金。

二、美国政府问责局：对援助资金开展审计和独立评论

问责局是美国国会的下属机构，负责调查、监督联邦政府的规划和支出，其前身是美国总审计局。该机构是一个独立机构，只对国会负责，以中立原则定期检查政府各部门管理和使用国会拨款的结果，可以就联邦资金使用状况和效率发表独立评论。问责局的局长由国会提名，经参议院同意，由总统任命。局长置于总统管辖之外，独立行使审计监督权，任期 15 年，远远超过任何一届政府的任期，这在很大程度上保证了该机构的独立性和问责的有效性。

问责局对美国对外援助监督和评估工作通过以下两种方式展开：首先，问责局对国务院和 USAID 开展年度评估，对不同援助主题、援助项目、区域优先事务逐条发表意见、提供建议。2018 年，问责局对国务院和 USAID 的 2015 财年对外援助情况开展评估，对两家机构在投资风险、机构协调、脆弱地区援助事务、评估发现使用等方面共提出 132 条意见和建议。问责局要求

国务院和 USAID 以正式函件对意见和建议逐一回复，并做出整改承诺。往来函件作为评估报告的附录，一并提交给国会。例如，问责局的评估报告中列有"USAID 需提高对叙利亚人道主义援助项目资金的监管力度"以及"USAID 应加强使用项目执行办公室提交的风险评估信息，以控制和缓解风险目标"这两条意见，为客观表明 USAID 对评估意见的反馈，评估报告也附上"USAID 接受意见和拟整改方法"的过程函件，报告形成"意见—建议—使用—评估—发现"的完整链条。其次，问责局每两年更新一次高风险清单，对象为易发生浪费、欺诈、滥用、管理不善或需要改革的联邦政府计划和运营领域。高风险清单对领导承诺、解决能力、行动方案、有效监督、结果可视化这五项标准进行评估，其评估结果划分为满足、部分满足、未满足的 3 个等级。问责局的高风险清单能够有效识别政府运营中存在的多种漏洞，并提出相应的解决方案和应对措施。通过及时发现并有效解决高风险问题，能够起到节省财政支出、改善公众服务、优化政府绩效、落实问责制等作用。2019 年，问责局公布的高风险清单中涉及联邦政府运营的 35 个领域，与对外援助领域相关的气候变化风险资金管理被列为风险之一。问责局指出，随着气候变化问题愈加严峻，联邦政府在该领域的财政风险逐年增大，美国应制定气候变化投资战略，并投入强大的政府领导力，以降低该领域的高风险趋势。

三、美国国际开发署：负责大部分援助项目监督和评估

2010 年，美国国际开发署设立学习、评估和研究办公室，办公室共有 22 名人员，负责评估政策制定、年度绩效管理计划、评估协调、评估汇总和知识应用。USAID 于 2011 年发布第一版评估政策，在政策指导下，USAID 规范了评估方法、评估培训、评估应用等相关机制。2016 年，USAID 发布了第二版评估政策，政策更加强调对评估结果的学习和应用，此后年均评估数量超过 200 个，71% 以上的评估结果被应用于项目实际执行。

USAID 通过五种措施提高评估质量。第一，USAID 总部下放权力，将具体的评估工作交由驻外办公室执行，驻外办公室每年预留 3% 的援外资金用于

评估。第二，为保证评估独立性，USAID 规定通过公开招标选择外部评估专家，项目评估组组长必须为外部专家。如果需要支持，USAID 内部员工可作为评估小组成员。第三，为提高管理水平，USAID 要求国内外发展援助领域工作人员均参加评估能力培训，目前已有超过 3000 名员工得到培训。第四，USAID 要求每个国别办公室指定一名评估联系人，负责与其他捐助方、多边组织、非政府组织、基金会、学术机构、受援国政府等多方面评估事务交流工作。评估联系人也需与国内负责援助管理和执行的部门保持密切沟通，促进部门协调性。第五，USAID 为相似国别、脆弱和复杂局势地区和优先领域援助项目提供具有针对性的评估指南、评估工具、合同机制等技术支持。

在项目信息公开方面，USAID 要求事前公开和事后公开。即评估前在 USAID "评估登记网" 公开评估设计相关信息，评估后将结果公开在美国发展数据图书馆。USAID 十分重视评估学习和分享，目的是改进未来项目设计和援助决策。例如，2012 年 USAID 对东非 3 个反极端暴力援助项目开展评估，评估发现项目受益群体广泛，援助效果显著。USAID 利用该评估报告，大力度地宣传该援助项目对抑制当地极端暴力的效果，甚至指出该援助项目在当地发挥的作用超过美国国防部等其他部门的工作。有鉴于此，2015年，白宫宣布继续提供 4000 万美元支持东非地区反极端暴力项目。USAID 还将该评估报告分享给其他援助国，为其他反极端暴力援助项目提供 "最佳实践" 经验。

四、美国千年挑战公司：对 "无偿援助合同" 开展评估

2004 年 1 月，美国成立千年挑战公司，其具有政府企业性质。该公司制定了选择受援国的 17 项指标标准，包括政治和经济自由化的政策承诺、援助资金要投资于教育和卫生等。对于达标的受援国，MCC 将提供 5 年的无偿援助合同，由受援国自主决定资金优先使用方向，并自主组织项目实施。因此，MCC 在评估方面比较突出的特点是受援国均参与评估，其对评估的信息收集、效果判定等起到重要作用。

MCC 下设政策和评估部，向首席执行官汇报，首席执行官向董事会主席汇报。董事会主席由国务卿直接任命，与国务院的关系十分密切。在国务院评估政策指导下，政策和评估部制定了《MCC 监督和评估政策》，政策向 MCC 的合作者和受援国阐明如何通过技术性、系统性、透明性的方法来预估、跟踪、评估项目影响力。该政策适用于所有 MCC 签订的无偿援助合同和项目。为促进政策的实施，MCC 还制定了与政策相适应的《项目评估工具》《评估管理和评估程序》《评估风险审核清单》以及《评估微观数据采集指南》等政策文件。

目前，MCC 政策和评估部设有 25 名评估人员，每年开展 100 个评估，主要包括绩效评估和影响评估。MCC 建立了比较完善的评估协调机制。每项评估均由 5 组人员共同完成：一是 MCC 政策和评估部人员作为牵头组，负责评估规划和监督、选择独立的评估专家，以及全方位协助评估工作；二是受援国监督评估组，主要负责在受援国开发具体评估计划和程序，与当地部门进行沟通联系等；三是 MCC 驻地使团，调动当地相关部门力量，协助解决受援国监督评估队在当地的评估需求；四是 MCC 经济师，进行成本效益分析；五是监督评估委员会在每个援助合同签订后均第一时间组建专门的委员会。委员会设主席一名，组员 6~8 名，由上述 4 组相关人员组合建立，主要对评审评估计划、评审评估设计、审核评估报告等重要步骤进行把关。

表 10-2　MCC 监督评估分工与协调

序号	组别	职能分工
1	MCC 监督评估牵头组	负责评估规划和监督、选定独立评估专家组、协助受援国监督评估队的组建
2	受援国监督评估组	开发具体评估系统、采集项目数据、执行 MCC 的意见建议
3	MCC 驻地使团	调动受援国相关部门人员、协助受援国监督评估队开发评估系统
4	MCC 经济师	成本效益分析（CBA），包括经济回报率及受益人分析
5	监督评估管理委员会	评审评估计划、评审评估设计、审核评估报告

资料来源：《MCC 监督和评估政策》。

五、美国国会研究服务部：为国会立法和法案评估提供智力支持

国会研究服务部隶属于美国国会图书馆立法参考服务处，是支援国会立法的专业研究机构。服务部由各学术领域专家学者组成，为国会议员提供常规研究服务，也应国会各委员会需求，提供特定法案分析与评估服务。国会研究服务部也针对各类重大议题，预先进行深入研究，不定期出版相关报告。从 1914 年成立至今，服务部专家扩大至 600 多人，已发展成为相对独立的"国会思想库"。

服务部主要包含 5 个领域研究①，其中"外交，国防和贸易"领域研究涵盖了对援助战略、资源分配、国别研究、机构预算和职能、债务等方面的立法和评估服务。工作方法体现在 3 个方面：一是为援助领域的立法工作提供支持，例如，在《美国对外援助法（1961 年）》《美国援助评估法案（1987 年）》《援助问责法案（1989 年）《多边援助评估法案（2019 年）》等法律制定和修订过程中，服务部均提供了智力服务，并及时在图书馆推送新法律、总结和公开修订内容；二是对当前的援助政策、议题等开展现状研究和评估，例如，服务部几乎对所有受援国、援助国以及美国自身的对外援助现状进行国别研究，还就某些国别和议题进行评估，发表了《对巴基斯坦援助有效性评估》《加强援助促进贸易援助问责》等评估报告；三是对相关议题开展讲座和研讨会、对委员会的咨询进行回应，支持国会援助工作，提升国会监督力量。

总体来看，美国监督评估体系呈现出协调性较好、评估资金覆盖面大、独立性强、透明度高等特点，其监督评估水平跻身国际前沿有赖于多层面的推动。在立法层面，美国要求援助管理和执行机构制定监督评估政策、计划和指南，以及定期提交必要的风险报告，为监督评估体系提供了法律约束力。

---

① 5 个领域研究分别是外交、国防和贸易（Policy Foreign Affairs, Defense and Trade），美国法律（American Law），国内社会政策（Domestic Social），政府和金融（Government and Finance），资源、科学和工业（Resources, Science and Industry）。

在政策层面，经过多年发展，各援助管理和执行机构已建立了相对完善，并且适应各自评估工作的政策和指标体系，确保监督评估有据可依。在项目管理层面，在以结果为导向的对外援助项目管理模式推动下，监督评估已纳入项目管理全链条，贯穿于项目立项、实施过程、后续合作等关键环节，在各个不同阶段有力把控项目的援助效果、影响以及持续性。在资源保障层面，提供了较为充裕的评估资金，培养了相对专业的管理团队和评估执行机构与专家，为规范评估操作、保证评估质量夯实了基础。同时，美国搭建了有助于社会公众了解、学习、参与对外援助监督评估的平台。对评估结果的宣传加强了对外援助的透明度，提高了公众支持度。除此之外，美国积极学习典型评估结果，有助于项目决策者进行数据对比、经验总结和趋势判断，并以此做出更加合理的决策，提高对外援助有效性。

第三节　日本经验和特点

日本在法律、战略与政策、实际执行等层面均对发展援助评估有明确要求，强调公开透明与公众问责。法律层面，2002 年 4 月，日本政府颁布了《政府政策评估法案》，要求日本所有政府部门依法制定政策评估实施指南、定期开展政策评估、合理应用评估结果、每年向国会提交政策评估报告，并及时向公众公开信息。该法案成为日本开展援外政策评估的权威依据。战略方面，日本发展合作领域的顶层战略《ODA 大纲》[①]，对 ODA 评估有明确规定，如 2015 年 2 月，新修订《发展合作大纲》重申评估对促进发展合作的重要性，指出"日本将继续在政策和方案/项目层面对援助项目开展评估，并将评估发现反馈至决策制定和项目执行过程"。政策层面，日本外务省、日本国际协力机构（JICA）均制定了具有指导性的评估政策、评估指南，为日本发展合作的政策/项目评估执行、反馈机制、信息公开等提供明确依据。管理机制层面，日本通过外交、经济、审计、监管、执行等不同归口管理部门组合

---

① 1992 年《ODA 大纲》、2003 年《ODA 大纲》、2015 年《发展合作大纲》。

发力，已形成良好的多渠道、多角度评估局面，有效促进发展合作领域的政策把控、资金监管以及项目运行。

目前，日本对 ODA 的评估主要由内阁、外务省、会计检查院、金融厅、财务省等部门，以及 JICA、相关部门海外机构、日本高校、智库等机构共同开展。

一、外务省——从政策和方案层面开展发展援助评估

外务省负责评估工作的归口管理部门是发展援助评估处，负责制定外务省的评估政策、评估计划、监督具体评估工作、汇报评估结果、开展评估学习等。评估处之前隶属于外务省国际合作局的援助政策和管理处，级别较低，2011 年，外务省进行机构调整，评估处调整为由外务大臣秘书处直管，可直接向国际合作局局长和外务副大臣汇报工作。但需要注意的是，外务省国际合作局还下设了发展项目问责委员会（Development Project Accountability Committee，DPAC），委员会由来自非政府组织、私人部门、学术机构和新闻界的专家组成，承担第三方评估角色。评估处负责制订年度评估计划、设立机动性新增评估项目以及使用所有评估结果和发现，上述内容均需要先经委员会审核、讨论和通过后，再由评估处向国际合作局和外务副大臣汇报。

评估资源方面，评估处配有 9 名全职人员，评估经费由外务省机构运行预算分配，每年大约占日本发展援助总额的 0.03%。评估处每年开展 5~10 个评估。[①] 评估处通过招投标方式委托第三方专家开展评估。评估处每年均安排一个与受援国的联合评估，以帮助受援国提高评估能力建设。

目前，外务省评估处的评估范围覆盖两个层面，一是政策层面，如对国别援助政策、区域援助政策和优先事务政策等方面的评估；二是方案层面，包括对援助方式、部门方案等方面的评估。具体来看，外务省的评估类型主要包括政策评估、主题评估、国别/地区评估、部门评估四类。

---

① Evaluation Systemsin Development Co-operation，https://www.oecd.org/dac/evaluation-systems-in-development-co-operation-9789264262065-en.htm.

表 10-3　近年来日本外务省开展的评估案例

政策评估	<ul><li>对促进千年发展目标政策评估</li><li>TICAD 在非洲十年的政策评估</li><li>对促进 SDG 评估方法的讨论</li></ul>
主题评估	<ul><li>对日本教育合作评估</li><li>债务减免评估</li><li>无偿援助评估</li><li>草根援助方案评估</li><li>对日本志愿者的方案评估</li></ul>
国别/地区评估	柬埔寨、印度、乌干达、坦桑尼亚、巴拉圭、越南、南太平洋岛屿国家、摩洛哥、南高加索国家
部门评估	<ul><li>对湄公河地区南部经济走廊的援助评估</li><li>对萨摩亚经济和社会基础设施评估</li><li>对乌拉圭林业部门的援助评估</li><li>对菲律宾减灾和管理部门的援助评估</li></ul>

资料来源：2018 年日本外务省《年度评估报告》。

评估原则方面，外务省在坚持 OECD/DAC 评估准则基础上，着重强调了两个角度的不同指标，一是从促进发展角度，强调了政策相关性、结果有效性，以及实施过程合理性 3 个指标；二是从促进外交关系角度，强调了外交重要性和外交影响性两个指标。外务省所有的评估报告，均从发展和外交两个角度梳理。随着日本强调"发展合作是日本开展外交最重要的工具"[1]，近年来，外交因素在援助评估工作中的地位日益凸显。

评估学习方面，外务省强调评估结果应用的重要性，在日本修订《ODA 大纲》、国别发展合作政策、重要发展事务政策、项目设计和实施过程中，均会考虑评估发现对新政策和项目的有益作用。如 2018 年外务省针对"非洲开发会议（TICAD）在非洲十年"进行政策评估[2]，评估提出"外务省应加强与世界银行、UNDP 和非盟在非洲发展事务的合作；加快 TICAD 优先领域项目的立项速度，加速提升日本在非洲的存在感；鼓励国内企业参与 TICAD 框架下的项目建设；加强在非洲国家间开展知识互享、促进良好技术转移"等

---

[1]　Japan's Development Cooperation Charter, 2015.

[2]　https://www.mofa.go.jp/policy/oda/evaluation/annual_report_2018/pdfs/annual_2018.pdf#page=1.

建议。外务省对评估结果作出具体应对行动方案，以便指导日本未来在非洲开展 TICAD。

二、日本国际协力机构——从项目层面开展发展援助评估

日本国际协力机构（JICA）评估工作的归口管理部门是其下设的评估部，负责日本发展援助项目的评估计划、评估协调、评估方法开发、评估管理和协助评估执行。评估部向 JICA 管理理事会报告工作。目前，JICA 评估部共有全职评估人员 29 人，评估部的预算独立于 JICA 其他部门，年度评估预算占日本 ODA 总额的 0.07%。除此，JICA 还设有外部咨询委员会，委员会为 JICA 项目评估的体制、方法、具体实施等提供咨询服务。

根据日本项目管理规定，JICA 采取 PDCA（Plan、Do、Check、Action）循环体系的项目管理体系，突出特点是：项目过程始终贯穿评价或评估工作，包括事前评估、中期监督评审、事后评估、事后监测 4 个步骤（见图 10-1）。

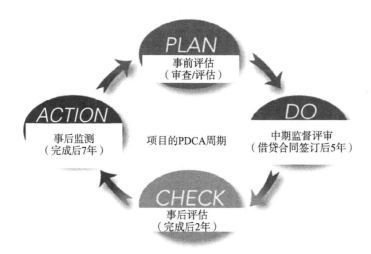

图 10-1　日本项目管理周期情况

资料来源：《日本官方发展援助评估指南》，2019 年 1 月。

事前评估是指 JICA 根据先前已完成的项目经验（如社会和环境因素），来预判断受援国政府新申请项目的产出，以确定项目的必要性和目的性。事前评估还预设了指标，供项目完成后根据指标进行事后评估。如近期日本对

援助菲律宾棉兰老岛公路网建设项目开展事前评估，评估报告内容包括项目背景和必要性、项目目标、预算，时间和计划，与其他援助国的合作情况，环境和社会考虑，目标产出和指标，过去经验对该项目的借鉴以及结论"JICA 支持该项目的必要性较强"①。

中期评审监督主要指 JICA 负责对受援国招标活动的公正性和合法性进行核查，并根据项目进展情况派遣专家进行指导，或对受援国项目实施机构及其他相关机构提供培训，还可向受援国提供项目实施特别援助（Special Assistance for Project Implementation，SAPI），帮助受援国有效监督项目。

事后评估是指 JICA 根据所定计划和目标对项目实施过程进行检查和评估，并继续就项目的运转和维护进行监督；JICA 根据项目规模确定评估主体，其中，2 亿~10 亿日元的项目由海外办公室内部人员执行，JICA 评估部提供协助；10 亿日元以上项目则聘请外部评估专家开展实地调查和详细评估。如评估发现项目需改进，JICA 可提供项目可持续特别援助（Special Assistance for Project Sustainability，SAPS）或无偿援助用于项目修复。

事后监测主要指对评估发现的学习和使用。JICA 评估部将评估结果交由外部咨询委员会审阅，综合委员会建议后，在官网发布报告，并开展部门间的评估学习。在规划新援助项目时，外部咨询委员会根据过去各类评估发现，对拟上报新项目的预期效果提出意见，最大限度规避同类错误。

专栏 10-1

日本开展援助项目事后监测案例②

评估发现：日本对"援缅甸仰光环形轨道升级项目"开展评估，指出存在"项目设备供应频繁中断、项目经营和管理人员能力不足"两个突出问题。

---

① Ex-ante Evaluation on Project of Road Network Development Project in Conflict Affected Areas in Mindanao，https://www.jica.go.jp/english/our_work/evaluation/oda_loan/economic_cooperation/c8h0vm000001rdjt-att/philippines_190618_01.pdf.

② JICA's operations evaluations：What's involved and how do they help?，https://www.jica.go.jp/english/our_work/evaluation/c8h0vm000001rdg1-att/evaluations_01.pdf.

　　评估使用：为规避同类错误，JICA 在援缅甸的另一个新铁轨项目立项时，在承包合同增加了"项目完成两年之内，应确保相关设备不间断供应、持续性维护、计划性采购和分配、对管理人员进行技术能力培训"等条款。

三、日本会计检查院——审计和监督发展援助资金

　　日本会计检查院外务审查科对日本 ODA 的执行开展审计工作，对资金使用和效果监督起着重要作用。日本宪法规定，会计检查院是一个独立的机构，既不隶属于国会，也不隶属于内阁或司法部门，其工作不受内阁干涉，是一个独立的监察机构，主要职责是检查监督国家财政收支的执行情况。日本会计检查院审计类型包括常规审计和任意审计。其中，对 JICA 账户的审计属于常规审计，即每年均对 JICA 开展审计，判断其发展援助预算使用的精准性、经济性、有效性以及财务管理的合规性。检查院不仅对发展援助的进行国内管理和执行机构审计，也对海外办公室和项目进行审计，每 5 年能覆盖境外全部海外办公室。

　　通常每一财年的预算执行完毕后，外务省、JICA 和其他部门一道在次年度的 7 月 31 日之前向财务省提交收入和支出的决算报告，在获得内阁会议通过之后提交会计检查院。会计检查院检查完毕后将检查报告返还内阁，由内阁会议将决算报告连同会计检查院的审计报告提交给国会审议。会计检查院依程序对各部门提出整改意见。

　　2014 财年审计报告中①，检查院对外务省和 JICA 的项目有效性进行审查，发现了若干问题，如部分援助设备闲置无用②、未按时采购设备、若干项目执行部门收到项目援款却没有执行、某些无效项目终止了但没有按规定上交剩余资金等。针对上述情况，检查院对外务省和 JICA 提出整改意见，包括提供无偿设备前必须进行充分的需求评估，并反映在项目结果设计中；外务省在

---

① Summary of Audit Findings, http://www.jbaudit.go.jp/english/report/pdf/fy2013report_2.pdf.

② In the Grant Assistance for Grass-roots Human Security Projects（GGP）.

执行草根（grass roots-aid）项目中，需充分指导海外机构对相似项目的错误规避，对首次草根援助项目执行单位需给予充分指导；JICA 在开展技术合作提供设备时，需关注受援国是否已更新了原有受援设备，以防止新援助设备不适合需求造成浪费。在 2016 年财年审计报告中，会计检查院对 JICA 出具了两份整改意见，分别是《关于对无偿援助和技术合作的执行意见》和《关于有筛选性地对 ODA 贷款进行事先内部收益率估算的意见》，要求 JICA 提高发展援助项目的经济性和有效性。

值得提出的是，从 2005 年起，会计检查院应日本内阁和国会要求，每年均就特别关切主题向内阁和国会递交特别报告（Special Report to the Diet and Cabinet）。① 如 2014 年，会计检查院在常规审计之外，向两个机构递交了《关于日本 ODA 技术合作执行情况（不包括外务省）特别报告》《关于日本对国际组织在 ODA 技术合作方面的贡献特别报告》。特别报告通常挑选日本公众关切主题，如援助的贡献度、援助的有效性等。审计署在 ODA 领域的审计，通常与外部专家共同开展，以促进评估的专业性。

四、金融厅——监督日元贷款金融机构（日本国际协力银行）

金融厅是日本金融监管的最高行政部门，负责独立对银行业、证券业、保险业及非金融机构进行全面监管，包括对日本贷款执行机构日本国际协力银行（JBIC）的监管，金融厅厅长由首相直接任命，保证其在金融监测和监督的独立性。应金融厅长官的要求，JBIC 应向金融厅出示检查结果并允许金融厅职员查阅相关资料。在实际工作中，金融厅和日本银行的职员实际上经常互换信息，形成相互配合的密切关系。为加强对日元贷款的监督审查，金融厅采取"预防型"的监管模式，即每个季度对银行的经营数据等财务内容进行一次分析，要求银行每周或每月向金融监督厅提供有关数据，金融监督厅每年与银行行长等经营决策层面谈 24 次，以便随时了解银行的经营状况，

---

① Outlines of Special Reports to the Diet and the Cabinet and Special Reports on audit requested by the Diet, http://www.jbaudit.go.jp/english/report/pdf/fy2008report_3.pdf.

发现问题随时解决。金融厅还对 JBIC 关联公司和海外网点等同时进行现场检查，以多样化的方式促进对日元贷款管理和执行进行严格监管。

第四节　评估指标体系搭建和应用：
以日本交通项目为例

交通基础设施是日本对外援助的重点领域。自 2015 年日本提出构建"高质量基础设施合作伙伴关系"（PQI）以来，日本在交通基础设施的援助规模显著增加，2019 年攀升至 76.5 亿美元，占援助总规模比例高达 53%。开展项目评估是日本验证援助质量、增强援助效益的关键环节。日本通过数年实践形成比较成熟的评估指标体系，特别是交通援助评估指标相对完善、应用深入、示范性强。本节拟对日本交通援助评估指标进行梳理，为中国探索相关项目评估提供借鉴。

一、日本交通援助项目评估概况

日本交通领域的援助方式包括日元贷款、无偿援助、财政援助和技术援助，项目形式包括道路桥梁、铁路、航空和港口。JICA 按项目规模确定评估主体，其中，2 亿~10 亿日元的项目由驻外代表处实施评估，10 亿日元以上项目由 JICA 评估司组织第三方评估专家实地评估。目前，日本已完成的交通项目评估占全部评估的 30% 以上。

二、交通援助项目评估指标体系和特点

交通项目是复杂系统，需要从多视角和多层次反映项目的综合效益。日本将交通评估指标体系分为四大部分：战略目标、项目类型、产出指标和效果指标，并将指标区分为基础指标和辅助指标（见表 10-4）。总体来看，该评估指标体系提纲挈领、纲举目张，呈现出目标导向性强、指标名目丰富、数据获取渠道明确、实操性较强等特点。

表10-4 日本交通援助项目评估指标体系

战略目标	中期目标	中期次级目标	项目类型	产出指标	效果指标
1. 国际交通便利化	1.1 促进国际人口流动和货物运输便利化	1.1.1 发展国际交通网络	公路桥梁	①年平均日交通①(辆/天);②道路承载能力提升(吨)	①能通过的车辆(辆);②节省时间(小时);③车辆运营成本节约(日元/年);④平均速度增加(公里/小时);⑤因灾害造成交通阻塞日期减少(天/年)
		1.1.2 加强安全措施	交通系统安全管理	实施符合国际标准的检查系统	—
2. 国家交通运输平衡发展	2.1 改善公路运输	2.1.1 发展干线公路系统	干线公路和桥梁(国内)	①年平均日交通量(辆/天);②道路承载能力提升(吨)	①能通过的最大车辆(吨);②大型车辆交通量增加(人/公里);③乘客和货物的运输量(人/公里、吨/年);④节省时间(小时);⑤平均速度增加(公里/小时);⑥因灾害造成交通阻塞日期减少(天/年)
		2.1.2 加强公路养护系统	公路养护	①可操作的建筑机械台数增加(台);②修复道路总长度(公里/年);③设备维修次数(次/年)	①年度维护费用减少(日元/年);②路面状况(如国际粗糙度指数、车辙、裂纹等)
	2.2 改善海上运输	2.2.1 改善港口和设施	港口码头	货物吞吐量,包括集装箱(吨/年)、散装货物(吨/年)、乘客总数(人/年)	①已入港船舶滞留平均时间,船舶在海上抛锚等待平均时间(小时);②装卸效率提高(吨/天);③最大载重吨位增加(吨)

① 字体加粗的指标为基础指标,其他指标为辅助指标。

续表

战略目标	中期目标	中期次级目标	项目类型	产出指标	效果指标
2. 国家交通运输平衡发展	2.3 改善航空运输	2.3.1 改善机场设施	机场设施	①客运量（人）；②货运量（吨）；③按出发地和目的地划分的起飞和降落次数（次）；④航空运输量（次）	①可停放的飞机增加量（架次）
		2.3.2 改善航空导航辅助系统	航空导航辅助系统	①按出发地和目的地划分的起飞和降落次数（架次）；②可停放的飞机增加量（架次）；③国际机场的导航灯覆盖率（%）；④监控雷达覆盖所有航班百分比（%）	①滑行道和停机坪事故减少数量（次）
	2.4 改善铁路运输	2.4.1 改善铁路和设施	铁路	①客运量（人）；②运行中的列车数量（列次/天）；③列车运行率（%）；④每组列车的车厢数量；⑤列车公里数（公里/年）；⑥列车通过特定路段所需时间（小时）；⑦车客运收入	①最高速度（公里/小时）；②计划速度（公里/公里/年）；③货运量（吨/公里/年）
	2.5 加强联运、改善共同问题	2.5.1 加强交通安全措施	交通安全设施	—	①交通事故数量和频率（事故数量、伤亡人数）
		2.5.2 加强灾难管理	边坡保护，抗震加固	—	①因灾害造成交通阻塞日期减少（天/年）；②能通过最大车辆（吨）；③大型车辆交通量增加（辆/天）

续表

战略目标	中期目标	中期次级目标	项目类型	产出指标	效果指标
3. 城市交通可持续发展	3.1 改善城市交通基础设施	3.1.1 增加干线公路、交叉口和桥梁的交通容量	道路设施和桥梁（城市地区）	①年平均日交通量（辆/天）；②道路承载能力提升（吨）	①乘客和货物的运输量（人公里，吨/年）；②节省时间（小时）；③车辆运营成本节约（日元/小时）；④平均速度增加（公里/小时）；⑤拥堵长度减少（公里）；⑥交叉口等待时间减少（小时）
	3.2 改善城市公共交通服务	3.2.1 改善公共汽车服务	公交车	①公共汽车的运载能力（公里/天）；②可运营公交车的数量（辆）；③巴士服务的数量（次数/天）；公交线路长度（公里）	公共汽车的运载能力（公里/天）
4. 农村交通可持续发展	4.1 改善农村交通基础设施	4.1.1 提供基本民用交通基础设施服务	农村公路和桥梁（国内）	①年平均日交通量（辆/天）；②道路承载能力提升（吨）	①节省时间（小时）；②乘客和货物的运输量（人公里，吨/年）；③车辆运营成本节约（日元/小时）；④平均速度增加（公里/小时）；⑤因灾害造成交通阻塞日期减少（天/年）；⑥使用社会基础设施（学校，医疗中心等）的增加（人/天）
		4.1.2 加强运输安全性	道路和桥梁（安全性）		因灾害造成交通阻塞日期减少（天/年）

资料来源：根据 JICA 公开资料制表。

具体看，日本在交通评估方面具有 4 个特点。

第一，定性和定量方法相结合。定性方法是指，日本根据交通项目属性特征、行业通行惯例等对项目进行语言描述、分析判断，达到剖析问题和效果呈现的目的。特别是当评价交通项目经济、社会、环境影响以及可持续性时，定性分析可更加灵活地描述利益攸关方的贡献，体现项目正面影响。定量方法较为具体、直观，评价时有明确的实际产出数值和可参考的标准值，所做的评价结论直接、明确，给外界的印象清晰。较大程度上，日本对交通项目的定性描述集中在项目的"立项"和"过程"上，就项目政策相关性、目标合理性、需求匹配性、绿色环保理念等方面进行归纳总结。而定量论证更多运用于项目"产出"和"效果"，统计项目确切效益，验证项目预期结果，特别就交通增长量、成本节约、运营情况等方面进行数据前后对比。

第二，指标以发展战略目标为导向。日本对交通援助设立了四个战略目标，包括国际交通便利化、国家交通运输平衡发展、城市交通可持续发展以及农村交通可持续发展。战略目标下设中期目标和中期次级目标，安排相应项目类型支持目标推进。例如，针对国家交通运输平衡发展，日本将战略目标逐层细化为改善公路运输、海上运输、航空运输、铁路运输和加强联运、改善运输共同问题五个中期目标，相应以发展公路、港口、机场、铁路和安全管理等作为中期次级目标，分别配套基建、物资、技术合作等项目。针对不同项目，日本设立产出指标和效果指标，分析判断项目是否预期完成。总体而言，日本评估指标体系搭建是将战略目标具体化和行为化的过程，以指导评估工作追本溯源、纲举目张，衡量援助预期目标是否得以实现。

第三，基础指标和辅助指标相结合。根据数据可及性和获得难易程度，日本将指标分为标准指标和辅助指标。基础指标是指核心的、标准的、必要的指标。例如，道路桥梁项目基础指标是"年平均交通量"，是国际道路桥梁项目常用指标，用于记录项目建成后的运营情况，反映项目前后交通增长量，该指标在评估中不可缺失。辅助指标指额外的、非核心的指标，由于项目内容和特点不同，部分指标数据需由跨部门合作提供，数据获取存在困难。此外，部分指标数据虽然有助于效果呈现，但存在把握性不足的问题。例如，公路养护项目的"设备维修次数"指标，虽能反映公路养护前后设备的损坏频次，但因维修内容不同，很难统计"次数"，因此，被认定为辅助指标。

第四，通用和专用指标相结合。和其他领域一样，日本在交通援助评估中综合使用通用和专用指标。通用指标参照 OECD/DAC 的 6 大评估标准，即相关性（Relevance）、有效性（Effectiveness）、效率（Efficiency）、影响（Impact）、可持续性（Sustainability）以及一致性（Coherence）[①]。为回应日本外交需求以及受援国满意度，日本在通用指标中增加"外交视角"和"社会贡献度"两个标准。

结合近年日本评估报告，日本对相关性、可持续性、一致性、外交视角等方面的评价，更多采用定性方法描述。对有效性、效率等方面的评价，则需使用专用指标的数据作为主要论证。例如，评价"相关性"，重点描述项目是否符合受援国经济社会发展规划、受援国交通领域规划、日本国别政策等即可。评价项目的"有效性"，则需要诸如交通量、节省成本、工程面积等数据的支撑，进而反映项目在安全性、便利性、舒适度等方面的效果。总体上看，通用指标更为宏观、灵活，专用指标更为客观、精准。具体评估中，无论通用或专用标准，并非硬性全部使用。一是根据项目特点、评估背景、利益相关方立场，对评估标准进行情境化，有针对性使用。二是每个标准的使用取决于可获得的资源、数据可及性、时效性等。

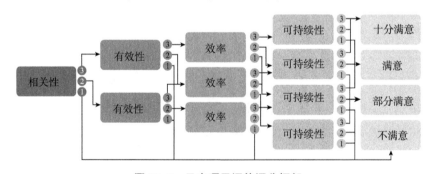

图 10-2 日本项目评估评分框架

资料来源：根据日本评估报告绘制。

[①] 2019 年 11 月 20 日，OECD/DAC 发展援助委员会发展评估网络审议通过《更好的标准，为了更好的评估》的文件，重新完善了援助评估标准的定义及使用原则，并在相关性、有效性、效率、影响和可持续性 5 个原有标准上新增"一致性"（Coherence）标准。

结合通用和专用指标，日本制定了评分系统，对评估的项目进行打分。各项分数划分为 1~3 分共 3 档，最终评估结果分为十分满意、满意、部分满意和不满意共 4 档。

三、交通援助项目评估案例分析

通过日本近年交通项目评估报告，笔者将报告的标准体例进行归纳。体例内容包括项目概要、评估概要、评估结果以及结论和建议，其中，报告的重点篇幅论述"评估结果"。本节以日本援越南国道 1 号环形公路项目评估报告①为例，分析日本评估过程中指标的使用方法。

表 10-5　日本项目评估报告标准体例

1. 项目概要	3.2.2.2 工期
1.1 项目背景	3.2.3 内部收益率
2. 评估概要	3.3 有效性及影响
2.1 第三方评估人	3.1.1 有效性
2.2 调查时间	3.3.1.1 定量效果
2.3 评估限制	3.3.1.2 定性效果
3. 评估结果	3.3.2 影响
3.1 相关性	3.3.2.1 影响的显现情况
3.1.1 与发展政策吻合性	3.3.2.2 其他正面、负面影响
3.1.2 与发展需求吻合性	3.4 可持续性
3.1.3 与日本国别政策吻合性	3.4.1 运营和维护管理体制
3.1.4 项目计划与方法合理性	3.4.2 运营和维护管理的技术
3.2 效率	3.4.3 运营和维护管理的财务
3.2.1 成果	3.4.3 运营和维护管理情况
3.2.2 投入	4. 结论及建议、教训
3.2.2.1 项目经费	

第一，相关性方面。将项目目标和越南政府发展计划、发展需求以及日本对越南援助政策进行对接，表明项目具有高度相关性。

第二，效率方面。重点描述了产出情况，将项目实际值和计划值进行对

---

① https://www.jica.go.jp/en/evaluation/pdf/2019_VNXVII-4_4_f.pdf.

比，表明项目实现了预期成果。产出指标包含道路长度、面积、收费站、主桥、引桥等工程的数量情况。评估报告还对项目经费投入、工期、经济内部收益率等进行计算和前后对比。

第三，有效性及影响方面。针对有效性，评估重点使用年平均日交通量、节省时间、车辆数量和运营成本 4 个指标。针对影响，该项目事前目标设为"提升湄公河三角洲区国际竞争力、促进经济社会发展"，但评估中，发现难以验证项目结果与事前目标的关系。遂采用"交通量增大可激活当地经济"的逻辑，对该地区的工业产出、外国直接投资、GDP、土地价格等内容进行定量描述，关联事前经济发展目标。对减少通行时间、减少恶劣天气影响、增加就业和商业机会、提高沿线企业销售业绩等内容进行定性描述，关联事前社会发展目标。对空气质量、水质量、噪声、振动、居民健康投诉、安置和土地征用等情况进行定性和定量分析，关联事前环境目标。

第四，可持续性方面。评估报告对项目运营管理的稳定性、运营技术成熟度、财务可持续性等方面进行定性描述。

该项目评估在过程中开展了大量实地调研、访谈、问卷调查等，驻越JICA 办公室参与了评估指导和协调。该项目评估综合结果为"满意"。日本对评估发现进行了及时应用，一是对项目执行机构提出"优化桥梁结构检测软件"的建议。二是针对该项目过程中"桥墩临时性倒塌"事故，JICA 制定了《官方发展援助建设工程安全控制指南》，总结安全建设工程技术说明，防范援助工程安全事故。

四、案例启示

中国与日本在交通援助方面有相似之处：规模占比大、基建类型多、覆盖地域广。建立健全交通评估指标体系是项目立项、项目实施、项目评估的必要前提。短期看，指标体系可指导评估人员科学有效地收集信息，为实现评估管理标准化、规范化夯实基础。中长期看，有助于优化立项可研，加强援助政策统筹，促进评估成果应用，提升援助综合效益。

结合中国援助特点，在交通项目评估指标体系搭建过程中，一是应体现政策导向，在可研阶段需利用指标开展事前评估，使过程监督和事后评估有据可依，推动项目周期闭环管理。二是应体现援助配合中国对外战略、服务"一带一路"、推进"三网一化"和产能合作的努力。三是应突出援助对2030年可持续发展目标的贡献，强调援助项目低碳、环境友好的特点，彰显大国形象。四是应考虑指标覆盖各类型项目，包括传统成套项目、技术合作、物资、人力资源项目，以及近年实施的投建营一体化、受援方自建、紧急项目、数字化等新兴项目。五是专用指标应考虑领域适用性、数据可及性、选取灵活性、技术前瞻性。还需考虑评估指标与统计指标进行密切关联，促进二者相辅相成、统筹管理。

第三部分
推动全球发展的中国贡献

进入 21 世纪以来，在应对各类传统、非传统安全问题上，中国主张、中国行动所取得的成效有目共睹。习近平主席指出，"大国之大，不在于体量大、块头大、拳头大，而在于胸襟大、格局大、担当大。"在日趋复杂的国际环境背景下，作为世界负责任大国，中国需要坚持将"发展"作为一切行动的总钥匙，集众智、汇众力，呼唤共识、跨越鸿沟，在开放合作中探索全球发展合作的变革路径。

第十一章　新时代中国特色国际发展合作

和平与发展仍然是当今时代主题。联合国千年发展目标和联合国可持续发展目标的提出，标志着国际社会在一定程度上形成了对全球发展的共识。面对大发展、大变革、大调整的百年变局时期，中国提出的"全球发展倡议"强调坚持发展优先、以人民为中心等理念主张，就减贫、粮食安全、抗疫和疫苗、发展筹资、气候变化和绿色发展、工业化、数字经济、互联互通等八大重点领域提出合作设想和方案，是中国为国际社会提供的又一重要公共产品和合作平台。

第一节　握紧发展总钥匙

在百年未有之大变局叠加新冠肺炎疫情的影响下，可持续发展目标成果遭受重挫，逆全球化趋势、意识形态斗争进一步加剧，面对重重障碍与挑战，全球发展表现出明显的动力不足。国际社会能否在新形势下坚守对全球发展的共识，如何实现全球发展合作，已成为当前必须回答的问题。

第一，跨越制度和意识形态分歧，共同应对发展赤字。在世界经济复苏步履维艰、南北"发展鸿沟"不断加大的背景下，中国提出"全球发展倡议"，目标是推动实现更加强劲、绿色、健康的全球发展，构建全球发展命运共同体，其核心要义是坚持发展优先、以人民为中心，这契合了可持续发展目标的根本方向，即仅仅抓住发展这个解决一切问题的总钥匙，努力实现不让任何一国、任何一人掉队。

"全球发展倡议"是中国立足当前国际形势和国内发展经验，提出的首个聚焦发展的全球倡议，是面向全世界开放的公共产品，致力于与各国、各地区和各机制对接，不将其他发展倡议视为竞争对手，而是促进各种发展机制和多边合作进程之间协同增效。这回答了中国对全球发展共识的理解和立场，即发展依然是当今时代的主题，发展依然是各国的最大公约数，世界各国应超越意识形态和地缘政治因素，携手将发展置于全球治理的突出位置。

第二，加强全球发展政策的沟通协调。当下，全球发展政策呈现区域性、割裂化特点。疫情加剧了大国之间的地缘政治博弈，战略互信的缺失冲击了大国在多边体系下相互协调的基础，国际治理制度失灵的问题愈发凸显。OECD 成员国、新兴市场国家、发展中国家通过各自发展伙伴关系、发展联盟等方式，追求地区性影响，其本质上仍是割裂南北的做法。

全球治理本身是一个协商过程，是一个参与和身份重塑的过程。破解全球治理困局需要维护和践行真正的多边主义，需要以多边主义的世界观、以开放包容的思维方式建构起一种真正的全球身份认同。因此，新时期，应突破现阶段地域性、划分南北的治理结构，加强国家间、区域间以及不同多边机制间的发展战略对接，通过增进政治互信，深化利益融合，不断达成全球发展的新共识，改革和完善全球治理体系。

第三，提升三方合作的主导地位。未来的国际发展合作，要把三方合作放在更加突出的地位。从国际环境看，2030 年可持续发展议程的落实尚任重道远，全球面临的发展治理难题前所未有。事实证明，应对新冠肺炎疫情、气候危机、粮食危机等全球性挑战不能依靠一国或几国之力，也不能单纯依赖南北合作或南南合作。全球问题的解决有必要以创新性合作方式探索应对举措。

从国际发展合作格局变化趋势看，21 世纪以来，随着发展中国家的群体性崛起，发展中国家间的南南合作日益深化，改变了原有的由传统援助国长期主导的国际发展合作范式，这为南北、南南两种范式相互融合提供了可能。从三方合作的独特性看，三方合作以共同发展目标为指引，提倡求同存异、包容互鉴的创新解决方案，有助于调动更广泛的发展资源，提升发展中国家的参与度和自主性，为各方带来互利共赢的合作成果。一直以来，中国本着互相尊重、互相借鉴、优势互补的理念，与发达国家和国际组织在农业、卫生、减贫等民生领域进行了三方合作实践，取得良好成效。面对日益严峻的全球性挑战，倡导三方合作不是锦上添花，而是迫在眉睫，未来应进一步提升三方合作的主导地位。

第四，推进援助、投资、贸易协调发展。新冠肺炎疫情加大了全球发展资金缺口，发展援助仍然至关重要，特别是对贫穷国家而言。为进一步支持发展中国家疫后经济复苏和长远自主发展，国际社会应加大可持续发展筹资力度，充分发挥对外援助的先导和撬动作用，实现援助、投资、贸易等各种发展资源的整合。一是加强与贸易有关的基础设施投资力度，持续改善发展中国家交通运输、数字设施等贸易便利化条件。二是通过技术合作和人才培训等方式帮助发展中国家提高生产能力，优化贸易结构，扩大贸易规模，提高其参与全球经贸合作的能力。三是建立国家间和地区间的产业集群，帮助发展中国家融入全球价值链。特别是通过产业链、自贸区、工业园区等方面的合作，推动已有基础设施发挥更大成效。另外，应丰富全球发展合作主体多样化，鼓励公共部门、地方政府、商业性金融机构、企业等多元主体共同参与，合力共促发展。

第二节　优化评估新路径

在公共部门改革的背景下，中国越来越重视提高财政资源配置效率和使用效益，增强政府公信力和执行力。2018 年，中共中央、国务院提出《关于全面实施预算绩效管理的意见》（以下简称《意见》），指出现行预算绩效管理存在的突出问题，要求加快建成全方位、全过程、全覆盖的预算绩效管理体系。为落实《意见》，财政部 2018 年发布了关于贯彻落实《中共中央　国务院关于全面实施预算绩效管理的意见》的通知，要求全国各级财政部门充分认识全面实施预算绩效管理的重要意义，结合实际制定贯彻落实方案，做到

"花钱必问效、无效必问责"，大幅提升预算管理水平和政策实施效果。对外援助资金是我国财政支出的重要部分，对照《意见》要求，查找绩效管理存在的差距和突出问题、改善援助管理、提高援助质量等问题迫在眉睫。

一、现状和挑战

目前，中国对外援助监督评估管理工作已经得到大幅改善，但仍有一定的优化提升空间。

在政策和指南方面，中国虽已相继出台《对外援助管理办法（试行）》《对外援助项目评估管理规定（试行）》《对外援助成套项目管理办法（试行）》等文件，但尚未提升至更高层面的对外援助战略和监督评估政策。

在机构设置和协调性方面，2018年3月新成立的国家国际发展合作署下设了监督评估司，负责管理和监督评估实施情况等业务，较此前的评估工作重视程度有很大提升。但跨部门统筹协调性、监督评估覆盖面等仍有待提高。例如，当前中国对外援助的具体执行工作依然分散在商务部、中国进出口银行、卫生健康委、农业部、发改委等部门，存在立项和执行分离、预算分配和使用分离、项目评估主体分散、汇报渠道多样、评估使用碎片化、与援外政策脱钩等客观挑战。再如，虽然中央巡视组和审计部门对援外资金使用合规性发挥了强有力的监督作用，但由于审计工作本身仅是绩效管理的环节之一，尚不能对援外立项的必要性、投入经济性、绩效目标合理性、实施方案可行性等多层面进行综合评价，无法全面评估援外资金有效性。从这一层面看，中国依然缺乏具有跨部门协调功能、可以向更高级别汇报的独立评估机构。

在评估类型方面，中国对外援助在常规评估和专项评估中积累了一定的经验，但区域/国别主题评估等类型的评估尚未成熟。具体来看，中国大部分对外援助流向了非洲和亚洲，主要以优惠贷款、无息贷款、无偿援助等资金渠道支持实现。区域/国别评估不足，则不利于判断区域或国别援助有效性，对未来援助规划的调整缺乏证据支持。缺乏对优惠贷款、环境影响等开展主题评估，则不利于监督和把控援外领域出现的债务风险以及环境保护等问题。

在评估学习方面，中国援外评估和绩效评估结果的使用以及对决策的影响相对有限，与未来援外预算安排尚未形成紧密关联。这也与评估透明度息息相关。长期以来，中国对外援助信息的透明度存在局限性，尚未搭建社会公众参与绩效管理的途径和平台。援外工作缺乏"讲绩效、用绩效、比绩效"的良好氛围，公众对援外工作知晓度和支持度有待提高。

二、启示和建议

结合第十章中关于英、美、日等国家对外援助监督评估方面的相关经验，以及中国对外援助工作的自身特色，中国对外援助监督评估管理应在以下四个方面做好相关工作。

第一，推动援外立法和战略制定，加强监督评估顶层设计。纵观美国等发达国家，大都已制定了对外援助相关法律，规定了对外援助资金监督评估的必要性和重要性，部分国家还制定了专项法律，详细规定了监督评估的具体做法和相应责任。中国现有的援外实施管理文件与援助体量不匹配，还需要权威性的法律支撑以及综合性的战略指导。有鉴于此，中国仍应加快对外援助的立法工作，促进援外工作法制化、制度化和规范化，健全决策、执行、监督相互制约又相互协调的援外运行机制，全面提升对外援助的执行和保障能力。

第二，提高监督评估的独立性和协调性。监督评估在援外决策、执行和管理等方面具有特殊指导作用，监督评估过程必须公正独立，以避免在结论和分析中带有偏见。只有把监督评估从援外的一系列计划管理体系中相对分离出来，才能最佳地体现出评估的公平性和独立性。例如，近年来新成立的英国援助影响独立评估委员会（ICAI）、德国发展合作评估所（DEval）、瑞典援助研究专家组（EBA）等独立评估机构均可直接向议会汇报，可对任何援助机构开展独立评估，也可开展总体性和战略性评估。其本质上是发达国家对提高援助质量、追究问责的需求体现。鉴于中国面临的跨部门协调复杂情况，未来应考虑成立级别更高的第三方独立评估机构。一方面可以补充中国现有援外评估部门级别不够高、协调性不足的局面；另一方面，独立评估机构可覆盖对所有援助执行部门的监督评估，促进援外资金评估的全面性。

第三，加强对外援助事前评估，侧重对可行性研究的评估。对援助项目采取事前评估有助于提高项目可行性的精准度，也有利于保证过程监督和事后评估有据可依。在可行性研究评估指标设置方面，应增加项目可持续性考量等指标。在可研阶段充分评估受援国国情、受援国政府对项目使用和运营方向、受援国对运营的财政支持能力和人员保障力度等因素。必要情况下还需探讨中国对项目的技术合作机制，明确后期是否开展能力建设、运营维护合作等问题。

第四，提高评估结果的透明度，逐渐形成全民参与和支持的良好局面。信息反馈是评估的重要环节，目的是将过去与未来的援外工作有机联系起来。为了保证评估发现运用于未来的援外政策、方案、预算之中，现有阶段有必要建立一个跨部门信息反馈机制，各援外相关机构均应参与进来。机制可覆盖评估信息数据分享、数据搭建、案例分享、立项和预算研讨磋商等功能。在该机制下，可选取评估重点，逐渐向公众公开评估发现，引导公众了解、关注援外工作，逐渐形成全社会参与、全社会支持的良好氛围。

第三节　提升合作有效性

虽然全球发展合作历程走过了大半个世纪，发展中国家和发达国家间的发展鸿沟依然存在，特别是在基础设施、就业、数字化等领域的差距仍然在拉大。过去七十几年，中国对外援助逐渐由"援助"理念转向"合作"的理念，其规模、方式、结构、资金来源等均做出优化调整，发展合作有效性逐渐提升。即使在新冠肺炎疫情大流行期间，中国与亚洲、非洲等区域国家的友好合作关系经受住疫情考验，历久弥新。展望未来，应立足发展合作新形势、新需要、新机遇，深化同各地区的国际发展合作，对促进更高质量、更加惠及民生的国际合作具有重要现实意义。

在以发展项目为具体载体的国际发展合作中，总结项目实施经验、提高项目有效性，是提升国际发展合作的必经之路。未来实践中，应充分了解受援国的国情和体制、把握受援国发展现状和需求，推动"实物援助"向"功能性援助"转变。为促进援助项目有效性，中国有必要坚持以民生为主，促进资源优化配置。有必要开展系统性的领域规划，对援助需求进行深度评估，把握援助合理性。同时，为提高援建项目的造血功能，还应充分考虑项目在受援国的总体布局、功能定位与作用发挥，探讨硬件援建与技术合作形式相结合，多渠道、多角度合力推动项目可持续发展，帮助受援国实现自主发展。具体看：

第一，顶层引领，制定地区/国别规划政策。统筹考虑"一带一路"建设、区域合作等战略布局，把握地区和国别特点，结合受援国发展诉求，优化布局，制定具有指导性、针对性的地区/国别规划政策。精准评估受援国的实际情况，梳理援助优先领域，明确重点投入方向，因国施策，使资源配置有据可依，项目立项有章可循。

第二，统筹资源，优先提供实在民生项目。改善民生是做好民心相通的关键，医疗、教育等是促进民生发展的优先项目。首先，为提升援助有效性，在稳定现有政策下，集中有限资金，继续集中实施"雪中送炭、急对方之所急、能够让当地老百姓受益"的"小而美"民生工程。其次，不同受援国的领域发展需求不一，例如，医疗领域方面，不同受援国对医院的规格、医疗设备、科室规划、人才培养等需求不同；教育领域方面，受援国对大学、职业教育、基础教育等行业优先发展次序各异，以及对学生规模、专业重点、教师培训等要求也有所差别。需充分把握受援国领域和行业特征，主动谋划和布局，精准识别受援国最急需、最具有可持续性潜力的项目。最后，为避免援助资源分散和"撒胡椒面"现象，有必要倾斜资源，分步骤、分阶段巩固提升已建成的项目，促进援助效果正向叠加，形成规模效应。

第三，精准可研，增强立项阶段指导作用。提高可行性研究精准度，将受援国资源配套能力、税收政策、对中国援助项目后续运营管理能力及方向等"可持续性"纳入可研考量因素。应丰富可研的专业支持，重点增加行业背景专家，保证项目运营能力。可充分利用受援国自身力量，与能力相对强的受援国官员或当地专家深入了解和探讨，汲取立项有益论证；在可行性研究过程中，可纳入援外相关部门人员、国别专家、行业专家、使领馆经商处人员、深耕在外的项目经理、政策性银行援外项目评审专家、援外政策咨询专家等，从多角度对可研的精准性进行充分评估，最大程度规避因可研不足导致的项目风险。

第四，精细管理，构建全过程监督评估体系。为提高监督评估管理质量，首先，应开展事前评估，在立项环节突出绩效导向，对项目目标进行确认。有助于预先给评估者和被评估者提供所需的评估指标和标准，以便客观地开展过程监督和事后评估。事前评估指标可侧重政策的相关性、数量、质量、时效、成本、效益、受益人群满意度等。其次，过程监督主体应覆盖决策、执行和实施全过程的相关部门，明确各方在项目监督中的责权关系。最后，尤其加强对受援方履约的引导和监督。在立项时，有必要完善框架协议或换文协议、细化项目合同内容，明确规范双方责权义务。提前与外方约定项目使用方向、运营经费支持、人员保障、标识使用等细节问题，以确保督促履约时有据可依。

第五，深化宣传，营造良好舆论环境。国际社会对中国参与国际发展合作的关注度持续上升，这要求我们要加快对外宣传体系建设，研究完善中国国际发展合作理论体系和话语体系，打造多元主体参与、多方位渠道并进的宣传格局，最大程度发挥影响力。针对国别和受益群体的差异，因地制宜地制定项目宣传方案，推进中国故事的全球化表达、区域化表达、分众化表达。在"单个项目"宣传的基础上，还应以全局视角整合项目实践、提炼援助综合效果，将中国国际发展合作宣传向纵深推进，让中国的声音更多地传向世界，为新时代中国国际发展合作的建设创造良好的国际舆论和文化环境。

参考文献

一、中文文献

[1] 陈松川. 中国对外援助政策取向研究（1950—2010）［M］. 北京：清华大学出版社，2017.

[2] 黄梅波，徐秀丽，毛小菁. 南南合作与中国的对外援助案例研究［M］. 北京：中国社会科学出版社，2017.

[3] 国务院新闻办公室. 中国的对外援助［M］. 北京：人民出版社，2011.

[4] 联合国开发计划署，商务部国际贸易经济合作研究院. 兼容并蓄与因地制宜？——各国开展发展合作的方式及对中国的借鉴意义［M］. 北京：中国商务出版社，2016.

[5] 刘鸿武，黄梅波，等. 中国对外援助与国际责任的战略研究［M］. 北京：中国社会科学出版社，2013.

[6] 李小云，唐丽霞，武晋. 国际发展援助概论［M］. 北京：社会科学文献出版社，2009.

[7] 任晓，刘慧华. 中国对外援助理论与实践［M］. 北京：格致出版社，2017.

[8] 商务部研究院. 国际发展合作之路——中国对外援助40年［M］. 北京：中国商务出版社，2018.

[9] 石林. 当代中国的对外经济合作［M］. 北京：中国社会科学出版

社，1989.

[10] 孙同全. 对外援助规则体系比较研究［M］. 北京：社会科学文献出版
社，2015.

[11] 宋微. 聚焦发展能力——中国支持非洲加强治理能力建设研究［M］. 北
京：中国商务出版社，2019.

[12] 王永洁. 数字化国际发展合作研究［M］. 北京：中国社会科学出版
社，2022.

[13] 王泺. 全球治理的中国方案［M］. 北京：五洲传播出版社，2019.

[14] 王振，惠志斌，等. 数字经济蓝皮书：全球数字经济竞争力发展报告
（2021）［M］. 北京：社会科学文献出版社，2022.

[15] 周弘. 外援书札［M］. 北京：中国社会科学出版社，2015.

[16] 中华人民共和国国务院新闻办公室. 新时代的中国国际发展合作（白皮
书）［M］. 北京：人民出版社，2021.

[17] 中华人民共和国国务院新闻办公室. 中国的对外援助（2014）（白皮书）
［M］. 北京：人民出版社，2014.

[18] 中华人民共和国国务院新闻办公室. 中国的对外援助（2011）（白皮书）
［M］. 北京：人民出版社，2011.

[19] 中国信息通信研究院. 全球数字经济白皮书（2022 年）［R］. 2022.

[20] 郑宇. 国际发展合作新发现［M］. 上海：上海人民出版社，2016.

[21] 周剑治. 国际发展合作：理论、时间与评估［M］. 北京：中国社会科学
出版社，2018.

二、中文文献（期刊）

[1] 陈小宁，贾子涵. 国际发展合作视角下的数字援助形势和建议［J］. 国
际经济合作，2022（04）.

[2] 陈小宁. 美国发展数字合作，挤压中国空间［J］. 世界知识，2022（09）.

[3] 陈小宁. 国际基础设施建设新趋势及建议［J］. 国际经济合作，2018
（09）.

［4］陈小宁. 美国对外援助监督评估体系：值得借鉴之处［J］. 国际经济合作，2020（03）.

［5］高国力，申现杰. "一带一路" 基础设施项目建设如何应对全球化竞争［J］. 中国经贸导刊，2019（34）.

［6］胡建梅，冯莉. 促贸援助的效果及 WTO 的作用［J］. 国际经济合作，2013（11）.

［7］黄梅波，陈冰林. 促贸援助与 SDG：中国的角色与定位［J］. 国际贸易，2016（02）.

［8］李小云. 中国援非的历史经验与微观实践［J］. 文化纵横，2017（02）.

［9］毛小菁. 国际发展合作展望与分析［J］. 国际经济合作，2020（06）.

［10］毛小菁. 新兴援助国：发展趋势及对国际发展合作的影响［J］. 国际经济合作，2017（06）.

［11］毛小菁. 中非合作论坛下的中非基础设施合作［J］. 国际经济合作，2022（05）.

［12］孙天舒. 如何开展气候变化国际援助：减缓、适应及主流化［J］. 低碳世界，2021，11（12）.

［13］王泺. 关于改革我国对外援助管理体制机制的思考［J］. 学术前沿，2018（04）.

［14］徐小红. 中国对外经济援助：历程、特色与反思［J］. 国际援助，2014（01）.

［15］姚帅. 2019 年国际发展合作与中国对外援助回顾与展望［J］. 国际经济合作，2020（01）.

［16］周思凯，毛小菁. TOSSD：国际发展融资统计新趋势［J］. 国际经济合作，2018（08）.

［17］张严冰，黄莺. 中国和西方在对外援助理念上的差异性辨析［J］. 现代国际关系，2012（02）.

三、英文文献

［1］ Australian Government. Partnerships for Recovery：Australia's COVID-19 Development Response ［R］. 2021.

［2］ Department of State. Program and Project Design，Monitoring，and Evaluation Policy ［R］. 2018.

［3］ Department of State and USAID. Status of GAO Recommendations（2015-2016）［R］. 2015.

［4］ Federal Department of Foreign Affairs. Switzerland's International Cooperation Strategy 2021-24：greater focus and impact ［R］. 2021.

［5］ JICA. JICA's Annual Report 2019 ［R］. 2019.

［6］ Inter-American Development Bank. Joint Report on Multilateral Development Banks' Climate Finance ［R］. 2018.

［7］ International Telecommunication Union. Measuring Digital Development Facts and Figures ［R］. 2021.

［8］ MCC. Policy for Monitoring and Evaluation ［R］. 2017.

［9］ OECD. Aid for Trade and a Glance 2017：Promoting Trade，Inclusiveness and Connectivity for Sustainable Development ［R］. 2017.

［10］ OECD. Development Co-operation Report 2019，A Farer，Greener，Safer Tomorrow ［R］. 2019-12-10.

［11］ OECD. Development Co-operation Report 2018，Joining Forces to Leave No One Behind ［R］. 2018-12-11.

［12］ OECD. Development Co-operation Report 2017，Data for Development ［R］. 2017-10-17.

［13］ OECD. Going Digital：Shaping Policies，Improving Lives ［R］. March 11，2019.

［14］ UK Government. The UK Government's Strategy for International Development ［R］. May，2022.

［15］ USAID. USAID Evaluation Policy ［R］. 2017.

［16］ USAID. Inventory and Review of Countering Violent Extremism and Insurgency Monitoring Systems ［R］. 2012.

［17］ USAID. USAID Digital Strategy （2020—2024） ［R］. 2020.

［18］ United Nations Office for the Coordination of Humanitarian Affair （OCHA）. Global Humanitarian Overview 2018 ［R］. 2017-11-27.

［19］ United Nations Children's Fund. The State of the World's Children 2021: On My Mind – Promoting, Protecting and Caring for Children's Mental Health ［R］. October 2021.

［20］ World Bank. Annual Report 2019: Ending Poverty, Investing in Opportunity ［R］. 2019.

［21］ World Bank. Digital Development Overview ［R］. February 11, 2021.

［22］ Korea ODA. 3rd Mid-term Strategy for Development Cooperation （2021—2025） ［R］. 2021.